내가 왜 그랬을까

인생을 망치는 치명적인 실수와
그것을 피하는 법!

내가
왜
그랬을까

윌리엄 헬름라이히 지음
남인복 옮김

What was I Thinking?
The Dumb Things We Do and How To Avoid them

말·글빛냄

머리말 007

1장 Ⅰ **우리가 사는 세상** 016

사회는 사람들의 어리석은 행동에 어떤 역할을 하는가 Ⅰ 우리는 어떻게 자랐
는가 Ⅰ 어릴 때 시작되다 Ⅰ 부자와 유명인의 실패 Ⅰ 누구의 책임인가 Ⅰ 작은
사회들 Ⅰ 누구나 다 한다 Ⅰ 잘못을 인정하면 불리하다 Ⅰ 일치에 대한 분노 Ⅰ
지역사회의 유대가 허물어진다 Ⅰ 일회용 사회 Ⅰ 스캔들의 대가가 낮아진다

2장 Ⅰ **오만** 058

오만함은 누구나 있다 Ⅰ 왜 오만은 멍청한 행동을 초래하나 Ⅰ 자신은 건드릴
수 없다고 믿는다 Ⅰ 자만과 운명의 시험 Ⅰ 다른 사람들을 의식하지 않는다 Ⅰ
나르시시스트의 삶 Ⅰ 지배의 필요성 Ⅰ 십자군을 조심하라 Ⅰ 분노 Ⅰ 경직성 Ⅰ
사회의 역할

3장 ┃ **야망과 탐욕** 098

우리는 왜 탐욕스러운가 ┃ 출세에 대한 갈망 ┃ 더 잘하려고 애쓸 때 ┃ 이득에 대한 눈먼 욕망 ┃ 끝없는 권력욕 ┃ 우리는 어떻게 자랐는가 ┃ 이웃들은 어떻게 행동하나 ┃ 타인과의 비교 ┃ 행복에 대한 강렬한 욕망 ┃ 기회의 범죄

4장 ┃ **정의와 명예** 125

감정과 불공정 ┃ 지배하고 싶은 욕구 ┃ 노상 격분 ┃ 권위 문제 ┃ 자기 것을 지키기 ┃ 존엄에 대한 감각 ┃ 다른 사람은 어떻게 생각할까 ┃ 다른 사람들을 돕기 ┃ 앙갚음하려는 욕구 ┃ 명예에 대한 잘못된 감각 ┃ 거짓말

5장 ┃ **손쉬운 해결책** 159

고백의 대가 ┃ 명성과 행운 ┃ 기회가 날아갔을 때 ┃ 필요성의 인식 ┃ 거의 다 했는가 ┃ 두려움 ┃ 거짓말은 습관이다 ┃ 나를 짓누르는 압박감 ┃ 불확실성을 견디지 못한다 ┃ 자백은 왜 어려운가 ┃ 낙관주의

6장 ┃ **불안**   192

사회적 지위에 대한 관심 ┃ 난 통제를 잘하는데, 넌 아니야 ┃ 인정에 대한 집착 ┃ 쓸모없다는 느낌 ┃ 죄책감이 세상을 움직인다 ┃ 기회 갖기를 꺼린다 ┃ 쓸모없다는 느낌과 고립감

7장 ┃ **벼랑 끝에서**   221

무엇이 '벼랑'으로 내모는가? ┃ 임상심리학적 문제들 ┃ '정상'과 '진짜'의 편집증 ┃ 자아를 드러내다 ┃ 온실 속 사람들 ┃ 무의식은 결코 거짓말하지 않는다 ┃ 약물 남용 ┃ 스트레스와 고통 ┃ 자극 찾기

8장 ┃ **올바른 결정 내리기**   272

우리는 모두 한통속이다 - 사회적 계약의 명예 ┃ 절제가 최고 - 스스로의 권력욕을 억제하라 ┃ 적을수록 더 낫다 - 자기가 누리는 좋은 것들에 감사하라 ┃ 보고 듣고 배워라 - 존경은 양방향으로 이루어진다 ┃ 아무도 완벽하지 않다 - 그것을 이해하고 감사하라 ┃ 충분한 죄의식 - 당신 자신에게도 기회를 주라 ┃ 감정들이 당신을 망치지 않게 하라 ┃ 강해져라 - 당신이 필요할 때 도움을 얻어라 ┃ 몇 가지 마지막 생각들

골프 황제 타이거 우즈는 야밤에 차를 들이박는 사고를 일으켰다. 그의 스캔들이 드러나는 순간이었다. 프로 스포츠계에서 가장 유명한 인물 중 한 명인 그는 수많은 팬들의 열광적인 숭배를 받고 있는 억만장자이기도 하다. 그런데 그는 왜 그랬을까?

버니 매도프는 존경받던 금융인으로 많은 사람을 상대로 수백만 달러의 사기를 쳤다. 그의 사기 행각은 모든 사람을 놀라게 했다.

스탠리 맥크리스탈 장군은 한 순간에 자신의 명성을 날려버렸다. 그는 롤링스톤 잡지와 가진 인터뷰에서 부적절한 발언을 하는 바람에 버락 오바마 대통령으로부터 해임당하고 말았다. 그는 어쩌다가 그랬을까?

마크 샌포드 주지사는 주위 사람들에게 애팔래치안 트레일(미국 동부에서 가장 긴 등산로)로 등산을 다녀올 테니 찾지 말라고 하고는 실제로는 아르헨티나에서 정부(情婦)와 놀아나고 있었다. 그는 정말로 유명 인사인 자신이 사람들 눈에 띄지 않으리라고 생각했을까?

고난도의 훈련을 거친 숙련된 우주비행사 리사 노워크는 거절당한 사랑 때문에 방아쇠를 당겼다. 극도의 광란 상태에서 기저귀를 한 채 900마일(1,440km)을 달려가 여성 동료 비행사에게 공기총을 들이댔다.

'사인펠드(90년대 인기를 끌었던 시트콤)'로 이름을 떨친 마이클 리처드는 인종주의와 관련된 욕설을 한 것이 유튜브 동영상에 오르면서 그때까지 쌓은 화려한 경력을 한순간에 무너뜨리고 말았다. 그는 제시 잭슨 목사와 TV쇼에 나와 "내 가장 친한 친구 중에도 일부는…흑인이다"라며 자신을 방어하고 나섰지만 아무도 신경 쓰지 않았다.

살림의 여왕이자 수백만 달러의 재산을 소유한 미국 부자의 상징인 마사 스튜어트는 겨우 4만 5,000달러의 이득을 얻은 주식 부당거래로 징역 5개월 형을 선고받았다.

전 뉴욕 주 법원장이었던 솔 와틀러 판사는 한 여성에게 마음을 빼앗겨 사랑을 쫓다 일생을 망쳐버렸다. 그는 협박편지와 전화 공세를 벌이다가 끝내 감옥에서 힘든 시기를 보내게 된다. 장차 주지사가 될 수도 있었던 남자의 끔찍한 추락이었다.

한 야구팀이 패배를 거듭한다. 의욕을 상실한 선수들은 좋은 성적을 거두지 못한다. 코치는 그들을 북돋아줄 능력이 없고, 구단주도 그 사실을 알고 있다. 그래도 그는 코치를 내쫓지 못한다. 왜 그럴까?

당신은 75달러를 달라고 계산서를 내미는 배관공을 상대로 소송을 제기한다. 당신은 법정에서 이기긴 했지만, 거기에 들인 당신의 시간과 비용을 따지면 희생이 더 크다. 당신은 왜 이런 어리석은 짓을 했을까?

어떤 사람이 고속도로에서 차를 몰며 갑자기 당신 앞에 끼어든다. 화가 난 당신은 '본때를 보이겠다'며 위협적인 태도로 그 사람의 차에 바짝 붙어 운전을 한다. 당신은 끼어든 그 사람에게만 정신이 팔려 있다가 다른 차와 충돌하는 바람에 결국 병원 신세를 지게 된다. 병실에 누워 스스로에게 묻는다. 내가 왜 그랬을까?

당신은 사소한 의견 차이로 오래 사귄 친구와의 우정을 깨버린다. 시간이 흐르면서 그 결정이 성급했다고 후회하게 된다. 당신은 왜 그랬을까?

충동적으로 저지른 사건이 25년 동안의 결혼생활과 안정된 직장, 공동체에서의 지위를 산산조각내고 만다. 냉정함을 잃은 결과, 다치거나 투옥되고 더 나쁜 처지에 놓이게 되기도 한다. 이제껏 해왔던 생활이 어느 날 갑자기 사라져버린다.

배우 러셀 크로는 호텔 종업원에게 전화기를 던진다. 위노나 라이더는 물건을 훔친다. 빌 클린턴은 지극히 공적인 장소인 백악관에서 불륜을 저지른다. 리처드 닉슨은 불법 도청을 지시한다. 퓰리처상을 받은 역사학자인 스티븐 암브로즈는 표절을 한다… 등등.

이 모두가 유명하건 평범하건 우리들도 언제든 다양한 방식으로 저지를 수 있는 종류의 사건들이다. 우리는 대개 자신이 그런 행동을 하고 있음을 안다. 그러나 그 순간 그런 행동을 제어해줄 자제력은 온데

간데 없다. 우리는 대부분 자신들의 행동이 잘못됐음을 인정한다. 그 래서 더욱 당황스럽다.

클린턴 대통령은 분명히 자신이 모니카 르윈스키에게 당할 위험이 높고, 그 여자에게서 얻을 것이 그런 위험을 감수할 정도의 가치가 없다는 사실을 알았을 것이다. 그런데 어떻게 로즈 장학생(영국의 자선사업가 세실 로즈Cecil Rhodes의 유언으로 설립된 로즈 장학재단The Rhodes Trust에서 매년 세계 각국 대학생을 선발해 영국 옥스퍼드 대학교에서 무료로 공부할 기회를 주는 제도로 엘리트 코스로 인정받고 있다)이며 천재 정치학도인 클린턴 같은 사람이 우리들도 예측할 수 있는 그런 실수를 저지를까? 그처럼 똑똑한 사람이 어쩌면 그렇게도 바보같이 굴었을까?

그것이 바로 앞으로 이 책에서 풀어야 할 수수께끼이다. 그리고 그 작업은 다음과 같은 중요한 사실을 깨닫는 데서 시작한다. 즉 멍청하게 저지르는 실수들에는 전혀 그럴 만한 가치가 없는 위험이 따른다는 것이다. 유명인이 물건을 훔칠 때, 만약 들통이 난다면 그동안의 명성을 한순간에 망쳐버릴 수도 있는 스캔들에 의한 불명예와 비교하면 블라우스 한 장 더 얻는 정도의 하찮은 이득은 무색해진다. 공개적이고 접근하기 쉬운 장소에서 추악한 짓을 저지르는 것은 매우 바보스럽다. 들킬 수도 있기 때문이 아니라 클린턴이 깨달아야만 했듯이 들킬 수밖에 없기 때문이다. 그런데도 왜 똑똑한 사람들이 그런 일을, 그것도 그렇게 자주 저지르는가?

왜 사회적으로 명성이 높거나 성공한 사람들이 하찮은 욕구를 참지 못해 한순간에 실패의 나락으로 떨어지고 마는가? 이 책에서 우리는 그동안 지나쳐온 그 문제의 해답을 찾으려고 한다. 똑똑하든 평범하든 간에 바보 같은 일을 저지르는 모든 이들이 나쁘고 계산적인 것은 아니다. 그들은 성격적으로 내재된 약점이 있고, 감정 변화가 충동적이어서 평생 보살핌을 받아야 한다.

저명한 학자가 주석 몇 개, 또는 논문의 주요 부분을 표절하며 "사람들은 나를 존경하고 있기 때문에 들키지 않을 거야."라고 생각한다. 메이저리그에서 뛰려고 오랫동안 땀 흘려 노력한 운동선수가 경기에 계속 나가려고 스테로이드제를 복용한다. 어떤 사람은 오랫동안 공들여 잡게 된 인터뷰 시간에 맞춰가려고 전속력으로 차를 몬다.

이들은 그런 행동이 대체로 위험하고 그만큼 대가를 얻지도 못한다는 사실을 모르지 않는다. 그냥 그들은 생각한대로 해야만 하고 위험은 마음에 두지도 않는다. 이 책은 인간 행위의 전 영역에 대해 탐구한다. 인간의 사고, 이념, 행동들을 대상으로 하고 있다. 그들이 행한 실수, 서로 말하고 행동한 것들, 나중에 예외 없이 후회하게 될 일들에 초점을 맞춘다. 흔히 이러한 실수들을 '멍청하다'고 표현하는데, 이는 그 짓을 저지른 자신에게나 다른 사람들에게 어떻게 보이는지를 말해주고 있다.

왜 그런 행동을 했는지 설명해주는 정답은 없다. 문제는 너무 복잡하고 원인도 수없이 많다는 데 있다. 그러나 우리는 사회 자체에서 시작해야 한다. 왜냐고? 미국에서는 지난 50년 동안 격심한 사회 변화가 일어나 우리가 생각하고 행동하는 방식에 중요한 영향을 끼쳤기 때문이다. 그 변화를 이해해야만 우리의 가치관이 반세기 전에는 드

물었던 행동을 지금은 할 수 있는 그 지점까지 어떻게 옮겨왔는지 그 결정적인 해답을 찾을 수 있다.

일부 실수들의 근원은 사회에서 찾을 수 있으며, 인간의 개인적 결함과 관련되기도 한다. 이 두 가지 요소가 결합될 때 결과는 파멸로 치닫고 만다. 중요한 범죄들 가운데 오만과 탐욕, 자존심, 명예 강박증 등은 치명적이다. 그것들은 우리가 행할 수는 있지만 차마 할 수 없는 일반 상식을 뛰어넘는 범죄들이다. 또한 궁지에 처했을 때 손쉬운 해결책을 찾으려는 안일한 생각이 실제로는 더 큰 문제를 일으키고 마는 그런 실수들이다.

한편으로는 그 일을 저지른 사람들이 통제를 했어야 하나 그러지 못한 일시적 충동과 불안의 결과물이다. 그 가운데 일부는 수많은 사람들을 괴롭히는 심리적 질병의 온상으로 조사할 수도 있다. 문제는 입원 치료를 받아야 할 만큼 심각하진 않으나, 사람들이 생활을 제대로 하지 못하게 방해를 할 정도로 중대한 영향을 미치는 것들이다. 많은 경우, 사람들이 바보 같은 결정을 내릴 때는 딱 한 가지만이 아니라 몇 개 이상의 원인이 얽혀 있다.

이 책에는 인간의 어리석은 짓에 대한 많은 이야기들을 담을 예정이다. 대체로 이해하기 쉽게 썼다. 일부는 재미있고 어떤 것은 우울하게 만들고 분노를 일으키게도 한다. 대부분은 권력 있고 매력적이며 잘 사는 사람들의 어리석은 짓들에 대한 이야기인데, 빌 클린턴과 조지 W. 부시, 배리 본즈, 마사 스튜어트, 브리트니 스피어스, 타이거 우즈, 돈 아이머스, 엘리엇 스피처, 사담 후세인, 게리 하트, 위노나

라이더 등 이름만 대면 다 알 만한 사람들이다. 평범한 사람들의 이야기도 담았다. 그들의 이야기는 신문지상에 크게 다뤄지지는 않지만 유명한 사람들만큼 행복과 성공을 좇는, 수많은 보통 사람의 일상과 관련돼 있기 때문에 매우 중요하다.

이 책의 목적은 단순히 재미있는 이야기를 전하는 데 있지 않다. 그것들을 통해 우리는 왜 사람들이 이런 식으로 말하고 행동하는지 그 '이유'를 이해하게 된다. 이 책을 쓰기 위해 수많은 사람들을 만났다. 그들을 알거나 알았던 사람들은 물론 그 자신이 범죄자인 사람도 있다. 또한 사람들의 불안과 어두운 공포를 한꺼풀 벗겨내 분석하기 위해 인간 정신의 깊은 곳을 천착하는 정신과 의사들과 심리학자들도 포함된다.

변호사나 검사, 의사, 사업가, 그리고 평범한 사람들인 목수나 정원사, 주부, 판매원 등도 응답자에 포함된다. 정확한 답을 얻으려면 질문을 정확하게 해야 한다. 또한 사람들이 스스로 말하게 해야 한다. 모든 사람은 재미를 느낄 만한 사연을 가지고 있기 때문에 그냥 말하게 하면 된다. 나는 평생 사람들에게 귀를 기울여왔는데, 특히 지난 5년간 사람들이 묘사하는 것처럼 슬픔과 기쁨 사이를 감정적으로 오가며 그들에게 일어났던 많은 이야기들을 들어왔다. 그들이 겪었거나 휩쓸렸던 논쟁과 기회를 망쳐버렸던 수많은 사건들, 그리고 그들이 위기에 어떻게 대응했으며 완전히 엉망이 돼버린 자신의 인생을 어떻게 극복했는지 등등.

이런 과정에서 사회학자로서의 훈련은 아주 큰 도움이 됐다. 무엇을 할 수 있었고, 무엇을 했어야만 했는지에 관한 설명은 '당신은 원하는 것을 항상 가질 수 없다(You Can't Always Get What You Want—롤링스톤즈의 노래)'처럼 '어떻게'를 해명해줬다. 그것은 왜 우리가 할 수 없고 하지 않는지를 더욱 뚜렷하게 알려주고 있다. 또한 스스로를 해치고 괴롭히는 행동을 우리가 어떻게 그토록 자주 저지르는지를 보여준다.

확신하건대, 사람들이 저질러왔던 실수에 얽힌 이야기들을 읽으면 비슷한 실수를 피할 수 있게 하는 중요한 통찰력을 얻을 것이다. 그것은 주의를 깨우치는 이야기들로, 사람들은 앞으로의 행동에 대한 지침을 제공하는 그러한 설명에서 지식과 통찰력을 배운다. 그 과정에는 물론 알고자 하는 동기가 가장 중요한 요소다.

실수를 바로잡는 첫 번째 단계는 당신이 실수했다는 바로 그 사실을 인정하는 것이다. 그 다음 당신이 왜 그런 짓을 저질렀는지 이해해야 한다. 세 번째로 다시는 실수를 하지 않도록 피하는 방법을 찾아야 한다. 이 책은 견고한 생각, 접근법, 제안 등 여러 가지 지침을 제공해 당신들이 인생에서 실수를 예방할 수 있도록 돕고자 한다. 이러한 제안이 만병통치약은 아니지만 독자들이 삶의 만족도를 향상시키는 데 상당한 도움을 줄 수 있을 것이다.

사람들은 자연스럽게 문제와 고통의 정도에 따라 언어요법, 인지요법을 취하거나 약물치료 여부를 찾아내게 된다. 그러나 어떤 단순한 규칙이나 제안에 따르겠다는 스스로의 의지만으로 통찰력과 이해를 발전시키기에는 시간이 오래 걸릴 수 있다.

이 책에서는 그러한 행동들의 근본 원인인 오만, 불안, 명예 등에 대해 사례를 들어 설명하기 때문에, 다른 사람들이 저지를 수 있는 새로운 실수들에도 똑같이 적용될 수 있다. 지금 이 시간에도 어리석은 일을 저지르고 있는 사람들이 있기 때문에 사례는 넘쳐난다. 저지르는 사람의 이름은 다르지만 이유는 비슷하다. 그 점에서 이 책은 시의적이기도 하고 영원히 시간에 구애받지 않는 것이기도 하다.

이제 우리가 중대한 실수를 저질렀을 때, 세상이 우리의 인생과 반응에 대해 어떻게 이해하고 있는지 살펴보면서 이 탐구를 시작해보자.

| 우리가 사는 세상 |

우리는 살아가면서 이따금 멍청한 짓을 저지르게 된다. 그리고 우리가 존경하고 때로 운이 좋다고 부러워하는 사람들에게 그런 일이 일어나면 훨씬 더 관심을 갖고 주목한다. 실제로 이들 개인은 우리와 많이 다르지 않다. 적어도 그들이 삶을 시작했을 때는 그런 식으로 보이지 않았다.

래리 크레그 상원의원, 빌 클린턴, 타이거 우즈 등이 어린애라고 생각해보자. 부모들은 그들의 발목을 잡고 기저귀를 갈았고, 그들은 당신이나 나처럼 모래상자에 들어가 놀았다. 그들은 학교를 다녔고 맥도날드에서 햄버거를 먹었으며, 위기와 실패도 겪었고 그것을 극복하기도 했으며, 우리가 사는 세상에서 여러 영향도 받았다. 브리트니 스피어스, 러셀 크로, 마이클 리처즈 등은 모두 다른 지역사회에서 살았지만, 모두가 그랬던 것처럼 평범한 친구들과 지내며 잘 살고 유명해지겠다는 꿈을 가졌다.

요컨대 그들과 우리들의 잘못된 행동을 이해하려면 우리가 자란 사회와 함께 시작해야 하고 좀 더 자세히 들여다봐야 한다. 그렇게 하면 평범한 사건과 상황들이 어떻게 우리가 오랜 시간이 지난 뒤에 행하게 될, 도가 지나치며 불미스럽고 심지어 미쳤다고까지 비난받을 수 있는 행동들과 직접 연관되는지 알게 될 것이다.

사회는 사람들의 어리석은 행동에 어떤 역할을 하는가

사람들은 자신의 어리석음에 책임을 져야 한다. 그러나 많은 경우, 그들에게는 그럴 능력이 없고, 사회가 그 비난의 일정 부분을 떠맡는다. 그렇게 되는 중요한 이유를 들어보자. 대체로 다음과 같다.

1. 특별한 성장 배경
2. 가치관은 아주 어린 나이에 형성된다
3. 우리의 영웅이나 우상들의 현실적인 몰락
4. 개인의 책임을 받아들이지 못한다
5. 미국 사회에는 참으로 많은 '작은 사회'가 있다
6. "모든 사람이 다 한다."
7. 잘못된 행동을 인정하는 사회 비용
8. 일치를 강요하는 사회적 압박에 맞서다

9. 공동체의 유대가 허물어진다

10. '1회용 사회'가 되고 있다

11. 스캔들이 치르는 죄값의 폭락

우리는 어떻게 자랐는가

"나쁜 사람과 어울리면, 나쁜 물이 든다"라는 속담이 있다. "사귀는 친구를 보면 사람을 알 수 있다"라고도 한다. 사실이다. 사회학자, 심리학자, 선생들, 성직자들 모두 그게 맞다고 믿는다. 정확히 말하면 환경은 적어도 부분적이나마 운명을 결정한다. 우리의 가치관과 태도, 신념, 행동들은 우리가 어떻게 성장했는지, 누구와 돌아다녔는지, TV나 영화, 우리가 들은 음악에서 무엇을 보았는지에 영향을 받아왔다.

물론 새로운 사실은 아니다. 우리는 어느 정도 자신이 배경과 환경의 산물이라는 것을 알고 있다. 그러나 여러 방식으로 자신의 뿌리를 뛰어넘었던 사람들—어린 시절의 어려움을 극복했고, 개인적 장애를 벗어났고, 편협한 견해를 초월했고, 새로운 시각에서 사물을 바라봤으며, 주류 사회를 지배했던 사람들—이 여전히 그들이 살고 있는 세상의 규범을 의식하지 않는 듯이 행동하고 있어 놀라게 된다.

심리학자들, 전문가들, 그리고 동료들은 어떻게 이 '잘 자란 사람'이 지금껏 잘 해오다 한순간의 실수로 추락하는 것을 보고 충격을 받는다. 그때까지 그들은 그 사실을 알아채지 못한다. 우리 과거의 부분들은 갑자기 뛰쳐나오지 않는다. 옳든 그르든 여러 사건이 결합돼 밖으로 터져나온다.

LA 다저스 야구단의 단장으로 존경을 받던 알 캄파니스는 사람들과의 유대관계가 뛰어난 인물로 꼽힐 만큼 타고난 능력을 가졌다. 그래서 그가 1987년 나이트라인(Nightline)의 테드 코펠과의 인터뷰에서 자멸하는 모습을 본 시청자들은 너무 놀라 믿을 수조차 없었다. 그 프로그램은 1946년 야구에서 인종차별을 깨뜨린 다저스의 유명한 2루수 재키 로빈슨에게 바치는 것이었다.

캄파니스는 로빈슨의 팀 동료였고, 다른 선수가 재키에게 명예훼손이 되는 발언을 했을 때 그 선수를 맹비난했다. 캄파니스는 활동기간을 통틀어 흑인선수들을 일관되고 강력하게 옹호해왔다.

코펠은 인터뷰 도중 캄파니스에게 흑인들은 왜 야구계에서 상임 행정직을 맡지 못하냐고 물었다. 캄파니스는 거기에는 아무런 차별이 없었다고 부인하면서 자신의 입장에서는 정치적으로 가장 정당하지 못한 말로 대꾸했다. "나는 그것이 편견에 따른 것이라고 믿지 않는다. 예를 들면 그들은 야구 감독이나 단장이 될 필요성이 없다고 생각한다."

왜 매체를 잘 이해하고 있는 캄파니스 같은 사람이 비록 그렇게 믿는다고 해도 말을 그렇게 했을까? 캄파니스가 성장한 1940년대는 열린 마음을 가진 백인들이라도 인종차별적인 발언을 서슴없이 하던 시대였음을 생각해보라. 또한 백인들이 흑인들에 대해 별다른 자의식 없이 농담을 던지곤 하던 시기였다. 캄파니스도 무심코 그런 실수를 저지른 것이다. 그러나 그는 오랫동안 지녀왔던 자신의 견해를 말했을 뿐이었다.

또 다른 최근의 사례로는 노벨상 수상자인 제임스 왓슨이 2007년에 전체적으로 흑인들은 백인들만큼 영리하지 않다고 주장했다. 야구단장에서 물러날 것을 종용받은 캄파니스처럼 왓슨은 위원회로부터 사임압력을 받고 그 유명한 미국 콜드스프링하버연구소(CSHL) 소장직에서 물러났다. 왓슨과 캄파니스는 전혀 다른 분야에서 활동했음에도 불구하고 나이와 성장 배경 등이 매우 비슷하다.

돈 아이머스는 이중인격자다. 그는 캄파니스와 왓슨처럼 그런 일에는 별로 신경도 쓰지 않던 미국 역사 초창기 인물이다. 또한 별로 예의를 차리지 않는 뒤처진 시골청년 문화 집단에 속해 있었다. 사실 그는 오랫동안 거기서 벗어나 있었다. 유일한 차이점은 그가 단번에 그 선을 넘어버렸다는 것이다. 그는 럿거스대학 농구선수들에 대해 노골적이고 인종차별주의적인 논평을 했는데, 젊은 흑인여성 선수들에 대한 비하 발언이었다. 슬럼가에서 벗어나 미국에서 가장 훌륭한 팀의 일원으로 스타덤에 올랐으며 좋은 대학에 입학한 그 선수들은, 아이머스의 뒤늦은 사과를 받아들임으로써 그를 다소 천박한 과거의 유물로 바라보게 만들었다.

1년이 지나 제시 잭슨 목사의 비난 성명의 여파가 잠잠해진 후, 또 다른 민권 운동가인 알 샤프턴 목사가 "아이머스는 그때 이후 공격받은 일이 없다"고 논평함으로써 모든 걸 용서받은 듯했다. 샤프턴 목사는 "우리는 아이머스를 망가뜨릴 생각이 없다"며, "나는 그가 잘되

길 빈다"고 말했다.

문화 충격이 사람들에게 얼마나 강하게 작용하는지를 증명한 연구가 있다. 필립 짐바르도 스탠퍼드대학 교수는 유명한 실험에서 거의 모든 사람이 선과 악의 경계선을 건널 수 있다는 사실을 보여줬다. 대학생들을 가상 감옥에서 범죄자와 간수 그룹으로 나누어 행한 실험에서, 정상적인 청년들이 악랄하고 가학적인 간수로 바뀌는 데 따른 변화가 너무 빨라 일주일도 못 채우고 그 실험을 중단할 수밖에 없었다.

참가자들은 자신이 알지도 못하고 거부감도 없는 사람들에게 어떻게 그토록 잔인해질 수 있는지 소름이 끼쳤다고 보고했다. 이어진 인터뷰에서 짐바르도는 개인의 다양한 성격 유형과 그들이 다른 사람들에게 악랄해질 수 있는 가능성 사이에 특이한 차이점을 발견할 수 없었다. 오히려 행동을 결정하는 것은 상황이었다.

짐바르도는 그 경우를 약간 과장했다. 그 상황은 강력한 영향력을 행사할 수 있고 또 그랬다. 그러나 사람은 모두 같은 천으로 재단되지 않았다. 만약 그렇다면 개성이나 태도, 행위, 능력 등에서 서로 그렇게 다를 수는 없다. 사람들은 위험, 질병, 대화, 음악, 타인들, 그리고 모든 것에 대해 다양한 반응을 보여왔다.

그래도 만약 어떤 일이 발생하고 그것이 매우 강렬하다면, 특히 다른 사람과 함께 있을 때 거기에 휘말리면서 자기답지 않은 행동을 할 수 있다. 당신이 잘못을 응징하겠다는 욕구에 사로잡혔다고 가정해보자. 어떤 사람이 명백한 이유도 없이 가장 친한 친구를 힘으로 파티에서 끌어내 던져버린다. 사람들이 모여든다. 모든 사람들이 흥분한다. 당신은 파티 주최자에게 덤벼들다 결국 감옥에 가게 된다. 당신은 A형의 성격을 가졌으므로 원래 그렇게 행동하게 되어 있는 사람이었나? 그럴지도 모른다. 그러나 만약 사람들이 그렇게 많이 몰려들지 않았다면 당신은 아마 그러지 않았을 것이다.

어릴 때 시작되다

내 사촌은 타고난 선생이다. 키가 크고 말랐으며, 강단 있고 투명한 푸른 눈과 금발에 머리숱이 성긴 그는 자신이 하는 일을 매우 진지하게 받아들이는 열정적인 사람이다. 팀(내용과 관련하여 이름이나 사소한 항목은 사생활 보호를 위해 약간 바꿨다)은 스스로 신념을 갖고 가르쳤다. 그는 자신이 젊은이들의 삶을 보다 나은 쪽으로 바꿀 수 있다고 온전히 믿었고, 또 아낌없이 열정을 쏟아부었다. 어느 날 우리가 함께 점심을 먹고 있는데 한 학생의 부모가 식당으로 들어오더니 팀을 알아보고는 다가와서 인사를 건넸다. "이 분은 라위크 박사야." 사촌은 나에게 그를 소개했다. 대충 인사를 나눈 뒤에 그 남자는 건너갔다. 팀이 말했다. "진짜 놀랄 일이야. 저 사람은 대학에서 의료윤리학을 가르치고 있는데, 정작 그 아들은 우리 고등학교에서 심각한 부정행위에 말려들었어. 사실은 그 애가 주모자 중 한 명이야."

"그래서 어떻게 됐는데?" 나는 웃으면서 말했다. "부정행위는 언제나 있는 일이야. 나는 그 애처럼 아버지가 윤리학 선생인 경우, 일반적인 아이들보다 더 나빠진다고 생각해. 그런데 내가 궁금한 것은 원칙적으로 그것이 나쁘다고 인정하면서도 왜 그토록 널리 행해지고 있냐는 거야."

사촌은 말했다. "난 정말 모르겠어. 그러나 한 가지는 말할 수 있어. 그게 고등학교에서 시작된 것은 아니란 거야." 그는 의자에서 몸을 숙이면서 진짜로 신경 쓰이는 일이 있을 때 보통 취하는 태도로 나를 골똘히 바라보면서 계속했다. "부모가 지하철을 탈 때 요금을 내야 하는 여섯 살짜리 아이를 보고 매표소 직원에게 다섯 살이니 그냥 타도 된다고 말하도록 시켜. 그게 바로 시작이야. 고등학교에 오면 이미 때는 늦은 거지."

나는 팀의 의견에 전적으로 동의한다. 모두가 알다시피 아이들은 진실을 안다. 그들은 설교를 들을 때, 그것이 진실인지 위선인지를 알아챈다. 그리고 우리가 그것을 기대하거나 듣고 싶어 하지 않을 때 주저 않고 우리에게 보여준다. 뉴욕에 있는 조사기관에서 공공 의제로 행한 조사에 따르면 대부분의 부모는 자기 아이가 다른 아이의 숙제를 베끼는 것에 반대하며, 자기 아이는 그런 잘못을 저지르지 않을 것이라 확신한다. 바꿔 말하면, 가족 안에서는 문제가 되지 않는 것이다. 그래서 도덕적 교훈을 가르칠 또 다른 기회를 잃어버리고 만다.

당연하게도 학교에는 부정행위가 만연해 있다. 럿거스대학 도널드 맥카베 교수는 부정행위를 연구하는 전문가다. 그는 2006~2010년에 걸쳐 1만 4,000명의 대학생을 대상으로 한 조사에서 40%가 시험이나 숙제에서 부정행위를 저지른 것을 인정했다고 밝혔다. 그것은 단지

고백한 사람들만을 집계한 숫자다. 한 연구에서는 MIT에서도 학생들의 20%가 숙제의 3분의 1이나 그 이상 베꼈다는 사실이 드러났다.

우리는 그동안 여러 모로 그렇게 심각한 문제가 아니라고 인식해왔다. 이 같이 알고도 모른 척하는 태도는 눈송이 효과를 창출한다. 사람들이 부정한 행위를 하면 할수록 참여하는 사람들의 숫자는 점점 더 늘어난다. 이들 중 많은 학생들은 부정행위와 관련해 양심의 가책을 느끼고 있다. 그들은 다른 사람들이 부정행위로 얻은 높은 점수 덕분에 취업이나 로스쿨에 지원해 좋은 결과를 얻으면 억울해한다. 결국 이 모든 것을 감안할 때, 우리는 부정행위가 만연한 문화를 형성하고 있고 그곳에서 살고 있다.

물론 이것은 오래된 일이다. 한 세기 전에 세상을 흔들었던 모든 금융 스캔들과 시대를 풍미한 거부들을 생각해보자. 찰스 밴 도렌이 1957년 퀴즈쇼에서 부정행위를 저지른 사실이 드러났을 때, 그것은 치욕이었다. 그러나 오늘날에는 아마 그다지 큰 충격도 아닐 것이다. 우리는 마음 한 구석에서 대부분 그런 쇼들은 대체로 미리 정해져 있다고 믿는다.

부정행위자의 숫자가 증가하고 있음을 제시하는 가장 명확한 증거가 있다. 2002년 조사에서 고등학생 1만 2,000명 중에서 74%가 지난해 적어도 한 번 이상 시험에서 부정행위를 저질렀다고 말함으로써 1992년 조사에서 나타난 61%를 훨씬 웃돌았다.

부자와 유명인의 실패

아직 충격을 받을 일이 좀 더 남았다. 우리 시대에 가장 인정받는 역사학자 중 한 사람인 도리스 컨즈 굿윈이 표절행위로 고발당했을 때(얄궂게도 그녀는 '퀴즈쇼 스캔들'을 밝혀내 제작자를 고발한 작가 리처드 굿윈의 부인이다), 많은 이들이 경악했다. 일류 학자로 존중받던 다른 역사학자인 스티븐 암브로스의 경우와 마찬가지였다. 두 경우 모두 표절 혐의가 그들이 풀리처상을 받은 뒤에 드러났다. 그들은 왜 그랬을까? 그들은 이미 성공의 정점에 도달하지 않았는가? 한 가지 이유는 우습게도 그들 자신이 그들과 우리들이 살고 있는 문화의 반영이라는 것이다. 그렇기 때문에 자신은 해당되지 않는 것처럼 생각하지만 어떤 의미에서는 전혀 그렇지 않다. 그것은 마치 우리가 거울을 들고서 자기 자신을 보지 않고 우리의 역할모델을 보는 것과 비슷하다. 그 역할모델은 때가 많이 묻고 지나치게 인간적이다.

살펴보면 역사학자들만이 표절 때문에 비난받아야 할 유일한 집단은 아니다. 제시카와 제리 사인펠드 부부는 미시 체이스 라파인으로부터 소송을 당했다. 그녀는 제시카를 '뻔뻔한 표절행위자'라고 고발했는데, 제시카가 〈맛있게 속여넘기기Deceptively Delicious〉라는 책에서 라파인의 작품 〈비열한 주방장The Sneaky Chef〉의 내용을 훔쳤다고 주장했다. 비열한 행위로 고발당한 제리는 라파인을 자신만의 독특한 스타일로 '미친 사람'이라고 부르면서 "만약 그대가 역사책을 읽는다면, 많은 사람들 중에 암살자가 된 3명의 이름을 알 수 있을 거다"라고 말했다(내가 생각하기에 아마 존 윌키스 부스, 리 하비 오스왈드, 제임스

얼 레이를 말하는 것 같다). 그 소송은 2010년 4월에 연방 항소법원에서 기각됐다.

경제계에서는 지름길만을 찾는 경향이 점차 늘어나 부정의 끝을 찾을 수 없다. 언론이나 BP, 도요타 등은 이제 무책임과 부패, 은폐의 동의어가 되지 않았는가? 단 하루도 경제계의 유명한 인물이 어떤 범죄행위에 연루돼 고발당하거나 선고받는 일 없이 지나가는 날이 없다. 마사 스튜어트의 경우는 여러 달 동안 널리 논쟁을 불러일으키고 뉴스를 장식했지만, 비단 그녀만 저지른 일이 아니었다. 수많은 사람들이 주식을 사고 팔 때 '요령'으로 자주 언급되는 내부 정보로 혜택을 본다는 사실이었다.

쟁점은 마사 스튜어트가 누구냐는 것이었다. 그녀는 문화 영웅이었고 가정에서 우리들이 어떻게 행동하고 무엇을 해야 하는지 조언해 주는 역할 모델이었다. 패션모델, 뛰어난 주식중개인, 다작의 작가, 그리고 수많은 사람들이 시청하는 자신의 쇼를 가진 TV 주인공…. 그녀는 그 모든 수식어를 대표하는 인물이다. 누구나 그러듯이 그녀 또한 (의도적으로) 실수를 저지른 것이다. 그러나 대부분의 사람들은 똑같은 짓을 저지른 다른 사람들은 벗어날 수 있는데도, 그녀가 자신이 지닌 명성과 권력 때문에 본보기로 희생양이 됐다고 생각한다.

스튜어트, 암브로즈, 컨스 굿윈, 이들에게 공통되는 것은 그들이 저지른 '범죄'가 우리 대부분에게는 이해가 안 될 정도로 성공한 사람들이라는 점이다. 그럴 필요가 전혀 없어 보이는 데도 말이다. 그 문제를 정말로 제대로 다루려면 심리학과 정신의학의 도움을 얻어야 한다. 다양하고 복잡한 원인들이 있겠지만, 분명히 우리의 문화가 중요한 역할을 하고 있다.

마사 스튜어트는 뉴저지 주 저지 시 출신으로 마사 헬렌 코스티라는 폴란드계 미국인 중산층 가정의 여섯 남매 중 한 명이다. 그녀는 똑똑하고 야망이 있었으며 열심히 공부해 바나드대학을 졸업한 후, 결혼을 해서 자녀가 한 명 있다. 개인 생활은 평범했으나 그녀가 성공하면서 자연스럽게 별거하게 됐다. 자수성가한 그녀는 진짜로 호레이쇼 앨저(열심히 일하면 누구나 성공할 수 있다는 아메리칸 드림을 다룬 내용을 쓴 작가)의 원형으로 여겨졌는데, 2004년에 '레이디즈 홈 저널'에서 '미국에서 세 번째로 영향력 있는 여성'으로 거론되기도 했다.

스튜어트는 2001년 자신의 임클론사 주식 3,928주를 판 혐의로 기소됐을 때 수백만 달러를 가진 부자였다. 그녀가 가진 엄청난 재산에 비하면 하찮은 액수인 4만 5,673달러의 부당이득을 취했다. 그러나 기억하자. 그녀를 비롯 수많은 사람들이 활동하는 경제계에서 주식 조작은 대단히 일상적이다.

누구의 책임인가

그렇다면 개인의 책임에 대해서는 어떻게 생각하는가? 우리가 사회의 산물이라는 주장은 많은 사람을 괴롭힌다. 그것은 우리들이 나쁜 일을 할 때마다 다른 사람에게 책임을 넘길 수 있음을 뜻한다. 2001년 세상을 떠들썩하게 한 사건이 있었다. 13세인 라이오넬 테이트가 6세 소녀를 짓밟고 때려 죽게 함으로써 유죄를 선고받았다. 엄청난 충격으로밖에 묘사할 수 없는 이 사건에서 그의 변호사는 테이트가 TV를 보다가 프로레슬링 장면을 흉내 냈을 뿐이라고 주장했다.

물론 이것은 극단적인 경우지만 요점을 잘 말해주고 있다. 변호사들은 흔히 범죄자가 결손 가정에서 자랐다거나 폭력이 일상인 이웃들과 함께 살았다거나, 형제, 삼촌 그 밖의 다른 사람들로부터 폭력에 시달렸다고 주장한다. 그리고 만약 사회가 주범이라면 어떤 사람을 벌준다는 것 자체가 도덕적으로 잘못이다.

그러나 이들 주장은 미국 사회에서 신성한 개념, 다시 말해 개인주의와 정면으로 충돌한다. 자유로운 선택과 개인의 행동에 책임감을 갖는 것은 우리 사회 구조의 바탕을 이루고 있다. 성직자들은 대중에게 스스로를 구할 수 있는 힘을 (물론 신의 도움으로) 가지고 있다고 말한다. 자립을 다루는 책들은 수없이 넘쳐난다. 그 책들은 우리에게 자신의 삶을 조절할 수 있으며 그것은 우리가 하기에 달렸다고 말하고 있다.

논쟁적인 현안에서는 흔히 그렇듯이 양쪽의 주장이 있다. 우리는 여러 방식으로 우리의 행동을 설명할 수 있다. 그러나 거의 대부분은 주변에서 일어나는 일들과 과거 우리에게 일어났던 수많은 사건으로부터 영향을 받고 있다. 논쟁은 그 각각의 어느 쪽에 무게를 더 두는가에 놓여 있다.

작은 사회들

미국 문화(American Culture)라고 부르는 그 단어는 약간 부정확하고 오해를 불러일으킨다. 우리 사회는 실제로 자신들만의 가치 체계, 태도, 관습을 가진 여러 다른 집단으로 이뤄져 있다. 예를 들면 히스패닉 아메리칸, 스키선수들, 다시 태어난 기독교인, 우표 수집가, 갱 단원들, 노인들, 뉴요커들 등등이다. 사회학자들은 이들 집단을 구별해 하위문화라고 부른다. 그들은 어떤 점에서 일반 미국인과 매우 비슷하고, 또 어떤 점에서는 매우 독특하다.

유명인들이 공개적으로 저지르는 어처구니 없는 실수에 맞닥뜨리면, 심리학자들과 언론인들은 어떻게 그 영웅들이 자신의 지배력을 상실했는지 분석하기 위해 달려든다. 캄파니스가 병에 걸렸나? 아이머스가 잠재의식 속에 오랫동안 품고 있던 적의를 갑자기 폭발시켰나? 가족문제였나?

그러나 이들 설명은 거기에 제어장치가 없었다는 점을 빠뜨리고 있다. 이러한 공개적인 실수들의 일부는 그 개인이 자기답지 않은 행동을 한 게 아닐 수도 있다. 오히려 그나 그녀 자신이 의도적으로 저질렀고, 이는 그들이 나중의 인생에서 벗어나 자신을 형성시킨 그 방식으로 되돌아간 것이었다. 우리 모두는 다른 영역, 이력서나 수상식에서 강조하지 않지만 우리의 많은 부분을 차지하고 있는 작은 집단, 즉 그런 하위문화에서 주류문화로 흘러들어간다. 그리고 하위문화는 우리 자신이 속해 있으면서 우리가 길을 잃을 때 직면하게 되는 더 큰 문화의 요구에 맞서 충돌하는 방식으로 행동하라고 빈번하게 가르친다.

미식축구 슈퍼스타 마이클 빅을 보자. 그가 저지른 범죄는 개들을 죽이고 불법 투견장을 운영하는 배드 뉴즈 커넬즈(Bad Newz Kennels)에 자금을 지원한 것이었다. 이는 평범한 미국인들에게는 지지할 수도 없고 용납조차 되지 않는 일이었다. 결과는 매우 심각했다. 그는 실형을 선고받았고 선수 경력은 위기에 처했으며, 여러 건의 광고 계약도 연기 속에 사라져버렸다.

투견의 역사는 로마제국으로 거슬러 올라가며, 중세 영국에서는 일반적이었다. 최근에는 가난한 흑인들이나 히스패닉, 남부 끝 지역 백인들 사이에서 인기를 끌어왔다. 빅은 이런 환경에서 자랐는데, 그곳에서는 다소 역겹게는 생각해도 그 스포츠를 '진짜 범죄'로 보지는 않았다. 이것은 분명히 투견에 대한 그의 태도를 특징짓는다. 그렇다고 해서 그의 동물 학대에 대한 변명은 되지 않지만, 설명하는 데 도움은 된다.

하위문화의 구성원들은 흔히 자신들이 하는 행위의 문제점을 인식하지 못하다가 다른 사람들이 그것을 아주 나쁘게 볼 때 충격을 받곤 한다. 이를 설명하는 데 워터게이트 사건보다 좋은 예는 없다. 민주당원에 대한 편집증은 닉슨 행정부의 문화로 자리 잡았다. 그 결과, 정부는 아무런 가책도 느끼지 않고 그들이 속한 더 큰 사회에서도 명백히 불법으로 인식되고 있는 행동, 즉 부수고 들어가서 전화도청을 하라고 승인해버렸다. '3류 도둑질'로 널리 알려진 그 일에 관여한 사람들이 내부 집단 외의 다른 사람들에게 언급했다면, 그들의 반응을 통해 그 도둑질을 저지르지 않았을지도 모를 일이다.

그러한 고립에 대해 생각할 수 있는 함축성은 내가 〈당신의 등 뒤에서 그들이 말하는 것*The Things They Say Behind Your Back*〉이라는 편견의 진실과 기원을 다룬 책을 낸 뒤 얼마 되지 않아 NBC TV에서 나를 고문으로 고용했을 때 깊이 깨달았다. 그들은 자신들의 TV쇼가 어떻게, 언제, 어디서 인종적이고 민족적인 편견을 가장 만족스럽고 효과적으로 채택하고 있는지 평가받고 싶어 했다. 예를 들면, 어떤 지점에서 재미가 무감각하고 노골적인 편협함으로 넘어서는가?

어느 날 우리는 캘리포니아 주 라구나 니겔에 모여, 각종 쇼의 내용을 평가하느라 호텔에서 며칠을 보냈다. NBC의 연예부를 이끌던 전설적인 브랜던 타티코프는 나에게 작가들이 "자신들만의 세상에서 살고 있다"고 귀띔했다. 그가 절대로 옳았다. 수많은 시청자들이 보는 마이애미 바이스(Miami Vice), 코스비 쇼(The Cosby Show), 힐 스트리트 블루스(Hill Street Blues) 등을 쓰고 있는 그들은 우스꽝스럽게도 다른 세상과 담을 쌓고 사는 듯 보였다. 창작자로서 그들은 거품에 둘러싸여 움직이는 듯했으며, 대체로 자기들끼리만 어울렸다.

나는 그러한 상태가 미치는 영향을 그들이 자신들 앞에 놓인 문제에 접근하는 방식을 보고 분명히 알게 됐다. 작가 중 한 명이 나에게 말했다. "그래서 우리는 이 인쇄된 목록에 있는 것만 사용하고 다른 건 쓰지 말라는 건가요?" 거기에는 무엇이 적절하고 아닌지, 무엇을 할 것인지 의논할 때 묻는 왜에 대해 토론을 할 여지가 전혀 없었다. 브랜던은 전혀 달랐고, 훨씬 현명했다. 그는 나에게 작가들이 더 자주 나가서 '다른 평범한 사람들과 어울려야' 한다고 조심스럽게 말했다.

이것은 쉽게 고칠 수 있는 상황처럼 보이지만, 흔히는 그렇지 않다. 그런 경우에는 심각한 결과를 부를 수 있다. 로널드 레이건 대통령이 1985년 독일 비트부르크를 방문해 나치 독일의 무장친위대(Waffen-SS) 49명이 묻혀 있는 묘지에 헌화를 했는데, 그는 이 일이 전 세계 유대인들의 감정을 얼마나 상하게 했는지 깨닫지 못했다. 노벨평화상 수상자인 엘리 위젤이 "그 자리는 당신이 있을 곳이 아니다"라고 신랄하게 지적했다.

그러나 레이건은 스스로가 유대인 사회의 친밀한 친구라고 생각했는데도 불구하고 이해하지 못했다. 이것은 그가 자신을 방어하려고 그곳에 묻힌 2,000명의 대부분은 '나치즘의 희생자였다'고 말함으로써 드러났다. 그는 나치 수용소의 희생자와 연합군에 대항해 싸운 독일 군인들을 동일하게 간주했다고 비난받았다. 그래서 우리는 백악관의 특이한 분위기는 고도의 수완가인 정치인조차 때때로 고립시킬 수 있다는 사실을 알았다. 록그룹 레이먼즈는 레이건이 관련된 그 사건을 기록해 '내 머리가 거꾸로 매달려 있어(My Brain is Hanging Upside Down(Bonzo Goes to Bitburg)'라는 노래를 녹음했다.

이제 표절이나 더욱 노골적인 조작에 대해 이야기하자. 둘 다 최근에 철저한 조사가 이뤄지고 있는데, 〈뉴욕타임스〉나 〈USA투데이〉, 〈뉴리퍼블릭〉 등 가장 존경받고 유명한 뉴스 매체에서 상당히 히트를 쳤다. 그와 관련해 기사에 대한 압박감, 공간을 메워야 하는 필요성, 적절한 감독 부족 등이 주된 원인으로 등장했다.

〈타임스〉의 전직 기자인 제이슨 블레어나 〈뉴리퍼블릭〉에 기고했던 스티븐 글래스가 쓴 책들에도 나타나 있듯이, 이들 조직 내부에는 그들이 그래선 안 된다는 것을 알 때도 다른 짓을 하는 일부 구성원들의 하위문화를 만들어, 그것을 알면서도 용인한 간부들이 있다. 〈뉴리퍼블릭〉은 의심스런 내용을 담은 글래스의 기사를 25건 실었는데, 상당수는 픽션이었다. 어이없게도 그 잡지는 "우리는 변명할 말이 없다. 사과할 뿐이다"라고 말했다.

그리고 항상 공포와 걱정이 떠나지 않았던 지역사회 출신인 흑인남성 존 화이트 사건이 있다. 그가 느낀 감정은 그가 살인죄로 기소됐을 때 변호사들이 인용했다. 화이트는 롱 아일랜드 밀러 플레이스에서 자신의 잔디밭에 서 있는 백인 청소년들이 인종차별적인 모독과 함께 위협을 가하는 순간에 맞닥뜨렸다.

화이트는 생명의 위협을 느꼈으며 그때 자신의 진술을 뒷받침하는 가족의 역사를 떠올렸다고 주장했다. 그의 할아버지는 1920년대에 큐 클럭스 클란(K.K.K.단: Ku Klux Klan) 단원을 피해 앨라배마에서 도망쳐 나왔다. 그래서 그는 분노한 백인들과 자신이 얼굴을 마주하고 있는 상황에서 자동차의 헤드라이트가 반짝이자, 남부 끝 지방에서 흑인을 공격하는 군중을 떠올렸다고 했다. 그는 자신을 지키기 위해 총을 가져왔고, 그것을 다니엘 키치아로를 향해 발사했거나 사고로 발사됐는데, 그것은 누구의 말을 믿느냐에 따라 다르다. 어찌됐든 역사와 문화의 유령을 떠올려 겁을 먹은 남자가 명백히 자기를 방어하려는 행동에 따른 뜻하지 않은 결과로 한 젊은 청년이 죽게 된 것이다.

존 화이트는 건설현장의 주임으로 평범한 사람이었으며, 그날 밤 이전에는 결코 어떤 일로도 기소되거나 유죄 혐의를 받은 적이 없었다. 그의 이웃들은 대부분 백인이었고 그는 자기만의 방식으로 '아메리칸 드림'을 실현하고 있었다. 2006년 찌는 듯이 더운 어느 날 저녁, 그 꿈이 수천 조각으로 깨져버리자 화이트는 아내에게 말했다. "이제 우리는 집과 모든 것을 잃어버렸어." 사실이 그랬다. 화이트는 2급 살인죄로 기소됐다.

누구나 다 한다

"누구나 다 한다." 이것은 이 책을 쓰려고 실시한 수백 건의 인터뷰에서 가장 자주 들었던 말이다. 여기 전형적인 사업가가 다른 불법행위, 적어도 의심할 만한 관행에 대해 이야기하고 있다.

> 부정행위의 99%는 우리 사회가 그렇게 하게 만든다. 다른 나라에서도 마찬가지일 것이다. 유럽 비즈니스 제휴사의 한 사람은 나에게 다른 나라와 비즈니스를 하는 자기 같은 사람에게는 지출 경비 외에 정해진 상한선이 있다고 말한다. 그것을 뇌물이라고 불렀다! 또 나이키를 위해 5만 평방피트 규모의 공장을 지은 다른 친구가 있다. 그는 거대한 기업군인 주식회사 콜(Khol) 때문에 그 공장을 지었다. 그는 대단한 인물이다. 그는 사람들을 저녁 식사에 초대하고, 방문객들은 모임 내내

즐겁게 웃는다. 그는 그들을 비싼 호텔에 재우고, 리무진에 태우고, 슈퍼볼 티켓을 구해준다. 모든 사람이 그렇게 한다. 그래서 그도 그렇게 해야만 한다. 결국 핵심은 당신이 얼마나 똑똑한지, 얼마나 재미있는 사람인지가 아니라 그 사람에게 이득이 있어야 하는 것이다. 그런데 들키는 사람은 지극히 적다.

여기서 뚜렷하게 드러나는 것은 우리 체제에 대한 깊은 냉소주의지만, 이런 것이 인생이고 그렇지 않다고 생각하는 사람이 순진한 것이라고 하는 수용적 태세를 수반하고 있다.

마찬가지로 우리는 서브프라임 시장이 째깍거리고 있는 시한폭탄이라는 것을 알고 있던 월가의 모든 고위간부들이 바로 재정 위기를 일으킨 장본인이라는 이야기를 들으면 분노가 치민다. 우리는 그들이 힘없는 평범한 사람들을 불운에 빠뜨린 대가로 수백만 달러를 벌었다는 데 대해 분노를 나타내지만, 또 어떤 차원에서는 놀라지도 않는다. 확실히 타이코의 데니스 코즐로우스키, 월드컴의 버나드 에버스, 엔론의 제프리 스킬링 등 몇몇 거물들은 처벌을 받았다. 그들의 유죄는 어떤 영역에서는 체제가 제대로 작동하고 있다는 증거가 되기도 한다. 실제로는 그들처럼 유죄를 받은 숫자는 아직 들키지 않은 수많은 위반자들과 비교하면 양동이에 담긴 물의 한 방울에 지나지 않는다는 사실을 모두 알고 있다.

"모든 사람이 다 한다"는 흔히 사람들이 자신들의 행위를 정당화할 수 없을 때 대비책으로 쓴다. 2003년 5월에 풀리처상을 받았던 릭 브래그가 〈뉴욕타임스〉를 사직했다. 자신이 프리랜서를 통해 얻은 정보를 바탕으로 작성한 플로리다 만의 굴양식업자에 대한 기사를 놓고 책임 문제를 따지는 중이었다. 브래그는 자신을 변호하기 위해 "대부분의 전국 담당 기자들은 통신원이나 조사자, 인턴, 사무원, 뉴스 보조원들의 도움을 얻고 있다"고 주장했다. 이 발언은 그 뒤 다른 기자들로부터 격렬한 반발을 불러일으켰다.

우리들은 옳지 않은 일을 하는 사람들이 많기 때문에 옳은 일이 아니라는 것을 알아도 당연히 해도 되는 것으로 생각한다. 범죄가 일어났을 때 주변 사람들에게 왜 모른 체 하는고 물으면, 그들은 대체로 "다른 사람도 하지 않는데…"라고 말한다.

전직 대통령인 빌 클린턴은 확실히 자기가 그 사무실에서 노닥거린 첫 번째 인물은 아니라는 사실을 알고 있었다. 대통령 그로버 클리블랜드는 혼외자녀에게 양육비를 지불했고, 프랭클린 D. 루스벨트는 아내의 비서인 루시 페이지 머서와 관계를 맺었다. 아이크 아이젠하워는 소문에 따르면 케이 서머스비와 관계가 있었다. 케네디와 존슨의 경우는 각각 수많은 염문에 얽힌 소문이 널리 퍼져 있었다.

이것은 클린턴이 과거 대통령들에 비춰보아, 미국인들이 자신이 바람피운 것을 "당연한 것 아니냐?"는 반응으로 받아들이리라 생각했다고 추정할 수 있는 좋은 이유가 되는데, 이는 남자들의 불륜에 관련되는 행동들이 중동, 유럽, 남미 등, 요컨대 미국을 빼고는 어디서나 이러쿵저러쿵 크게 떠들지 않는 실정에 기인한 것이기도 했으리라. 그런데 미국에서 이를 크게 다루는 통에 그도 정말 놀랐을 것이다.

"모든 사람이 다 한다"라는 말을 사람들이 믿는 것은 위험한 인식이다. 현실적으로 중요한 의미를 가질 수 없게 이의를 제기하고 논박해야 한다. 그렇지 않으면 실제로 경계선을 넘어 용납할 수 없는 나쁜 짓들을 저질러버릴 만큼 그들의 간이 커지게 만들기 때문이다.

사실 많은 사람들은 다른 '존경할 만한' 인물들이 하는 나쁜 일을 봐왔기 때문에 덩달아 그 선을 넘게 되는 것이다. 조 애버리지(Joe Average: 평균적인 미국 남자)가 일상적으로 환자에게 불필요한 수술을 하고 과다진료비를 청구한 한 의사의 이야기를 읽을 때 그는 어떤 생각을 할까? 그 의사가 자기가 평생 벌 돈보다 더 많은 돈을 한 해에 벌어들이고 환자에게 과다청구를 하는 뻔뻔스러움도 가지고 있다는 사실을 알게 된다면?

한 학생이 제출한 과제에서 인용한 자료의 출처를 밝히지 않았다고 교수에게 꾸지람을 들었다. 그녀는 그냥 TV에서 자료를 꾸며낸 과학 연구원에 대한 보도를 봤을 뿐이다. 그녀는 "왜 내가 그렇게 높은 수준을 갖춰야 하는 거야?"라고 생각한다. 그녀가 자신의 유일한 잘못은 들킨 것뿐이라고 결론을 내린다면 놀랄 일일까?

내가 알고 있는 사례로, 조사 연구를 위해 인터뷰하는 일을 맡은 젊은 남녀들이 다른 사람들에게 돌려야 할 설문지를 들고 해변으로 가 태양 아래 누워 자기들이 그것을 작성한 일이 있었다. 어떤가? 언론인들은 자기들이 가보지도 않은 장소에 대해 기사를 쓰고 공개한다. 그리고 그것이 발각되자 부끄러워하지도 않고 그런 사례는 '관행'이라고 주장한다.

생각해보자. 이 나라의 운동선수들은 세계에서 가장 잘 훈련된 사람들에 속한다. 그들은 수많은 젊은 미국인들의 역할모델이기도 하다. 그들처럼 성공하기를 바라기도 하고 추구하기도 한다. 그 쪽으로 나아가는 길은 오로지 힘든 훈련과 끊임없는 연습이 있어야 도달할 수 있고 물론 재능도 있어야 한다. 그런데 배리 본즈의 이야기가 언론에서 터진다. 보도에 따르면 이 야구 슈퍼스타는 오랫동안 스테로이드제를 복용한 의심을 받고 있다. 그는 거짓말쟁이에 사기꾼이 되어버렸다.

또한 전 올림픽 육상선수인 마리온 존스도 마찬가지로 스테로이드를 복용했다는 혐의로 유죄를 선고받았는데, 신문들은 슈퍼스타의 집행유예를 얻어내려고 애쓰는 변호사가 "그녀는 미국의 영웅에서 국가적 패륜녀로 추락했다. 대중은 그녀를 경멸하고 명예의 추락과 함께 한때 그녀를 숭배한 국가로부터 심각한 처벌을 받고 있다"고 말한 것을 보도했다.

그러나 이런 것들은 우리가 알아야 하는 사례들 가운데 예외적으로 드러났을 뿐이다. 누가 경기를 보면서 사전 조작이나 부정의 기미를 찾으려 하겠는가? 1919년 시카고 화이트삭스 사건을 기억하는가? 선수 8명이 월드 시리즈의 우승을 팔아넘기려 한 혐의가 드러난 뒤 그 팀은 시카고 블랙삭스라는 오명을 얻었다. 우리는 물론 운동장 건설자들이나 운영자들, 스포츠 용구 제작자들은 말할 것도 없고, 특히 코치들, 선수 모집자들, 대학 총장들, 그리고 스포츠가 큰 사업인 프로팀 소유주들은 그 주범들이 빨리 처벌을 받았기에 안도의 숨을 내

쉰다. 우리들은 영웅이 필요하고 그들도 우리가 필요하다.

이것이 바로 우리가 타이거 우즈를 그렇게 빨리 용서했던 이유다. 그는 진정성 있는 사과를 해야 했다. 그러나 우리가 그에 대해 알기도 전에 그는 PGA 골프 투어에 다시 돌아왔다.

배리 본즈와 마리온 존스에 대해서는 어떻게 생각하는가? 우리 자신에게 물어보자. 그들은 정말로 현실에서 벗어날 수 있다고 믿었을까? 아니라면 왜 그랬을까? 그들은 능력 개선제 없이는 실력을 충분히 발휘하지 못하는가? 그들은 이제 대가를 치러야만 한다는 것을 알게 되었겠지만 그것은 그리 간단한 일이 아니다.

2007년 12월 13일, 체육계가 순식간에 아수라장으로 변했다. 그 전날 조지 미첼 상원의원이 스테로이드제 사용자로 야구선수 89명의 이름이 거론된 역사적인 명단을 발표했기 때문이었다. 그 명단에는 유명 선수들이 다수 포함됐다. 로저 클레멘스, 앤디 페티트, 게리 셰필드, 호세 칸세코, 모 본 등과 같은 스타들이다.

이름보다 더욱 충격이었던 것은 스테로이드제 사용의 정도였다. 많은 사람들은 세보자에 의해 알려진 선수만 89명이고, 당연히 다른 선수들이 더 있다고 추정했다. 스포츠에서 도핑 검사는 정해진 규칙이 아닌가? 그렇다면 무엇을 하고 또 했어야만 하는가? 유일한 수혜자는 배리 본즈일 것 같다. 이제 같은 처지의 동료들이 많이 생겨났으니 말이다.

문제를 제기한 바로 그 상원의원이 내놓은 대책은 선수들을 처벌하지 말라는 권고였다. "이것은 초기에 문제로 삼아서 다루지 못했기에 집단적인 실패다……야구계의 모든 이들—커미셔너들, 클럽 관리들, 선수연합체 등—이 함께 책임을 져야 한다."

정말로 선택의 여지가 있었을까? 두세 사람은 본보기로 할 수 있다. 그렇지만 직업 전체의 사람이 해당된다면? 100명이나 그 이상의 선수가 엮였다면? 미첼은 아무런 조치도 취하지 않아 그러한 행동을 용인하고 부추겼던 문화가 비난받아야 한다고 정곡을 찔렀다. 그 문화는 건들거리고 형편없이 거친 행동으로 항상 뚱해 있던 배리 본즈를 마약 복용에다 홈런 기록마저 빛을 잃어버린 희생양으로 만든 것 말고는 한 게 없다. 이제 우리는 본즈나 클레멘스 같이 명예가 실추된 다른 선수들이 무슨 생각을 하는지 잘 안다. 스테로이드제를 복용한 것은 나뿐만이 아닌데 왜 나에게만 이런 일이 일어났을까?

잘못을 인정하면 불리하다

그러한 불법행위가 널리 퍼져 있어서 그것을 부추기는 것이 아니라면, 거기에는 다른 문제가 있다. 결과가 너무 고통스러우면 사람들은 대체로 그것이 나쁘다고 인정하더라도 밝히기를 꺼리게 마련이다. 추문이 폭로되면 재산상 손실이 엄청날 수 있다. 사건에 연루된 야구 선수들은 이제 선수로서 상품성이 줄어들고, 그들의 대리인도 마찬가지로 고통을 겪는다. 재정 남용에 관련된 월가 기업들은 투자자들의 신뢰를 잃는 부작용을 겪게 된다. 병원들은 부적절한 진료의 책임을 추궁당하고 환자를 잃는다. 이제 야구계에서 얼마나 많은 사람들이 다시는 미첼의 보고서에 등장하지 않기를 바라고, 심지어 조사를 자청하고 있는가?

주어진 이득을 지키려고 하는 압박감은 때때로 옳고 그름에 대한 기준을 세우는 바로 그 사람들에게 영향을 미친다. 밥 워터스는 캘리포니아에 있는 일류 사립학교의 교장이다. 40대 후반의 워터스는 자신감과 능력이 넘쳐 흘렀다. 나는 그에게 학교에서 가치관을 어떻게 가르치는지 물었다. 그는 "솔직히 말하면 그것은 가정에서 시작됩니다. 학교에서 하는 일은 그것을 성숙하게 하고 개선시키는 것입니다"라고 말한다. 그는 엘리트 대학에 진학한 학생들 숫자와 지역사회 서비스 프로그램, 그리고 얼마나 순수하고 좋은 학생들인지를 열정적으로 설명한다.

"부정행위는 어때요? 내 말은 아무리 좋은 학교라도 그런 일이 있다는 뜻입니다."

"만약 우리 학교에는 없다고 하면 그건 거짓말이 되겠지요. 그러나 우리는 용납하지 않습니다." 그의 대답이다.

"실제로 적발된 학생들은 어떻게 처리합니까?" 나는 다그쳤다.

워터스는 불쾌한 듯 자기 의자를 돌린다. 그는 사무실에서 창밖을 내다보며 거의 1분을 다 채울 때까지 침묵한 뒤에 대답한다.

"아마 다른 행정관들에게서는 들을 수 없는 이야기일 겁니다. 그러나 나는 당신이 문제를 내 입장이나 학교의 시각에서 봤으면 합니다."

"나는 우리 학교에서 몇 퍼센트의 학생이 부정행위를 하는지 모릅니다. 그러나 만약 당신이 어떤 학생을 잡아낸다면 그건 정말로 골칫거리입니다. 길고 복잡한 절차를 거쳐야 합니다. 물론 먼저 부모와 학생을 부릅니다. 교사들과 회합을 갖고, 지도부서가 관여합니다. 모든 절차가 끝날 무렵에는 그냥 덮어두는 게 훨씬 낫다고 여겨집니다."

"그렇지만 학생의 부정한 행동을 다잡아주는 것이 학교의 책임이 아닌가요?" 나는 묻는다.

워터스는 거의 방어적인 자세를 취하듯이 넥타이를 고치고 무표정한 얼굴로 팔짱을 낀다. "당신은 우리가 탐정이라고 생각합니까? 아니면 스파이들?" 그는 과장되게 묻는다. "나는 교육자로 학교를 관리하는 훈련을 받았습니다. 경찰이 아니에요. 우리가 할 일은 엄청나게 많아요. 이것은 우리 사회의 일반적인 문제입니다." 그는 목소리를 약간 높이더니 계속한다. "아이들의 부모는 소득세를 신고할 때 모두 위법을 저지릅니다. 레스토랑 웨이터들이나 택시 운전사들은 자기들이 받은 팁을 보고하나요? 변호사들은 거짓말을 하고도 많은 돈을 법니다. CEO들의 대변인들은 물론 대통령 대변인도 거짓말을 해요."

"이해합니다. 당신이 옳아요." 나는 말한다. "그러나 여전히 학교는 이런 짓은 나쁘다고 가르쳐야만 하는 장소 중 하나가 아닌가요? 그렇다면 학교의 명예에 관해서는 어떻게 생각하는지요? 당신이 부정행위를 용인하고 아무런 대책도 세우지 않는다는 소문이 떠돌면 학교의 명성에 해가 되지 않을까요? 나는 이 학교만을 이야기하는 것은 아닙니다. 모든 학교를 다 말하는 거예요."

"그게 바로 당신이 틀린 부분입니다." 워터스는 안달이 나서 딱딱

거린다. "완전히 틀렸어요. 학교의 명성에 해가 되는 것은 공공연한 추문이 생기고, 알려지는 것이에요. 절 믿으세요. 부모들은 그에 대해 알고 싶어 하지 않아요. 솔직히 내 업무는 그 추문을 감추고 효과적으로 조용히 처리하는 것입니다. 만약 대학에서 대규모 부정행위가 있다는 소문을 들으면 진학률에 영향을 줄 수 있어요. 특히 부모들은 자기 아이들이 관련됐다고 하면 무지막지하게 화를 냅니다. 아이들이 아닌 우리들에게 말이죠. 사건을 크게 만들었기 때문에 자기 아이들이 좋은 대학에 갈 기회를 망쳐버렸다고 말입니다. 만약 모든 부모들이 이를 문제삼아 들고 일어나면 학교는 실패하고 맙니다. 그게 현실이에요."

인터뷰가 끝나 나는 그에게 감사했고 악수를 나눴다. 나는 사람들이 실제로 왜 자기답지 않은 행동을 하는지 해답을 찾는 연구에서 결정적인 순간에 그와 나눈 대화를 기억해낼 것이다. 건물 밖으로 걸어 나오면서 커다란 단풍나무 그늘 아래 풀밭에 누워서 책을 읽고 있는 몇몇 학생들을 보았다. 그 옆에서 다른 학생들은 프리스비(던지기 놀이를 할 때 쓰는 플라스틱 원반)를 가지고 놀고 있었다. 햇볕이 듬뿍 내리쬐는 아름다운 캘리포니아 날씨였다. 이 얼마나 목가적인가 하고 생각했다. 학교 광고에 실으면 좋은 그림이 될 정경이었다. 그러나 그림은 분명히 모든 이야기를 해주지는 않는다. 아직 멀었다.

일치에 대한 분노

이들 많은 이야기를 관통하는 공통된 가닥 중 하나는 동료집단에게서 받는 압박감이다. 코치가 이유를 들어 이것을 사용할 수 없다고 하면 선수들은 그렇게 해야 한다. 학교에서 마구 신이 나서 하는 행동이나, 학교 클럽에서 벌어지는 섹스나 과음 등은 미식축구 선수만이 아니라 일반 학생들에게도 거의 통과의식으로 여겨진다. 거기에 어울리지 못하면 흔히 따분하고 촌스러운 사람으로 취급되는데 누가 그렇게 되려고 하겠는가?

우리는 경찰들이 동료 중 한 사람이 부패 혐의로 고발당했을 때 그들이 얼마나 똘똘 뭉쳐 결속을 강화하는지, 또 '침묵의 파란 벽(발생한 사고를 은폐하는 경찰 내 관행)'이라 불리는 관행에 대해 익히 들어왔다. 다른 직업들에서도 마찬가지로 "우리가 남이냐" 하는 풍조가 퍼져 있다. 그들은 "배신자를 좋아하는 사람은 아무도 없다"고도 말한다. 그래서 사람들은 예를 들면 신문기자들이 왜 자신들의 내부세계를 고발하는 데 망설이는지 이해한다. 그것은 어떤 사람들에게 표절과 같은 행동을 승인하는 하나의 방식으로 직접 표절에 관여하는 다음 단계로 가는 지름길일 뿐이다.

또한 사람들은 사회가 기대하는 대로 따라야만 한다는 압박감에 대한 거부감으로 단순히 그런 바보 같은 짓을 저지르기도 한다. 우리는 다른 사람들에게 굽실거리고, 일정한 방식으로 옷을 입으며, 올바른 이야기만 하고, 다른 사람의 감정을 상하게 할까 걱정하고, 아침에 일찍 일어나고, 오랜 시간 일해야 하는 등, 요컨대 해야 하지만 정작 하기는 싫은 모든 일에 불만을 가질 수 있다.

컬트영화인 '오피스 스페이스(Office Space, 1999년에 만들어진 미국 코미디 영화로 직장과 일에 신물이 난 몇몇 주인공이 등장한다. 평범한 IT 직종 근무자들의 삶을 그려내 IT 직종 근무자들로부터 인기를 얻었다)'는 그에 관한 극단적인 태도를 과장되게 그렸다. 주인공은 어느 날 일하기 싫어지면 일하러 가지 않을 것이고, 좋아하지도 않는 일을 하며 직장에서 모든 사람에게서 허튼 소리를 듣는 데 지쳤다며 상사가 지시하는 것도 그냥 거부한다. 영화에서 그는 우여곡절 끝에 반복되는 일상에서 탈출한다. 그러나 현실에서는 결코 일어날 수 없는 일이다. 탈출은커녕 해고되고 말 것이다.

때때로 항상 옳은 일, 현명한 일, 빈틈없는 일만 해야 한다는 감정은, 우리를 그에 저항해 진짜 바보 같은 일을 저지르게 하고 그 멍청한 짓 때문에 자신도 손해를 보는 지경으로까지 잘못되게 몰고갈 수 있다. 당신은 똑똑해보이는 사람, 훨씬 잘 알 만한 사람들이 왜 나이지리아 투자 거래, 허위 토지 거래, 영국 복권 대박 등 결코 손에 넣을 수 없는 명백한 신용사기와 계략 따위에 그토록 쉽게 넘어가는지 궁금해한 적이 없는가? 미국인 10명 중 적어도 1명 이상(대부분 노년층이지만 절대 노망들지 않았다)이 매년 그런 사기에 넘어가고 있는 것으로 드러났다.

또 하나, 우리가 왜 사회의 규칙에서 '이탈'하려고 하는지에 대한 더욱 중요한 이유는, 자신이 개인으로서 별로 중요하지도 않고 사회에 어떤 의미 있는 영향력을 가질 수도 없음을 자주 느끼는 사회에서 살고 있기 때문이다. 우리는 자신이 영향력 있는 사람이기를 바란다. 가끔 우리는 주목을 끌어보려고 약간 이상한 짓도 한다. 사람들이 뉴스 생중계 도중 우연히 모습이 찍힐 때 카메라를 향해 손을 흔들고, 또 공공 이벤트에서 우스꽝스러운 사인을 해보이는 일은 그에 대한 설명이 될 것이다. 이것은 자연스런 충동이며, 자신이 중요한 존재라는 것을 보여주는 방식이다. 때로는 그냥 별 이유 없이 정상이 아닌 행동에 끌리게 되는데, 너무 도를 넘는 바람에 진짜 사고를 일으키고 만다.

지역사회의 유대가 허물어진다

2000년에 출간돼 상당한 논쟁을 불러일으킨 뒤 결국 불온한 책이 된 〈나홀로 볼링Bowling Alone〉에서 하버드대학 사회학자 로버트 퍼트넘은 우리가 이미 의심하고 있던 사실을 이야기했다. 공동체로서 우리를 함께 지탱하고 있던 사회 조직이 닳아서 해지거나 부스러지기 시작했다는 것. 우리는 이제 더 이상 과거에 속했던 그룹이나 클럽, 또는 조직에 참여하거나 관여하지 않는다. PTA 회원은 줄었고, 교회 신도 수는 어떻게 계산하느냐에 따라 대충 25%에서 50%까지 줄었다.

그보다 더 심각한 것은 다른 사람들과 단순히 어울리는 일도 줄어들고 있다는 것이다. 사람들은 이웃사람과 집 모퉁이에서 만나지 않고, 술집이나 나이트클럽, 영화관 같은 곳도 잘 가지 않으며, 대신 집에 박혀 '느긋하게 쉬는 것'을 택하고 있다. 퍼트넘은 자신의 주장을 뒷받침하는 놀랄 만한 사례와 함께 많은 통계자료를 제시했다. 볼링을 예로 들어보자. 지난 세월 동안 사람들이 볼링을 치는 방식은 상당히 달라졌다. 1980년대 이래 볼링 리그는 40% 이상 줄었다. 나도 안다. 나 역시 축소된 작은 리그에 속했다.

1973년 뉴욕시립대학에서 강의를 할 때 나는 퀸즈 구역 포레스트 힐스에 있는 아파트에서 살았다. 거기에는 두 구역 떨어진 곳에 할리우드 레인즈라는 볼링장이 있었다. 나는 그곳에서 열리는 리그 중 한 팀에 등록했다. 〈데일리 뉴스〉 직원들을 대상으로 했지만 외부인도 들어갈 수 있었다. 나는 여러 사람들을 만났고, 자기 차례가 오기까지 기다리면서 —어디서나 볼링치는 사람들이 그러듯— 먹고 마시고 즐겁게 지내면서 부담 없이 농담도 주고받았다. 나는 처음에 아무도 몰랐으나 환영받는 느낌을 받았다.

2007년 12월, 그로부터 35년이 지난 뒤 나는 어느 늦은 오후에 어떻게 바뀌었는지 보려고 퀸즈 북부에 있는 볼링장으로 들어갔다. 나는 CUNY 대학원 센터에서 뉴욕 시의 사회학에 관한 강의를 맡았는데, 준비 기간 중에 주중 현장 학습에 학생들을 데리고 갈 재미있는 장소도 찾아볼 겸 도시의 곳곳을 걸어다니면서 자세히 살펴보고 있었다. 그때는 화요일 이른 저녁이었는데, 나는 충격을 받았다. 볼링장에는 거의 아무도 없었다. 15개 레인 중에서 5개만 쓰고 있었다. 다른 쪽은 무시무시하게 조용했고, 핀들은 어둠 속에서 볼링공이 굴러오기만을 기다리고 있는 듯했다.

사용 중인 3개의 레인에서는 60대나 70대 초반인 몇 명의 남자들이 비슷비슷한 차림으로 볼링을 치고 있었다. 땅딸막하고 대머리에 올챙이배를 한 남자는 민소매 셔츠를 입었고 다른 사람은 작은 구멍이 몇 개 난 티셔츠를 입고 양키스 팀 야구 모자를 쓰고 있었는데, 주름 잡힌 이마에 몇 가닥의 흰 머리가 두드러졌다. 볼링공을 던지고 실패했을 때 반응과 결과를 보는 그들의 신중한 움직임에는 열정이라고는 전혀 찾아볼 수 없어 갑갑하기까지 했다.

다른 2개 레인은 중년의 남자들이 쓰고 있었다. 그들은 검은 장갑을 끼고 볼링장에서 대여해주는 질질 끌리는 신발과 흠집이 난 싸구려 공 대신 선명한 녹색 공을 사용하고 있어서 매우 진지하게 경기를 하고 있는 것으로 보였다. 그들은 정규회원이었고 실력도 좋았다. 그러나 사실 그들은 볼링을 혼자서 치고 있었다.

나는 신발 대여 카운터로 다가갔다. 격자무늬의 플란넬 셔츠와 검은 도커즈(Dockers, 상표 이름) 면바지를 입은 시무룩한 얼굴의 남자가 자동차 경주 잡지를 하릴없이 뒤적이면서 해진 가죽회전의자에 앉아 있었다. "뭐~얼 찾으시는지?" 그는 낮잠을 자려는데 내가 방해한 것처럼 약간 귀찮은 듯한 목소리로 물었다.

"여기 아직 리그 시합이 있어요?"

"주말에는 있어요."

"옛날처럼 많아요?"

"웬걸요. 내가 크던 60년대와 70년대에는 사람들이 항상 볼링을 하려고 북적거렸지요. 오랫동안 리그나 볼링치는 사람이 많이 줄었어요. 볼링치는 사람들이 줄어드니 자연히 시내 전역의 볼링장들도 문을 닫고 있고요. 다른 지역도 마찬가지지만 우리도 볼링장만으로는 힘들어서 식당을 열었어요. 그러나 예전처럼 활기를 되찾았으면 좋겠어요."

퍼트넘은 변화는 모든 곳에서 일어나고 있다고 말한다. NAACP(미국 흑인지위향상협회), 로터리와 엘크스 클럽 등은 모두 회원수가 격감하고 있다. 그는 브리지 클럽은 깨졌고, 가족 사회는 함께 어울리기 어려워지고 있다고 썼다. 마지막에 언급한 양상은 나 역시 개인 경험으로 잘 알고 있다. 20년 전, 우리 가족은 지금보다 훨씬 더 자주 어울렸다. 대개 내가 제안을 해서 모였는데, 그들은 "무척 재미있군. 좀 더 자주 모이자"라고 외치곤 했다. 그러나 그들은 그러지 않는다. 물론 내가 아는 한 대다수의 다른 가족들도 마찬가지다.

이 같은 변화에는 여러 가지 이유가 있다. 가족은 해체되고, 주택가가 교외로 옮겨 가면서 출퇴근 시간이 늘어나 여유로운 시간은 점점 줄어들고 있으며, 세대의 변화도 있는 등등 많은 이유가 있다. 원인이 무엇이든 전반적인 결과는 다르지 않다. 우리는 갈수록 직장 동료나 친구들, 가족, 이웃들, 그리고 일반 사람들과 접촉을 하지 않는다.

우리 사회에서는 인터넷의 영향에 대한 이야기가 많다. 인터넷은 소통에 어떤 영향을 끼쳤을까? 제임스 카츠와 로널드 라이스가 〈인터넷 사용의 사회적 중요성Social Consequences of Internet Use〉이라는 책에서 주장하고 있듯이, 인터넷 상에서는 긴장감이 떨어진 감정의 교류가 끊임없이 이루어지고 있다. 그것은 사람들과 직접적으로 연관되는 것을 불편해하는 사람들에게는 스트레스를 덜 주기도 하지만 부정적인 면도 있다. 인터넷에는 사회생활에서 매우 중요한 면대면 접촉이 빠져 있다. 그런 교류가 줄어들면 사람들은 진실로 의미하는 바를 이해하는 중요한 도구를 잃게 된다. 우리가 어떤 사람을 직접 쳐다볼 때는 분노나 행복, 슬픔, 의심, 감사, 사랑 등의 감정을 살필 수 있다. 요컨대 우리는 상대방과 마주함으로써 알 수 있는 그러한 감정에 따라 어떻게 반응할지를 결정한다.

이런 사실이 사람들이 어리석은 짓을 저지르는 이유와 무슨 관련이 있을까? 그것은 혼자 움직이는 사람들은 멍청하거나 나쁜 일을 저지를 가능성이 더 많기 때문이다. 우리가 다른 사람들과 접촉을 유지하고 있지 않으면 서로를 이어주는 사회적 유대감은 느슨해져버린다. 한번 그런 일이 일어나면 다른 사람들이 생각하는 것에 대해 흥미도 줄어들고 의존하지 않게 된다.

우리가 타인과의 교류가 많을수록 뒤늦게 무책임하고 멍청한 짓으로 판명되는 허튼 짓을 할 기회도 줄어든다. 다른 사람들과 연결되면 우리들의 의견이나 의도가 '특이하거나 정상이 아닌 것'인지 알아보고 시험해볼 수 있는 기회가 많아진다. 한 친구가 말할 것이다. "그건 정말 멍청해. 넌 후회할 거야." "너 미쳤어? 넌 결코 거기서 벗어날 수 없어. 정신 차려!" 그런 만남이 없으면 사람들은 자신의 어두운 욕망과 나쁜 충동에 훨씬 쉽게 휩쓸린다. 그들과 함께해야 —항상 그렇지는 않아도— 화나고 좌절했을 때 이해와 연민을 통해 회유되고 흥분을 가라앉힐 수 있다.

그런데 집단 활동이 줄어들면 우리들이 나쁜 행동을 하도록 부추기는 '나쁜 집단'과의 접촉도 줄어들 가능성이 있지 않을까? 미리 말하자면 전혀 그렇지 않다. 대부분의 사람들은 법을 지켜키는 것이 당연하다고 생각하는데, 그것은 두려움 때문이 아니라 우리 스스로 그러한 사회 규범을 받아들이기 때문이다. 그러므로 사람들이 함께 있으면 보통 악하지 않고 착하며, 때로는 그로 인해 선(善)이 강화되기도 한다. 우리 사회는 협동과 이타주의를 촉진시키는데, 그렇게 해야만 살아남고 번성할 수 있기 때문이다. 퍼트넘은 "미국에서 공식·비공식 네트워크에 속한 사람들은 사회적으로 고립된 이들보다 올바른 사회 운동에 시간이나 돈을 더 많이 투자해야 한다"고 결론 짓는다.

그러나 세상은 거의 광신적으로 성공을 숭배하도록 부추기고 있다. 거기에서 벗어나야 잘 살 수 있지 않을까? 우리가 그렇게 할 수 있다고 해도 간단히 해결될 문제는 아니다. 사람은 기본적으로 사회적 동물이었고, 지금까지도 그렇다. 우리는 현재 우리가 속해 있고, 그 안에 계속 온전하게 남아 있을 수 있도록 세상을 변화시키고 개선시키는 방안을 고민해야 한다.

우리가 이 이론을 무비판적으로 받아들이기 전에 주의할 사항이 하나 있다. 이것은 단순한 소속 문제가 아니다. 소속의 본질에 관한 것이다. 사람들은 사실은 전혀 그렇지 않을 때도 그들이 어딘가에 소속돼 있는 것처럼 보일 수 있다. 버지니아공과대학의 대량 살인범 조성희는 학교 기숙사에서 지냈고, 가족도 있었으며, 영어 학습 동아리에도 참석했다. 그러나 학교 총격사건의 권위자인 프린스턴대학 캐서린 뉴먼 교수가 말하듯이 그는 그 모든 집단에서 '실패한 참여자'

였다.

일회용 사회

기술 분야의 발전에 대한 또 다른 부정적인 측면이 있다. 그것은 사람들을 일회용 사회로 데려다 놓았다. 당신은 컴퓨터가 고장 나면 다른 것을 산다. 휴대폰, TV도 마찬가지다. 이젠 누구도 물건을 고치지 않는다. 그런 일을 해도 수리하는 것이 아니라 자동차 정비공처럼 그저 부품만 교체할 뿐이다.

이것은 일반적으로 우리가 사물에 대해 생각하는 방식을 바꿔 놓았는데, 거기에는 우리가 서로 관련되는 방식도 포함된다. 결혼을 예로 들어보자. 오늘날은 이혼율이 매우 높은데, 이는 사람들이 자신들의 문제를 해결하려고 하지 않기 때문이다. 당신이 배우자와 싸움을 하면 그것으로 그만이다. 해결이 안 된다고 결정하고 끝내버린다. 때때로 그 생각은 옳다. 그러나 대다수의 경우 그것은 중대한 실수다. 우리는 곧 후회하지만 그때는 이미 늦어버렸다.

또는 부엌을 완벽하게 훌륭한 새 것으로 바꿀 수 있는 것처럼 당신은 그냥 남편이나 아내가 싫어졌고, 그래서 이혼을 하고 좀 더 젊은 사람과 결혼한다. 5년 뒤, 그나 그녀에게 버림받으면 당신은 깊은 상처를 입고 스스로 목숨을 끊고 싶어 한다. 그러나 다시 돌아가기에는 너무 늦었다.

행복에 대한 끝없는 의문은 우리가 종종 비현실적 수준으로까지 기대치를 높인다는 데 있다. 우리는 '무언가 특별한 것'을 찾고 있다. 〈위기의 세대: 가족 격변기의 성장*A Generation at Risk: Growing Up in an Era of Family Upheaval*〉이라는 책에서 폴 아마토와 알란 부스는 이혼의 70%가 사소한 갈등 때문이라고 밝혔다. 이 실패한 결혼들에서 부부 간의 실제 불화는 빠져 있는데, 응답자의 4분의 3이 그들은 그다지 싸우지도 않았고, 의견일치를 보지 못한 것도 별로 없다고 했다. 이와 함께 독신들의 요구도 증가했다. 전국 결혼 프로젝트가 실시한 최근 조사에서는 독신들 중 많은 사람이 결혼이란 반드시 '소울메이트(soulmate, 마음이 통하는 사람)'를 만나는 것이라고 주장했다고 보고한다. 이 같은 요구들은 이미 알고 있는 다음과 같은 속담을 떠올리게 한다. "완벽함은 선(善)의 적이다."

그러나 기술은 인간관계에 다른 방식으로 우리에게 작용을 한다. 끊임없는 자극들—라디오, TV, 아이패드, 휴대폰, 컴퓨터 등의 세례와 스마트폰의 사용은 우리에게 다양한 과제를 수행하는 방법을 배우도록 강요했다. 오늘날 매우 중요하고 필요한 기술이지만, 그런 능력을 지니려면 사회적 비용이 많이 드는 것은 물론, 사람의 집중하는 능력을 상당 부분 퇴화시킨다.

이는 우리가 MADD(mass attention deficit disorder, 대중관심 결핍 장애)로 고통을 받는다는 것을 뜻한다. 인내라는 단어는 급속히 시대착오적인 것으로 여겨진다. 컴퓨터에서 10초 내로 다운로드가 안 되면 우리는 답답해한다. 미식축구 게임을 하는 동안 TV에서 광고가 나오면 기다리지 못하고 다른 채널로 휙휙 돌리곤 한다.

즉각적인 만족을 찾는 것이 인생에서 일반적인 가치관의 한 부분이 되고 있다. 우리가 아이였을 때, 부모님이나 선생님들은 "급할수록 돌아가라"고 말하곤 했다. 오늘날 얼마나 많은 사람들이 그렇게 할 수 있겠는가? 이는 우리에게 개인적으로 손해가 될 수 있고 자주 그렇기도 하다. 왜냐하면 우리의 관계를 작동시킬 만한 시간을 가질 수 없거나 가지지 못하기 때문에 그것을 몰락하게 만드는 원인을 풀지 못한다. 그 결과 나중에 후회하게 될 결정을 성급하게 내린다. 그리고 비난의 대부분은 우리가 사는 방식에 돌아간다.

스캔들의 대가가 낮아진다

공동체의 상실, "누구나 다 한다"는 인식, 우리가 우러러봤던 여러 지도자와 역할모델들의 불명예, 즉각적인 만족에 대한 욕구, 일회용 사회의 부상 등은 모두 스캔들의 대가가 낮아진 결과다.

성매매 파문으로 유명한 전직 뉴욕 주지사 엘리엇 스피처는 최근들어 자주 공개석상에 등장하고 기명칼럼도 몇 개 쓰고 있다. 그는 또한 하버드대학에서 윤리학에 대한 강연도 했다. 너그럽게 말해도 오만하다고 할 수밖에 없다. 사실 스피처는 지금 CNN에서 캐시 파커와 토크쇼를 공동으로 진행하고 있다. 당연히 그는 용서를 받았다. 교훈은 분명하다. 잘못을 저질러도 충분히 사죄하고 한동안 납작 엎드려 있으면 용서받을 뿐만 아니라 보상까지 받을 수 있다는 것이다.

2년 전에는 누가 그럴 가능성이 있다고 생각조차 할 수 있었는가?

명성이 더 대단할수록 대중의 용서는 더 빠르고 충분한 이유도 되는 듯이 보인다. 첫째, 유명인은 공개시장에서 가치가 더 많다. 둘째, 우리의 영웅들이 그런 일을 하고 책임을 모면하면 어쭙잖은 인간들인 우리는 당연히 괜찮다는 것을 의미한다.

이것은 확실히 우리가 익히 알던 방식은 아니다. 과거에는 적어도 얼마간 감옥에서 시간을 보내야 했고, '명예회복을 했다'고 여겨지기 전까지 한동안 신학대학에서 연구를 해야 했다. 닉슨은 사임했을 때, 자신만의 TV쇼를 배당받지 못했으며, 모니카 르윈스키와의 사건이 들통났던 빌 클린턴처럼 세계 정상급 정치인으로서 해외 순방을 재개하지도 못했다.

사실 우리 사회는 과거 그랬던 때보다 스캔들의 대가가 훨씬 줄어든 사회로 가고 있다. 우리는 점차 스캔들이 파괴한 그 모든 것, 즉 공동체, 가족, 직장, 교회 등에서의 중요한 위치를 평가절하하는 듯하다. 그것들은 이제 그만한 가치가 없다. 게다가 이동성의 증가로 인해, 유명한 공적 인물이 아니라 단순하고 평범한 사람이라면 어딘가 다른 곳에서 새롭게 태어날 수도 있다. 그러나 눈송이 효과를 잊지 말자. 이런 식의 행동이 괜찮다고 생각하는 사람이 많을수록 점차 그런 일은 더 자주 일어난다. 스피처의 추락 이후 어리석은 일을 저질렀던 3명의 주지사가 더 있다. 데이비드 패터슨, 로드 블라고예비치, 마크 샌포드 등이다. 그 다음으로 존 에드워즈, 찰스 랭겔, 휴 그랜트, 데이비드 레터맨, 숀 펜, 코브 브라이언트, 할리 베리 등등.

심지어 뉴욕 시에서 6명을 살해하고 7명에게 상해를 입힌 '샘의 아들' 데이비드 버코위츠처럼 악명 높은 살인범도 구원받을 조치를 찾았다. 2010년 7월 13일, 〈뉴욕타임스〉 기사는 그의 친구가 된 존경할 만한 사람들의 숫자를 보도했다. '숭배자들은 살인자의 이미지를 다시 꾸민다'는 제목의 그 기사는 변호사, 관리, TV쇼 호스트를 포함한 존경받는 개인들이 얼마나 완벽하게 친구가 되어 버코위츠를 도왔는지 묘사하고 있다. 그들 대부분은 복음주의 기독교도들이라는 공통점이 있다. 이것은 '종교'에 의해 구원을 받는다는 것이 오랫동안 개인의 범죄에 대한 책임감과 용서를 구현하는 중요한 장치의 하나였던 견지에서는 놀랄 일도 아니다.

다음 장에서는 오만과 탐욕, 명예, 손쉬운 해결책의 추구, 불안, 강박행동 등 개인적인 요소에 대해 이야기하겠다. 이것들은 멍청함과 비이성적인 행위를 설명해주는 현실적인 원인들이다. 그러나 일반적으로 사회가 그런 행동을 받아들이면 사람들은 자신의 정당성이 의심스러울 때조차 그것을 이용하는 경향이 점점 두드러지게 된다. 이런 식으로 사회가 지닌 특성과 개인이 지닌 특성은 서로를 강화하며 그런 행동을 더욱 쉽게 저지르게 만든다.

| 오만 |

"재앙으로 가는 편도승차권"

〈뉴욕타임스〉에서 재미있게 내세운 제목이다. 무슨 이야기인지 궁금할 것이다. 미성년자 음주의 해악인가? 모기지시장에 투자하는 것인가? 끝이 보이지 않는 이라크 전쟁인가? 그 어느 것도 아니다.

2007년 말에 실린 이 기사의 중심 내용은, 우리가 그 입장이라면 결코 하지 않을 온갖 행동들을 저질러 자기파멸의 길을 걷는 영웅들, 우상들, 또 역할모델들의 동향을 다룬 것으로 겉으로는 믿을 수 없으나 전체적으로 납득할 만했다. 기사에 실린 모든 일들은 전부 한 해에 일어났다.

미국 유타 주의 래리 크레그 상원의원은 공중화장실에서 옆 칸의 남자에게 섹스를 요구하는 행동을 했다. 토크쇼계의 대스타인 돈 아이머스는 럿거스대학 흑인여자농구팀 선수들을 '곱슬머리의 창녀들'이라고 불렀다. 애틀랜타 팔콘스의 쿼터백 스타인 마이클 빅은 불법 투견 혐의로 1억 3,000만 달러의 계약이 위기에 처했다. 전 슈퍼모델인 안나 니콜 스미스는 수면제와 약물 과용으로 죽는다. 브리트니 스피어스, 린제이 로한, 패리스 힐튼, 그 밖의 여러 사람들은 겉으로 보기에 이해할 수 없는 행동들을 저지른다.

그 제목(재앙으로 가는 편도승차권)이 3개월 뒤에 나왔더라면 뉴욕 주지사 엘리엇 스피처의 불명예와 몰락에 딱 들어맞는 완벽한 제목이었다. 그는 처음에는 이 유명인 클럽 회원으로 맞지 않아 보였다. 스피처와 스피어스가 유명인 가십 지면에 같이 실릴 일은 드물다. 그들이 명예에서 굴욕적으로 몰락한 과정은 매우 비슷하지만 세부 내용에는 차이가 있다. 2009년의 뉴스들을 읽어보자. 버나드 매도프의 더러운 사기극, 뉴욕 주정부의 무능, 마크 샌포드 지사의 불미스러운 사건 등이 있다. 해마다 주인공은 다르지만 내용은 비슷하다. 얼빠진 행동을 하는 사람들은 항상 주변에 있다.

이들 사례에서 성공한 특정 유형의 인간들은 누구나 공유하는 더 깊은 무엇이 있는 것으로 밝혀졌다. 그들의 잘못이 만천하에 드러날 때까지 그들은 이미 몇 달 간, 아니 몇 해에 걸쳐 충분히 별 의심 없이 여러 단계를 밟아왔던 것이다. 그러나 그것은 〈뉴욕타임스〉의 기사 제목인 '재앙으로 가는 편도승차권'을 알리는 푯말로 기록됐어야 하는 길이었다. 사실 그것은 사람들이 어떤 잠재된 위험을 모른 채 항상 순진하게 택하는 길이다.

오만은 분명히 매력적이기만 한 것은 아니다. 1985년 4월 23일, 코카콜라는 오랫동안 계획하고 포커스그룹면접(표적집단면접법: 표적시장으로 예상되는 소비자들을 일정한 자격기준에 따라 선발해 한 장소에서 면접자의 진행하에 조사 목적과 관련된 토론을 통해 자료를 수집하는 마케팅 기법)을 비롯한 수많은 연구 끝에 새로운 제품을 세상에 공개했다. 그러나 신제품 '뉴 코크'는 우리가 알고 있는 것처럼 막대한 실패로 돌아갔다. 제품에 대한 불만 전화가 일주일에 7,000통이나 본사로 쏟아져 들어왔다.

언론의 날카로운 비판과 함께 심야 TV쇼의 농담거리가 된 몇 달 뒤에 회사는 현실에 굴복하고 기존 제품을 대중에게 다시 돌려줬다. 코카콜라 클래식으로 다시 이름을 지었지만, 그와 관련해 유일한 클래식(최고의 작품)은 그들의 실수였다. 회사의 마케팅 전문가들은 자기들이 조사한 결과를 소홀히 했다는 지적을 받았다. 소비자들은 코카콜라의 맛뿐 아니라 상표 자체에 깊은 친밀감을 느끼기에 코크를 좋아한다고 말했는데도 말이다. 나중에 '이러쿵저러쿵 비판하는 사람'이라는 소릴 듣겠지만, 이는 놀라울 만큼 빈약한 판단력과 함께 어느 정도 오만함을 반영하고 있는 '마케팅 결정 사례에서 가장 실패한 사례'라고 말할 수밖에 없다.

오만함은 누구나 있다

미국에서는 하루에도 판단을 잘못 내리는 경우가 수백만 건은 된다. 사람들은 타인을 모욕함으로써 친구나 직장 또는 소비자를 잃는다. 그들은 물건 구매나 투자, 합의를 제대로 못하며, 사람들이 생각하고 말하는 것을 오해하고 다른 사람들도 그들에게 역시 그렇게 한다. 왜 그럴까?

내가 한국에 온 지는 열흘 정도 됐는데, 뭐라고 말할까…. 정말 살 만하다. 방 세 칸짜리 멋진 최신형 아파트를 얻었다. 왜 방이 3개나 필요하냐고? 좋은 질문이야…안방에는 퀸사이즈 침대가 있는데…내가 한국에서 앞으로 2년 동안 뜨거운 영계들과 뒹굴 곳이고,…두 번째 방은 나를 따라다니는 영계들을 위한 할렘이야…세 번째 방은 너희 바람둥이들이 한국에 왔을 때 머물 곳이지. 나는 평균적으로 하룻밤에 5개에서 8개의 전화번호를 얻는데, 매일 밤 내가 밖에 나갔을 때마다 적어도 3명의 영계가 나와 함께 우리 집에 오려고 해…은행가들은 매일 나를 불러 이런 저런 제안을 하며 후하게 대접해주지. 그들은 내 모든 요구사항(골프, 최고의 저녁식사, 나이트클럽 순회 등)을 잘 들어줘. 참, 그건 그렇고, 누가 [콘돔] 박스 좀 택배로 부쳐줘. 내가 대충 40개 정도를 가져왔는데, 이번 토요일이면 다 떨어질 것 같아.

— 피터 정으로부터

빌 클린턴, 타이거 우즈, 월트 챔벌레인, 그리고 모든 도시남자라고 일컬어지는 사람들로 옮겨가보자. 당신이 정복한 여성의 숫자 문제가 아니라면, 오만함에서는 그 이상의 상대가 없다. 윗 글의 피터 정은 유명한 사람이 아니었는데 이제는 금융계에서 상당히 알려진 인물이 됐다.

정은 메릴 린치에서 진급이 아주 빨랐다. 프린스턴대학을 졸업한 그는 겉으로 보기에 나무랄 데가 없었다. 고지식한 칼라일 그룹은 2001년 그에게 투자부문 업무를 맡겨 서울로 보냈다. 앞의 글은 이 24세의 마초 남자가 떠들썩한 대도시에 도착한 뒤 얼마 되지 않아 그의 친구에게 보낸 이메일이다.

그의 허풍이 사적 대화에 그쳤다면 그다지 관심을 끌지 않았을 것이다. 그러나 당신이 보낸 이메일의 어떤 내용을 일단 모든 사람이 알게 되면, 당신은 그것이 어디서 끝날지 모르게 된다. 그의 친구들은 그의 메일에 깊은 인상을 받았고, 별 생각 없이 그 이메일을 전 세계로 보냈다. 왜냐고? 그는 거기에 비밀이라고 정확하게 밝히지 않았기 때문이다. 전달 박스에는 '놀라운 경고성 이야기'라는 제목이 붙어 있었다. 아니나 다를까, 칼라일 그룹은 정이 한국의 밤 문화에 대해 언급한 내용을 발견했고, 곧이어 그는 '해고' 됐다.

어떤 사람이 어리석은 일을 저질렀을 때, 그나 그녀의 주위 사람들은 그것을 화제로 삼는 것을 당연하게 여긴다. 그들은 험담하기를 즐기며, 그들이 생각하듯 정말 멍청한 짓이라고 다른 사람들에게 확인까지 받으려 한다. 만약 당신이 어떤 바보 같은 짓을 했다면, 아주 가까운 친구나 가족만이 당신을 보호할 것이며, 그들마저도 당신의 행동이 너무 지나치고 정신적으로 문제가 있다고 생각되면 당신을 저버릴 수 있다.

지위가 높고 힘이 있든, 지위가 높지 않고 힘이 없든 간에 누구나 오만한 행동을 저지를 수 있다. 당신의 학교 동기나 사촌, 이웃이나 직장 동료들이 저지를 수도 있다. 오만은 그 역사가 길고 이름도 다양하다. 고대 그리스인들은 그것을 hubris(오만, 자기 과신)라 했고, 유대인들은 chutzpah(철면피, 뻔뻔스러움)라고 불렀다. 가장 상식적인 단어는 오만(Arrogance)이다. 이것은 어리석은 행동의 원인으로 수많은 사람들을 파멸시켰으며, 최근까지도 여전히 존재하고 있다. 당신이 이 책을 읽고 있는 지금도 많은 사람들이 극단적인 행동의 희생자가 되고 있다. 그것이 그토록 많은 사람들에게 영향을 미친다면, 그 원인들을 이해하는 것도 중요하다.

도널드 트럼프, 마돈나, 아널드 슈워제네거, 그리고 불같은 성격을 지닌 수많은 사람들은 오만을 일종의 돈처럼 사용하곤 한다. 특히 개인 상해법을 다루는 공판 변호사들은 실제로 이를 특성으로 과시한다. 그들은 도전적이고 허세를 부리는 듯 보이지만, 실상을 들여다보면 오만의 효과를 예민하게 알아채고 과시하고 있는 것이다. 이것은 그들을 앞으로 나아가게 한다. 그들은 일상의 규칙을 깨뜨릴 수 있을 만큼 충분히 힘을 가지고 있다고 우리에게 보여준다. 그들은 대담무쌍하게 보이길 원하며, 그리고 결국 성공한다.

피터 정 같은 사람과 그와 비슷한 유명인으로 클린턴 전 대통령, 스피처 전 주지사들의 공통점은 그들이 보인 오만이 지닌 파괴적인 본질과 그 피할 수 없는 결과를 몰랐다는 데 있다. 그들은 분별없이 공공 기준을 무시했을 뿐 아니라 자신들이 지니고 있던 지성도 파괴했다. 결국 그들은 자신들이 규칙을 무시했던 조직과 체제에서 성공했던 것이었다.

왜 오만은 멍청한 행동을 초래하나

이것은 복잡한 질문인데 원인이 복합적이며 심지어 겹치기도 하고 때로는 서로 맞물리기도 한다. 기본적으로 다음의 9가지 요소를 포함한다.

1. 자신은 건드릴 수 없다고 믿는다
2. 지나친 자신감
3. 다른 사람을 의식하지 않는다
4. 나르시시즘
5. 지배의 필요성
6. 십자군 사고방식
7. 분노
8. 경직성
9. 사회

이제 차례대로 하나씩 살펴보자. 한 개인이 이들 특성 가운데 하나 이상 갖고 있을 수도 있다는 사실을 잊지 말자.

자신은 건드릴 수 없다고 믿는다

클린턴은 단순이 자기 아내가 아닌 다른 사람과 섹스를 한 것이 아니다. 그는 누구의 상식선에서도 알 수 있는 공공장소인 백악관에서 그런 일을 벌였다. 그것은 자기는 건드릴 수 없는 사람이라고 생각했음을 보여주는 확실한 표시다. 스피처는 단순히 값비싼 매춘부를 애용했던 게 아니었다. 그는 자신이 법무장관으로서 기소했던 사람들이 붙잡힌 방식으로 매춘을 했다. 그러나 클린턴과 스피처는 개성과 욕구, 동기 등에서 매우 다르다. 전직 대통령들을 좀 더 세밀히 살펴보기로 하자.

피델 카스트로는 1980년에 대부분 범죄자들과 정치범으로 구성된 12만 명을 국외로 추방했다. 그들은 망명지를 찾아 미국을 향해 닻을 올렸고, 지미 카터 대통령은 그들이 도착했을 때, 그들을 보낼 곳을 마련해야 하는 현실적인 문제에 봉착했다. 그가 의논한 상대 가운데 그의 친구였던, 당시 아칸소 주지사였던 빌 클린턴이 있었다. 클린턴은 마지못해 약 2,000명의 피난민을 채피 요새로 즉각 이동시키는 데 동의했다. 지역민들은 분노했다. "깨끗한 우리 주에서 누가 이들 외국인, 범죄자들을 원하는가?"라고 그들은 물었다.

클린턴은 그의 상대인 공화당 후보 프랭크 화이트와 주지사 재선을 놓고 박빙의 선거전을 치루고 있었다. 쿠바인 문제는 이슈로 떠올랐는데, 특히 도착한 사람들 중 일부가 요새를 탈출하는 바람에 지역민들을 놀라게 했다. 결국 쿠바인이 오기 전에 실시한 여론조사에서 20%나 뒤지고 있던 화이트가 선거에서 이겼다. 클린턴은 아칸소에서 지난 25년 동안 재선에 실패한 첫 주지사가 됐다. 말할 것도 없이 그는 매우 실망해 얼이 빠졌다.

그로부터 얼마 되지 않아, 리서치 회사에서 나에게 전화를 걸어와 아칸소로 가서 클린턴이 왜 선거에 졌는지 분석해보고 다시는 그런 일이 일어나지 않도록 클린턴을 도와줄 수 있는지 물었다. 나는 제의를 수락하고 며칠 뒤 두 명의 동료와 함께 리틀록으로 향했다. 우리는 리틀록의 바비큐 식당에서 클린턴의 사람들을 만났다. 거기서 우리는 문제에 대한 평가 결과를 전하고, 다음날 포커스그룹면접을 진행하기 위해 존즈버러 시로 차를 몰았다.

우리가 알아낸 사실은 투표에서 사람들이 클린턴을 거부했던 이유는 대체로 그들이 부당하다고 생각한 자동차 번호판 수수료와 쿠바인 사태 때문이었다. 또한 투표자들이 힐러리가 이름에 클린턴을 빼고 로드햄을 쓰는 데 반대하는 사실도 알았다. 나와 얘기한 아칸소 동부지방의 한 농부는 그에 대해 간결하게 말했다. "클린턴이 아내가 자기 이름을 쓰게 하지 못한다면, 자기 아내를 관리할 능력이 없는 거요. 그리고 아내도 제대로 관리하지 못하는데, 어떻게 별의 별 일이 다 생기는 아칸소 주를 경영할 수 있겠소?"

4년 후 클린턴은 선거에서 다시 이길 수 있기를 무척이나 원했다. 그는 만약 이번 선거에서도 지면 자신의 경력은 끝이라는 것과 형세도 그에게 불리하다는 사실을 알았다. 전문가, 여론조사, 신문 제목들은 모두 비관적이었다. 그러나 우리가 그를 만났을 때, 그에게는 틀림없는 결연함이 있었다. 클린턴은 만약 자신이 올바르게 행동하고, 진로를 수정한다면 승리하게 되리라고 진정으로 믿고 있었다. 그의 자신감은 우리에게도 전염이 됐다. 사람들은 클린턴 스스로가 잘못을 인정하고 있는지 직접 말해야 한다고 생각했다. 그가 그렇게 하면 나약하게 보일까? 사람들과 이야기하며 주를 종횡무진으로 누비고 다닌 뒤, 우리는 보좌관에게 결과를 보고하면서 권고안을 제시했다.

우리의 분석 결과, 아칸소 주민들은 대체로 진실을 알고 싶어 하는 솔직한 사람들이었다. 그러므로 클린턴은 과거 자신의 잘못을 고백하고 그로부터 얻은 교훈을 사람들에게 말해야 했다. 이제 그의 아내가 힐러리 로드햄 클린턴이라는 것을 알리는 것도 중요했다. 딕 모리스, 버논 조던처럼 클린턴에게 영향력을 가지고 있는 사람들도 이 의견에 동의했다.

빌 클린턴은 우리의 충고를 따랐다. 과거에 자신이 잘못을 저질렀으나 그로부터 교훈을 얻었다는 사실에 기꺼이 동의했다. "내 아버지는 같은 일로 결코 두 번 야단치지 않았다"고 그는 말했다. 그는 승리했고 그 뒤는 모두가 안다. 요점은 클린턴이 이때는 오만하지 않았다는 것이다. 그는 말 그대로 잘못을 인정하고 사과했다. 이것은 그가 모니카 르윈스키와의 사건을 다루는 과정에서 "나는 그녀와 섹스를 하지 않았다"고 격노하여 외친 것과 극명한 대조를 이룬다. 과거에 기꺼이 자기의 잘못을 인정했던 저 남자에게 13년이 지난 뒤에 어떻게 저런 일이 일어났을까? 물론 그도 결국에는 자신이 한 짓이 "비도덕적이고 바보 같았다"고 인정했다. 그러나 그런 뒤에도 자기에게 대답을 요구하는 비판가들을 맹렬히 비난했다. 그의 본능적인 첫 반응은 자신의 잘못된 행동을 부인하는 것이었다.

복잡한 문제이긴 하지만 그의 반응에서 오만이 중요한 역할을 했음은 의심의 여지가 없다. 그는 미국의 대통령으로 선출됐고, 논의의 여지는 있으나 세계 최고의 권력을 가진 남자가 됐다. 그러나 한때 그는 한낱 패배한 아칸소 주의 지사에 불과했다. 뒤이어 일어나는 일을 지켜보면서 그가 이 상황을 모면할 수 있으리라고 생각하기 어려웠다. 다시 그의 과거를 살펴보자. 왜 안됐을까? 오랫동안 클린턴 같은 사람들은 자신이 다른 평범한 사람들과는 다르다는 것, 힘겨운 상황을 딛고 이겨낼 수 있다는 것을 스스로에게 확신시켜야만 했다. 그는 대체로 이겼고, 모니카 르윈스키의 경우처럼 어쩌다가 졌다. 그럴 때 그는 아주 큰 대가를 치르게 된다.

결국 클린턴이 제니퍼 플라워즈와 여러 차례 섹스를 했다고 인정함에 따라, 아칸소 주 경찰은 그가 사무실에서 다른 여성들과도 섹스를 했다고 증언하기에 이르렀다. 더욱 중요한 것은, 그가 결코 그 일로는 처벌받지 않았다는 점이다. 그러한 사실은 그가 세계적인 주목을 받고 있는 사무실에 있고, 사람들이 그를 지켜보고 있을지라도 과거로부터 벗어날 수 있다고 여기게끔 했다. 소문에 따르면 클린턴은 모니카 르윈스키뿐 아니라, 백악관을 드나들던 캐서린 윌리 같은 다른 여성들에게도 추근댔다고 한다. 윌리는 그의 제의를 거절했다고 말했고 클린턴은 아무 짓도 안 했다고 부인했다.

그러나 시대는 달라졌고 클린턴은 결코 벗어날 수 없었다. 그는 1998년 12월 사법 방해와 위증 혐의로 하원의 탄핵을 받았다. 비록 관대한 상원에서 투표로 방면됐지만, 그는 지난 한 세기 동안 탄핵을 받은 최초의 대통령으로 기록됐다. 몇 년이 지난 뒤, 그는 자신의 정당함에 대해 설명할 기회를 가졌다. CBS 프로그램 60분 쇼와 가진 인터뷰에서 클린턴은 르윈스키 건에 관해 말했다. "내가 그런 짓을 한 데는 가장 나쁜 이유가 있었다. 그냥 할 수 있었기 때문이다." 기억할 만한 문장이다. 그 다음 그는 "나는 누구든 어떤 일을 할 때 도덕적으로 변명의 여지가 없는 원인이 있을 수 있다고 생각한다"고 덧붙였다.

미국 사회에서 고위직 사람들의 떳떳하지 못한 행동들을 보는 사람들 태도도 크게 달라졌다. 50년 전, 케네디와 존슨의 추문은 어느 정도 논의 금지 주제로 간주됐다. 기자들은 그 사실을 알고 있었으나 적어도 주류 언론에서는 그런 일을 사생활로 치부하는 경향이 있었다. 그러나 클린턴 시대에는 더 이상 들어맞지 않았다. 점차 뉴스를 만드는 과정에서 경쟁이 심해지고, 대통령이라는 직책에 대한 존경심이 줄어들었기 때문일 것이다.

기술의 발전도 역시 하나의 역할을 했다. 그것은 DNA이다. 모니카의 파란 드레스의 얼룩을 기억하는가? 또한 필름과 테이프의 품질도 엄청나게 좋아졌다. 인터넷은 주의 깊은 블로거 군단의 도움으로 매우 빠르고 널리 그 흥미 있는 이야기를 퍼뜨렸다. 이제 더 이상 커뮤

니케이션에서 물리적 경계는 없었다. 이러한 환경은 미국 대통령의 호색적인 이야기뿐 아니라 어떤 것이든 혼자서 수습하거나 깔아뭉개기 어렵게 만들었다. 그 결과 결정적으로 발각되는 경우가 수십 년 전보다 월등하게 많아졌다. 클린턴은 도망칠 수도, 숨을 수도 없었다. 헤드라이트 불빛에 갇힌 사슴처럼 옴짝달싹 못하는 신세가 됐다.

심리학자들이 말하듯이, 잘못을 저지른 사람의 과거를 잘 살펴보면 그러한 행동을 예고하는 신호를 찾을 수 있다. 빌 클린턴의 경우에는 아칸소에서 저지른 일련의 분방한 행동 전에도 이 영역이 문제가 되리라는 단서가 하나 있었다. 클린턴은 예일대학에 다닐 때 인기 있는 백악관 연구원 자리를 얻도록 도와줄 수 있느냐고 묻는 가까운 친구에게 다음과 같은 편지를 썼다.

그 백악관 연구원에 관해 내가 아는 가장 재미있는 이야기로 그 자리를 얻었던 사실상 유일한 비보수주의자는 백악관에서 LBJ(존슨 대통령)와 섹스를 나눈 급진주의 여성이라는 것이네. LBJ는 그들이 사랑을 나눌 때마다 그녀의 허리에 평화의 상징을 두르고 있게 했다네. 자네도 성공할 수 있어, 클리프. 그렇게까지 할 수 있으리라고 믿지는 않네만!

적어도 백악관에서 부적절한 짓을 저지르는 용기는 클린턴처럼 '나쁜 남자'들에게나 가능한 일로 보통사람은 결단코 그럴 수 없다. 거기에는 또한 전쟁 정책에 반대하는 이 급진주의 여성이 LBJ와 섹스를 나눈다고 묘사하는 점에서 굴욕과 정복에 관한 암시를 하고 있다. 어쨌든 클린턴은 대통령은 왕이고 그가 원하면 무엇이든 할 수 있다고 암시하고 있었다.

클린턴이 쾌락을 추구하는 데 자만심을 과시한 유일한 정치인은 아니었다. 그 목록을 열거하자면 끝이 없다. 어떤 점에서 사람들은 하고 싶은 대로 하고는 '다른 사람들이 뭔 상관이야'라고 말한다. 플로리다 6선 하원의원인 마크 폴리를 보자. 공화당원인 그는 인터넷을 통해 명백한 성적 메시지를 보낸 사실이 들통나는 바람에 2006년 사임했다. 그러나 그는 흔해 빠진 변태가 아니었다. 그는 힘을 가진 입법자였을 뿐 아니라, 그가 선택한 먹잇감은 의원을 수행하던 미성년자들이었다. 〈뉴욕타임스〉 기자가 비평했듯이 "그는 사람들이 자기를 지켜보고 있다는 사실을 알았을 것이다."

거기에는 그가 태연히 의원 수행원들에게 이메일을 보낼 수 있고, 특히 과거에도 수행원들은 희생자였기 때문에 발각되지 않으리라고 생각한 권력자다운 상당한 오만이 있음을 엿볼 수 있다. 수행원들의 젊음과 순수함, 그리고 철저한 권력의 세계에 발을 들인 그들이 그런 일을 당했던 것은 그리 놀랍지 않다. 이어지는 대화는 다른 사람의 생각을 전혀 신경을 쓰지 않는 한 남자를 보여준다.

폴리: "지금 뭘 입었는데?"
수행원: "티셔츠와 반바지요."
폴리: "나는 그걸 벗기고 싶어."

폴리의 과거를 보면, 그런 사람들이 자신을 무적이라고 느끼게 하는 것은 권력과 지위만이 아니라 성공하는 속도도 또 하나의 요소가 된다. 정계에서 폴리의 성공은 매우 빠른 편이었다. 그 사건이 일어나자 사람들은 더욱더 그가 전능하다고 느낀다. 그들은 자신들에게 커다란 성공을 할 운명이 정해져 있다고 믿는다. 이것은 그들이 현실과의 접점을 느슨하게 만든다. 그렇다. 폴리는 체포됐을 때 "나는 깊이 후회하며 가족들과 내가 대표하는 특권을 가졌던 플로리다 사람들을 실망시킨 데 대해 사죄한다"고 올바르게 말했다. 그러나 우리는 궁금하다. 그는 자기가 한 행동이 미안한 것인가, 아니면 들킨 것이 미안한 것인가?

28세인 라이언 카벤은 뉴욕 주 역사상 가장 젊은 의원이었다. 눈부신 출세에 대해 이야기해보자. 그는 이미 록랜드 카운티 입법부에서 두 번이나 봉사한 경험이 있었고, 겨우 18세의 나이에 라마포 타운십 계획위원회의 위원이 됐다. 이것은 그가 정계에서 매우 **빠르게** 성공할 수 있다는 가능성을 보여줬다. 그러나 그는 마크 폴리나 게리 하트의 경우보다 더 빨리, 자신이 소속된 정통 유대인 사회를 충격에 **빠뜨린** 채 그가 이룬 모든 업적을 성적 혐의의 올가미 속에 몰아넣고 말았다.

다른 정치인들의 범죄에 비하면 그가 저질렀던 일은 그다지 지독하지는 않았다. 그는 의회 인턴 3명을 자기 집에 데려가 함께 포르노 필름을 본 혐의로 고발당했는데, 사람들이 화난 것은 포르노 필름이 아니라 인턴들이 연약하고 상대적으로 힘이 없다는 사실 때문이었다.

의회는 이 점을 헤아려 의원들과 인턴들 간에 어떠한 교류도 금지하는 법안을 만들었다.

카벤은 유수한 컬럼비아대학 로스쿨을 졸업했는데, 사람들은 그가 판단력을 제대로 지니지 못했다는 점에 충격을 받았다. 보통 그처럼 똑똑한 청년은 훨씬 더 현명해야 한다고 생각한다. 그러나 현명한 사람이라고 항상 절제를 잘 하는 것은 아니다. 카벤이 다녔던 로펌의 전직 파트너는 애석해하며 논평했다. "나는 그가 의원직에서 사퇴했다는 소리를 듣고 매우 놀랐는데, 그에 대한 혐의를 듣고는 더욱 놀랐다. 전혀 그답지 않다."

록랜드 카운티 클락스타운 민주당 위원회의 비서인 니콜 돌리너는 카벤을 '빛나는 별'이라고 묘사했다. "그는 매우 영감을 주는 인물이에요. 그에게는 사람들을 설득해 '와우, 그럼 한 번 해봅시다'라고 말하게 만드는 재능이 있어요. 그는 정말로 자기가 말하는 것을 믿고 있어요." 그는 언젠가 자신이 뉴욕의 주지사가 될 수 있으리라고 믿는다고 다른 사람들에게 말하기도 했다. 아마 그럴 수도 있었겠지만 모를 일이다.

폴리와 카벤의 사건은 둘 다 우연히 2006년에 일어났지만 놀랄 만큼 유사하다. 두 사람 모두 정계에서 매우 빨리 출세했고, 둘 다 섹스 혐의로 무너졌다. 그들이 권력을 남용한 대상은 젊고 힘 없는 사람들이었다. 더욱이 그들이 대표하는 지역사회—카벤은 몬시와 스프링밸리, 폴리는 팜 비치—는 모두 보수 집단이다.

선출된 관리들이 항상 자신들의 지역구를 생각하고 자신의 몰락으로 이익을 얻을 수 있는 사람들이 대기하고 있다는 사실을 고려한다면, 자신의 행동에 따르는 결과를 의식해야 한다. 그 결과 느껴야 하는 부끄러움과 당황스러움, 또 더 나아갈 수 있었던 자신의 잠재력을 생각해보자. 그런 요소들을 고려할 때, 자신이 얼마나 큰 실수를 저지를 뻔 했는지 알게 된다. 폴리와 카벤 모두 자기는 건드릴 수 없는 존재라는 오만함이 치명적으로 결합하는 바람에 몰락한 패배자들이다. 그들이 그런 식으로 생각하게 만든 근원은 바로 그들이 가졌던 권력이다.

하지만 아무리 명예가 실추됐다고 해도 시간이 흐르면 그들은 도덕적 비난을 견디고 살아남는 충분한 힘을 가지게 된다. 보수당 지역구를 가진 다른 정치인, 유타 주 래리 크레그 상원의원의 경우를 생각해보자. 크레그의 성적 취향에 대한 소문은 여러 해 동안 떠돌았지만, 그가 공중화장실에서 게이에게 섹스를 요구하는 것을 막지는 못했다. (마찬가지로 미니애폴리스 공항에서도.)

분별력의 결핍에 대해 이야기해보자! 미국 사회는 이제 40년 전보다 훨씬 더 많이 자유분방해졌다. 나는 1968년으로 돌아가서 대학원 동료인 로드 험프리즈와 세인트루이스 동부에 있는 그레이프바인이라는 게이바에 갔던 일을 기억한다. 게이였던 험프리즈는 나에게 게이들의 세계를 보여주려고 했다. 세인트루이스 동부는 당시 초라한 도시였고, 우리가 간 그 지역은 공장지대로 꽤 한적했다. 그때는 관습적인 배려를 전혀 받지 못하던 시기였다. 후에 〈공중화장실 거래The Tearoom Trade〉'라는 제목으로 출간된 혁신적이고 논쟁적인 그의 논문은 주로 이성애자를 거친 게이들의 인터뷰로 구성됐다.

문제는 '모르몬 지역사회'를 대표하는 크레그 상원의원에게 있어 그의 성향이 여전히 험프리즈 시대의 방식으로 간주된다는 데 있다. 크레그가 만약 자유주의적인 매사추세츠의 바니 프랭크였다면 전혀 다른 이야기가 됐을 것이다. 때문에 크레그는 보수적인 유타에서 자신을 추락시키기 위해 경찰이 함정에 빠뜨렸다는 주장을 펼쳤다.

권력을 가진 사람들이 왜 그것을 남용하는지 굳이 이해하려고 한다면, 그들이 고위층이 되면서 얻는 만족과 권력의 정당성이 얼마나 큰지를 먼저 알아야 한다. 당신이 판사라고 하자. 당신이 걸어 들어갈 때 모든 사람이 일어서고, 또 당신이 법정에 있는 한 조용히 앉아서 주목할 때 어떤 느낌이 들지 상상해보라. 당신이 입은 검은 옷은 전지전능한 느낌을 더해준다. 그들은 당신을 특별한 사람으로 기억한다.

더욱 중요한 것은 당신이 하는 일이다. 어떤 사람은 자유롭게 하고 어떤 사람은 그렇지 못하도록 결정한다. 사람들은 모두 당신의 비위를 맞춘다. 변호사들은 어떻게 하면 당신의 환심을 사, 판결에 영향을 미칠 수 있을까 알아내기 위해 애쓴다. 그리고 당신이 어떤 사람에게 선고를 내릴 때, 특히 그것이 축하받을 경우라면 당사자들은 당신의 한마디 한마디에 귀를 기울일 것이다. 당신이 전권을 가졌다고 느낀다면 놀라운 일일까? 또 만약 그런 느낌이 너무 지나쳐 나중에 당신을 괴롭히게 될 권력을 남용하게 할 수 있다고 하면 충격적인가?

당신이 돈을 많이 벌 때도 마찬가지다. 1991년에 자기 이름의 낙농회사를 운영하던 유명한 스튜 레오나드는 1,700만 달러에 이르는 대규모 금융사기에 연루된 혐의로 기소됐다. 그 사기를 입증하는 디스크를 책을 파내 그 안에 숨겼으며, 수많은 현금은 아무렇지 않게 보이는 벽난로 속에 감춰졌다. 다시 카리브 해로 빼돌렸던 그 돈의 일부는 어린이 장난감 속에서 발견됐다. 요점은 레오나드의 회사는 눈에 잘 띈다는 것이다. 그러나 지나친 성공은 흔히 사람들이 자신의 자리에서 얼마나 쉽게 굴러 떨어질 수 있는지 계산을 잘못하게 하는 요소가 된다. '리플리의 믿거나 말거나(Ripley's Believe It or Not!)'에도 나온 '세계에서 가장 큰 우유 가게'로 불린 그곳에서 당신은 무엇을 기대할 수 있을까? 그 결과에 호기심을 가진 사람들에게 보란 듯이 레오나드는 4년형을 선고받았다.

클린턴, 크레그, 레오나드 등은 오만과 관련된 사건으로 대표적으로 알려진 경우지만 우리 주변 다른 사람들도 그럴 수 있다. 남녀 한 쌍이 결혼한다. 한 명은 부잣집이고 한 명은 아니다. 부자인 사람은 상대에게 뽐내면서 재산의 별도 계정을 주장하는 식으로 지갑을 관리하려고 한다. 세월이 흐른 뒤 그나 그녀가 병에 걸려 돈 없는 상대에게 의지해야 한다면 상황은 달라진다. 오랫동안 고통을 받은 배우자는 이제 상대를 지배하며 앙갚음할 때가 왔다고 느낀다.

당신은 기업 본사로부터 수백 마일 떨어진 회사 지점의 관리자다. 당신은 본인이 쥐고 휘두르는 절대 권력에 익숙하다. 당신의 독재적인 본성 때문에, 누구도 직장을 잃을까봐 두려워서 대놓고 비난하지 못한다. 어느 날 본사의 간부가 일이 어떻게 돌아가는지 보려고 방문한다. 그녀는 당신을 비난한다. 그때 당신은 자신의 본분을 잊어버린다. 당신은 자신을 방어한답시고 그녀에게 화낼 수 있는 한 격렬하게 반응한다. 그 다음 순서는 그녀가 당신에게 "오만하고 잘난 체 하는 사람"이라고 말한다. 그리고 당신은 해고된다.

자만과 운명의 시험

사람들이 오만하게 행동할 때 보통 드러나는 것은 다른 사람의 생각은 아랑곳하지 않거나, 더욱 심하게는 아예 그러려 하지도 않는다는 사실이다. 우리가 보았듯이 그들은 자주 계산을 잘못한다. 그들이 계산을 잘못하게끔 하는 원인은 무엇인가? 이 질문에 대해 실시한 조사에서 사람들이 일반적으로 사태를 조절하는 자신의 능력을 과대평가 하고 있다고 밝혀졌다. 예를 들면 사람들은 고용인들과 협상에 나설 것이다. 그런데 고용인들이 파업에 돌입하면 그들은 진짜로 놀란다. 한 사람이 어떤 사람에게 말할 수 있다. "만약 당신이 나를 그만 괴롭히지 않으면, 너를 고소할 거야!" 다른 사람은 그런 일이 일어날 리 없다는 지나친 자신감으로 자신의 행동을 계속하고, 그러다가 자신이 소송의 당사자가 되거나 더 나쁜 처지에 놓여 있다는 사실을 알고 놀란다.

다시 말하면 상대의 입장에서 보지 않을 뿐 아니라 다른 사람이 관여된 시점으로부터 자신의 상황을 보지 않으려는 것이다. 거기에는 외부로부터 '현실 직시'에 대한 저항이 있다. 놀랄 것 없이 체스 게임에서 선수들이 게임 중간에 자리를 바꿀 때, 그들은 자기 자리에서 경기할 때 생각 못했던 전략과 수를 찾아낸다.

운명을 시험하는 문제에 관한 한, 정치 고문들은 대체로 바보 같은 논평은 내지 않는다. 그들은 자기 고객들이 그렇게 하지 못하게 해야 돈을 받는다. 에드 롤린스는 로널드 레이건, 로스 페로, 그리고 권력을 열망하는 수많은 정치 지망생의 고문으로 일했다. 그들 가운데 한 사람인 공화당 크리스틴 토드 휘트먼은 1993년 뉴저지 주지사 선거에서 짐 플로리오를 근소한 차이로 물리쳤다.

선거가 끝난 뒤, 롤린스는 기자들을 만나 다소 어리석은 논평을 내놓았다. 요컨대 그는 선거운동에서 플로리오를 지지하지 않고 민주당 선거운동원들이 투표 당일 확실하게 집에 있도록 하기 위해 흑인 행정관들에게 50만 달러를 주었다고 말했다. 그의 말에 따르면 "우리는 기본적으로 플로리오를 지지하는 장관에게 '당신은 특별한 계획이 있느냐?'"라고 물었다. 그 다음 기부금을 '그들이 지원하는 자선단체'에 보냈다. 그는 현명하지 못하게 이런 정보를 공개했다. 롤린스의 명성은 손상됐다. 클린턴, 카벤, 그리고 다른 사람들처럼 롤린스도 자신의 성공에 취해 다른 사람들의 기준을 보지 못했다. 그 결과 그는 더 이상 소리 높여 촉구하고 나설 일이 없어졌다. 다시 말해 그는 너무 자만했다. 롤린스는 2007년 12월 마이크 허커비의 선거운동을 돕기로 계약을 맺었다. 허커비가 얼마나 불쌍해졌는지 알 수 있을 것이다.

또 다른 유명한 사례는 콜로라도 전직 상원의원인 게리 하트로 1988년 민주당 대통령 후보 선거에 나섰던 인물이다. 예일대 로스쿨을 졸업한 그는 바보가 아니다. 그래서 하트는 불륜을 저질렀던 사실을 다룬 기사가 나오자, 다른 사람이 말하기도 전에 스스로 죄를 인정하는 것으로 생각되는 우스꽝스러운 짓을 저질렀다. 그는 언론에 말하기를 "나를 쫓아다녀요. 나는 상관없으니…. 미행을 해봤자 지루하기만 할 겁니다."

어쨌든 언론들은 정확하게 하라는 대로 했고, 며칠 뒤 워싱턴 D.C.에 있는 하트의 집에서 밤늦게 떠나는 젊은 여성의 사진을 실으면서 즉각적으로 황금 노다지를 캐듯 공격했다. 그들은 요트 선상에서 게리 하트의 무릎 위에서 장난치듯 균형을 잡고 있는 29세의 모델 도나 라이스의 사진을 어떤 사람에게서 받았다. 그들이 비미니 제도에서 요트에 타고 하룻밤을 보냈다는 것이다. 그 요트의 이름이 '몽키 비즈니스(협잡, 바보 같은 짓)'라는 것은 별 도움이 되지 않았다. 하트는 전국에서 웃음거리가 됐고, 일이 터지기 전까지 승산이 있었던 후보 경선에서 낙오하고 말았다. 그는 2001년 옥스퍼드에서 정치학으로 박사학위를 받으면서 진지한 영혼 탐색은 못한 것 같다. 똑똑한 것과 똑똑하게 구는 것은 같지 않다는 증거이기도 했다.

하트의 사례에서 주목할 것은 그의 욕정에 가득 찬 밀회가 아니다. 그가 감히 언론에 겁 없이 자신을 드러냈다는 사실이다. 그토록 자부심 강한 허세는 청결한 기록을 가진 성직자에게도 채신없는 짓이다. 하트는 목사가 아니다. 그러나 그 자신의 경험은 그에게 공공 직책의 위험에 대한 세상의 평가를 가르치기보다 자신이 거의 무적이라는 감정을 부추겼다. 인생의 초기에는 대단히 예민했던 판단력이 나중에는 그 결실까지 해치는 독이 되어 돌아온다. 하트는 오만해졌다.

정도가 심했던 최근의 사례는 스탠리 맥크리스탈 장군의 경우였다. 이제는 유명해진 〈롤링스톤〉 지와 가졌던 인터뷰에서, 장군은 완벽한 한 문장으로 조셉 바이든을 묵살해버렸다. "당신은 부통령 조 바이든에게 물어봤습니까?" 맥크리스탈은 웃으면서 말했다. "그 사람이 누구요?"

"바이든이라고?" 최측근 보좌관은 조롱하는 듯한 반응을 보였다. "'바이트 미'라고 말했나요?" 맥크리스탈은 또한 상임 고문 리처드 홀브루크도 묵살해버렸다. "아, 홀브루크가 보낸 다른 이메일이 아니에요. 나는 열어보고 싶지도 않아요"라고 그는 말했다.

〈롤링스톤〉 지 기사에서 맥크리스탈의 보좌관들은 "자신들의 의욕적인 태도와 당국에 대한 업신여김을 자부심으로 삼고 있는 살인자, 스파이, 천재, 애국자, 정치 운동가들, 그리고 완전한 광인들"로 그려졌다. 그의 측근은 장군이 보기에 오바마 대통령은 고위 군사 회합에서 '겁먹은 듯'했으며, 두 사람이 처음 일대일로 만났을 때 "그다지 관여하고 싶어 하지 않는 것 같다"고 생각했다고 전했다.

이 인터뷰는 오바마 대통령이 맥크리스탈을 해임하는 결정을 앞당겼다. 왜 맥크리스탈은 앞뒤 가리지 않고 그처럼 대담하게 행동했을까? 대답은 맥크리스탈의 기본 성격에 있다. 오바마는 자신이 지명했던 사람에 대해 잘 알지 못했다. 만약 그가 더 깊이 조사했더라면 맥크리스탈이 웨스트포인트 학생 시절에 불복종, 광란의 파티, 음주로 1,900시간의 잘못을 산처럼 쌓았음을 알았을 것이다.

맥크리스탈은 그의 경력을 통해, 내놓고 대립하는 것이 옳다고 믿었다. 그는 원래 계획보다 더 많은 군대를 파병해줄 것을 강력하게 요구하며 대통령을 압박했다. 앞으로 누가 그처럼 자신 있게 하겠는가? 또한 맥크리스탈은 주로 자기 뒤에서 비난할 사람이 없는 곳에서 활동했다. 예를 들면 5년 동안 펜타곤의 가장 비밀스런 '은밀한 작전(black-ops)' 팀을 관리했다. 맥크리스탈은 인터뷰에 대해 회한이라기보다 직업을 잃은 아쉬움에서 나오는 깊은 후회를 드러냈다. 그는 계산을 잘못했으며, 지나친 자신감이 낳은 오만한 권력의 희생자가 됐다.

다른 사람들을 의식하지 않는다

"그는 별 볼 일 없는 출신이었지만 이제 그를 보라고!" 사람들은 열변을 토한다. 어떤 면에서는 움직인 거리도 오만의 정도에 영향을 미친다. 이는 당신이 원하는 곳에 도달했을 때, 실제로 얼마나 멀리 왔는지 과장되게 느끼기 때문이다. 빌 클린턴의 명성과 권력으로 가는 여정은 항상 희망을 품고 지낸 후미진 시골의 가난한 어린 시절부터 시작됐다. 그가 백악관에 입성했을 때, 그곳은 말 그대로 동화의 나라처럼 멋졌다. 그리고 그 동화 속 나라에서는 비판이나 악의에 휘둘리지 않으리라는 환상을 가졌다.

멜 깁슨이 실언으로 유대인들의 감정을 상하게 한 유명한 사건이 있다. 음주 운전으로 체포된 뒤, 그는 유대인 경찰관과 전체 유대인에게 욕설을 퍼부었다. "유대인들은 세계의 모든 전쟁에 책임이 있다"
고 고래고래 고함을 질렀다. 확실히 사람들은 취했을 때, 여러 가지
이야기를 한다. 거기에는 대체로 뭔가가 있다. 우리는 유명한 사람이
취한 채 체포되어 경찰관에게 욕을 퍼부은 기사를 종종 읽는다. "너,
내가 누군지 알아?"가 전형적인 반응의 하나이다.

　이런 일이 생기는 이유는 부자나 권력자가 자신들만의 세상에서 살
고 있기 때문인데, 그곳에서는 그들의 재력과 권세에 가려 바깥세상
돌아가는 일에 무관심해지기 마련이다. 그들은 아랫사람의 의견이나
분노의 말에 아랑곳하지 않는다. 일부 심리학자들은 권력자들이 그
특전인 명성, 돈, 쉽게 얻을 수 있는 섹스 등에만 지나치게 집중하고
있어서 대부분의 주변 사람들은 의식도 하지 않을 뿐 아니라 그들이
자기들을 어떻게 받아들이고 있는지도 전혀 신경 쓰지 않는다고 믿
는다. 물론 이 힘 없는 개인들은 말할 것도 없이 주로 잔심부름꾼이
되는데, 권력도 없는데다 그냥 자신의 직업을 지키고 있을 뿐이기 때
문이다.

　우리는 유명 홍보담당자인 리치 그룹먼을 멍청하고 오만하다고 하
지 않는가? 그녀에게 차를 햄프턴즈 나이트클럽의 방화선 밖으로 옮
겨달라고 요청하자, 그룹먼은 격노하여 나이트클럽 안으로 질주해
16명을 다치게 했다. 사람들은 그녀가 가속페달을 밟는 순간 차를 옮
겨달라고 요구한 클럽의 경비원에게 "인간쓰레기"라고 고함치는 소
리를 들었다고 했다. 그룹먼은 피해자에게 모욕죄를 인정하고 사죄
했지만, 언론은 그녀의 성실성에 의심을 품었다.

당신은 이런 유형의 인물이 저지르는 잘못을 심각하게 받아들일 필요는 없다. 그냥 생각하는 것만으로 충분하다. 코네티컷 주 뉴브리튼에 있는 센트럴 코네티컷주립대학의 전 총장이었던 리처드 저드의 오만은 어떻게 생각하는가? 그는 자신이 하트퍼드 쿠란트(Hartford Courant)에 기고한 칼럼에서 〈뉴욕타임스〉를 포함해 여러 자료를 베꼈다는 사실이 드러난 뒤 사임 압력을 받았다. 그러나 그것이 그의 유일한 실수는 아니었다. 그는 또한 과속운전으로 적발됐을 때 경찰을 사칭했다가 체포되기도 했다. 그의 좁은 세계에서는 자신이 절대 군주였다. 자신이 그 세계를 벗어나면, 그냥 좋은 직업을 가진 평범한 남자일 뿐이라는 사실을 잊고 있었다.

평범한 사람들도 매우 오만해질 수 있다. 2008년 1월 23일, 미키라는 이름의 젊은 여성이 닥터 필 쇼(Dr. Phil Show)에 등장했다. 그녀는 자타가 공인하는 습관적인 거짓말쟁이였다. 그녀는 닥터 필에게 자기가 맥도날드에서 일자리를 거부당했는데, 이유는 "내가 너무 똑똑해서 버거 뒤집는 일을 할 수 없었기 때문"이라고 말했다. 청중은 웃었고 닥터 필은 쏘아붙였다. "부인, 당신은 자신의 차 안에서만 살고 있군요. 당신의 차 안이요. 아이들을 친구들과 어울리게 해야 해요. 당신은 특권의식을 가지고 있네요." 그녀는 그 이야기를 듣더니 갑자기 울음을 터뜨리면서 자신의 태도가 잘못됐음을 인정했다.

나르시시스트의 삶

나르시스는 그리스 신화에서 연못에 비친 자신의 모습과 사랑에 빠진 인물로 유명하다. 그러므로 어떤 사람이 완전히 자기중심적 인물로 보일 때 그들을 '나르시시스트 같다'고 한다. 대부분의 권력자들은 순수한 나르시시스트는 아닐지라도 상당히 그런 경향이 뚜렷하다. 그들은 지나친 자만심으로 부풀려진 감정과 비판을 받아들이는 능력이 따라주지 않아 바보 같은 결정을 내리는 일이 종종 있다.

정치인 가운데 이러한 자아도취의 유형으로 가장 자주 비난받는 이는 리처드 닉슨이었다. 사람들에게 거부당했을 때, 그의 자아도취는 내부로 향했다. 1960년 선거에서 존 F. 케네디에게 패한 뒤, 그는 씁쓸하게 이제는 유명해진 논평을 했다. "당신들은 이제 더 이상 닉슨을 차고 다니지 못할 것이다." 코미디언에서 상원의원이 된 알 프랑켄은 새터데이 나이트 라이브(Saturday Night Live)에서 자신이 맡았던 가장 인상적인 역할 중 하나로 전 세상이 자기를 중심으로 돌고 있다고 생각하는 남자를 꼽았다. 그 캐릭터의 전형적인 독백으로 프랑켄은 다음과 같이 말했다. "당신은 나, 알 프랑켄을 망칠 셈인가?" 이제 그는 자신이 미네소타에서 패배시킨 전직 상원의원 놈 콜먼에게 그 질문을 할 수 있을 것이다.

유명한 심리학자로 롱아일랜드에서 연구를 해온 네차마 리스-레벤슨 박사는 다음과 같이 그 증후군의 특징을 기술했다.

잘못을 저지르는 사람들은 자기들만을 위해 별도로 마련된 규칙이 있다고 생각한다. 그들은 대체로 권위주의 부모를 가진 사람들이다. 전형적으로 아버지는 집에 돌아오면 무엇이든 자기가 원하는 대로 했다. 규칙도 그의 변덕에 따라 달라졌다. 아이들은 "내가 자라면 나도 내 맘대로 할 거야"라고 생각하면서 자랐다. 이것은 '특별한 사람'에게는 특별한 규칙이 있다는 생각을 내재화하는 것이다.

그런 사람들은 도를 넘게 되어 모든 것을 망칠 수 있다. 73세의 웨슬리 리지웰이 그런 경우인데, 그는 돈을 내는 수고를 마다하고 705 플로리다 요금소를 그냥 통과해버렸다. 비난에 대한 그의 반응은? "나는 아주 착한 사람이다. 나를 아는 사람들은 내가 이런 일을 했으리라고 믿지 않을 것이다." 웨슬리를 체포한 경찰은 이제 분명히 그를 알고 있기에 그의 자아도취적인 평가에 동의하지 않는다.

어떤 사람들은 '지성의 오만'이라고 부를 만한 자질을 가지고 있다. 그것이 작동하는 한 가지 방식은, 그런 개인들이 자신이 정말 똑똑하다면 너무 열심히 일을 해서는 안 되고, 많이 하면 멍청하게 보인다고 믿게 만들어 치명적인 결과를 초래하게 한다. 어떤 사람들은 자료 검토나 회의 준비를 하지 않는 등 다양한 실수를 저지르면서 열심히 일을 하는 다른 사람들을 비웃어 그들을 적으로 만들고 만다. 이 천재들은 그렇게 굴다보니 빈약한 수행능력을 감추려는 도박을 하게 되는 처지에 놓인다. 이런 유형의 대부분은 실제로 똑똑하긴 하지만, 일반적으로 '자기의 이익에만 철저한' 사람이 되고 만다.

이와 관계 있는 것은 더 높은 지성뿐 아니라 도덕적 우월성에 관한 감각이다. 우리는 모두 그런 유형들을 만났고 그들이 '좁은 시야'를 가졌다고 비난했다. 그들은 대부분의 사람들이 분명히 그들이 잘못했다고 여길 때조차 자신들은 옳다고 믿는다. 때때로 그들은 중요한 위원회 위원이나, 심지어 배심원이 되기도 하여 모든 사람을 미치게 만든다. 그런 사람들은 주로 자신의 지성에 의존한다. 그들은 똑똑하다. 그래서 생각한다. 자신들이 할 수 있기에 해낸다고 생각해왔다. 그러므로 그들은 반드시 옳아야 한다.

지배의 필요성

클린턴과 스피처는 둘 다 슈퍼스타였고, 후자는 압승으로 자리를 거머쥐자마자 잠재적인 대통령 재목이라고 칭찬을 받았다. 두 사람 다 고위 학력을 내세우며 눈부시고 멋진 성공을 이뤄냈다. 그러나 이젠 정계에서 더 이상 힘든 전쟁을 치를 필요가 없어졌다. 그들은 각각 변화의 권력으로 정권을 장악했다가 둘 다 지저분한 섹스 스캔들로 화를 입고 말았다.

그들의 성공과 몰락은 비슷해 보이지만 실제로 그 둘은 전혀 다른 성향의 사람들이었다. 스피처가 매춘부를 샀다는 사실은 단지 시작일 뿐이다. 클린턴과 달리, 스피처는 결코 말을 잘하거나 매력이 있는 사람은 아니었다. 그는 선거에 이겨 권력을 얻은 게 아니라 기회를 포착했다. 두 사람 모두 오만으로 인해 파멸로 치달았지만 그들의 집착 형태는 전혀 달랐다. 클린턴은 필사적으로 유혹하려 했고, 스피처는 지배해야만 했다.

정신과 의사 바믹 볼칸은 파괴적인 리더십에 대한 자신의 연구에서, 그러한 지도자들은 자신의 주변을 통제하는 대단한 능력을 증명하는 방법으로 권력을 잡았다는 사실을 알아냈다. 일부는 공포로, 다른 쪽은 카리스마로, 또 다른 일부는 전략적으로 조종했다. 그러나 그들 모두 정신과 의사가 말하는 '경조성(輕躁性) 성향' 때문에 그렇게 한다. 그들은 끊임없이 격렬하게 강박적으로 움직이지만 결코 만족하지 못한다. 그들은 단순히 등을 대고 편안히 앉아 있을 수 없고, 심지어 그렇게 하는 것이 더 이익일 때조차 가만있을 수가 없다. 그들은 기회를 기다리기보다 거머쥐려하는 어쩔 수 없는 사고방식을 가졌다. 이런 양식은 엘리엇 스피처에게 딱 들어맞는데 그 근원은 어린 시절에서 찾을 수 있다.

어린 스피처가 뉴욕 리버데일의 배타적인 분위기를 가진 필드스톤에서 자랄 때, 부모는 그를 저녁 식사 때마다 기이한 의식을 치르는 곳으로 데려갔다. 그와 형제들은 토론을 위해 깊이 있게 연구한 논지를 제시해야 했다. 매일 밤이었다. 그 경험은 후에 그가 프린스턴과 하버드에서 지내는 동안 겪었던 것들만큼 인격 형성에 영향을 미친 중요한 교육으로 자리했다. 스피처는 인간적인 세계보다는 순수한 학문의 세계에서 훨씬 능숙하고 까다로운 변론가, 격렬한 논쟁가로 성장했다. 어떤 비평가가 말했듯이, 그는 '그 방에서 가장 똑똑한 청년'으로 떠올라 상대들보다 앞서 나감으로써 자신이 속한 환경을 통제하는 법을 배웠다. 그는 자기 동료의 사랑을 얻지 못한 대신 그들의 존경과 동의, 나아가 복종이라고 여길 만한 것을 얻었다.

십자군을 조심하라

권력을 잡는 과정에서 사람들이 자기가 시키는 대로 하게끔 도덕적 원칙을 적용하는 것이 스피처의 특징이었다. 법무장관으로서 그는 십자군이었다. 그에 관해서는 잘못된 게 아무것도 없었다. 마틴 루터 킹은 십자군이었고 랄프 네이더(미국 변호사로 소비자운동 반공해운동 지도자)도 그랬다. 여기서 문제는 지금 아주 열정적인 십자군들과 달리 스피처는 과거에 그랬다는 것이다. 그는 부패한 거물집단과 더 많은 범죄자들을 설교사의 성실함과 확신성을 갖고 세차게 몰아세웠다. 사람들이 자기 뜻에 따라 무릎을 꿇도록 법조항, 위협, 압력 등의 카드를 들이댔다. 효과는 있었다. 그는 특히 매춘부를 사는 '일반 남성'들에게 강경한 입장을 취했다. 법적으로 그들의 선고형량을 3개월에서 10개월로 늘리려고 압박을 가했다. 아무도 그 기미를 알아채지 못했다.

스피처의 유혹은 아직 알려지지 않았지만 그는 분명히 의견 충돌을 견딜 위인은 아니었다. 그는 소수민족 주의회 의원에게 "나는 강압적으로 밀어붙이는 사람이야. 널 가볍게 해치울 수 있어"라고 말하기도 했다. 부임하자마자 그는 첫 번째 스캔들에 시달렸다. 소위 '트루퍼게이트(권력남용 혐의)'로 스피처의 보좌관이 공화당의 주요 정적인 조셉 브루노 주 상원의원을 조사하는 데 공권력을 이용한 것과 관련해 책임이 있는 것으로 판명됐다. 비록 스피처가 그 스캔들에서 살아남았다고 해도 그의 갑옷엔 영원한 균열이 생겨버렸다. 그는 십자군이나 순수한 개혁가의 광채를 잃었다. 이제 그는 결점 있는 인물이었고, 언론은 그를 조용히 내버려두지 않았다. 그는 더 이상 대중에게 자신만의 이미지로 봐달라고 강요할 수 없었고 대중에게 드러나는 모습을 통제할 수 없게 됐다. 대부분의 정치인들에게 그것은 당연한 현실인 것이다.

트루퍼게이트가 불거진 직후에 스피처는 다른 공화당 경쟁자의 뒤를 캐려고 했다. 그러나 보좌관들 중 한 고문이 사태를 매듭지어야 하지 않겠느냐고 이의를 제기해 중지됐다. 그들은 몇 달 아니면 적어도 몇 주일을 기다려야 하나? 뉴요커에 따르면 스피처는 "아니, 만약 그게 옳다면 옳은 것입니다"라고 대답했다.

그 인용문이 있는 기사는 다소 기이하게도 '엘리엇 스피처의 겸손'이라는 제목으로, 그를 부끄럽게 물러나게 한 그 스캔들이 있기 6개월 전에 뉴요커에 실렸다. 나는 이상하게 생각했는데, 그 기사에서 스피처는 겸손했기 때문이다. 스피처는 기자인 닉 파움가턴과 기내에서 가진 인터뷰에서, 최근 언론에서 자신을 다루는 행태에 대해 불평했다. 그러나 그는 잠시 시간이 흐른 뒤 조용히 고백했다. 비행기 창밖으로 보이는 구름 위에서 뉴욕 주를 내려보다가 "내 탓이야, 모두가 내 탓이야"라고 생각했다는 사실을. 이제껏 받은 가장 좋은 충고는 어떤 것이었느냐는 질문에 스피처는 "우리가 당신에게 주는 충고의 대부분은 무시하라"는 것이었다고 대답했다.

이것은 정확하게 바깥세상의 통제할 수 없는 불투명성에 맞서기 위해 자신이 구축한 세상으로 후퇴하기 시작한 사람의 말이었다. 그토록 자신의 것을 다른 사람들에게 강요하는 데 익숙했다가, 갑자기 평범한 사람들의 기준에 따라 살게 됨으로써 분노하는 사람의 생각이다. 이전의 영향력은 떨어지기 시작했다. 그는 사실상 법적으로만이 아니라 실제로도 기준을 파괴하는 사람이 됐다. 그는 '크리스틴'을 합의 하에 안았고 거칠게 즐겼다. 그는 다른 누구도 아닌 자신에게 말하듯이 그녀를 안았다. "나는 정말 그들의 통제 밖에 있어 내가 할 수 있는 것을 보기 때문이다."

도발적인 행동(바로 그 기준은 자신이 창조하고 부과했다) 하나하나에서 그는 세상이 자신을 거부하기 시작했다는 사실을 재확인했다. 스피처는 하고 싶은 대로 할 수 있었다. 그는 원칙과 법전의 강요자이기도 했다. 앞의 행동보다 그것을 더 잘 보여주는 게 뭐가 있단 말인가? 그의 불법행위가 공개적인 '겸손'과 함께 더욱 격해지고 대담해졌는지는 분명치 않다. 보도에 따르면 그는 오랫동안 매춘부를 만나왔다. 그러나 그의 최근 행동에서 더욱 충격적인 것은 파괴적일 만큼 오만한 본성이다. 그는 자신이 너무나 강한 권력자여서 가명을 사용한다거나 별다른 지불수단을 찾는 일 따위도 대수롭지 않게 여겼다.

분노

"나는 이성을 잃었어"라는 말은 사람들이 화가 났을 때 주로 내뱉는다. 이것은 실제로 당신이 일시적인 광기를 나타내는 방법이다. 그 의미는 만약 당신이 자기를 잃지 않았다면 당신은 실제의 당신, 즉 냉정하고 이성적이고 책임감 있는 사람이라는 것이다. 사람들은 화가 날 때 충동적으로 행동하는 바람에 당황스러운 결과를 초래하는 경향이 있다.

일례로 영화배우 러셀 크로는 뉴욕의 소호 호텔에서 호주에 있는 자기 아내에게 전화 연결이 즉시 되지 않는다고 전화기로 종업원을 때렸다. 크로는 자신의 갑작스런 무례를 시차와 외로움 탓으로 돌리며 자기 인생에서 '가장 수치스러운' 장면이라고 말했고, "내 인생에서 가장 멍청한 짓을 저질렀다"고 덧붙였다.

게리 앤소니 램지는 'NY1 뉴스'의 기자와 주말 앵커로 일을 상당히 잘하는 사람으로 정평이 나 있었다. 그는 버나드 케릭 사건을 다루던 동료 존 슈이모가 진행하는 다른 쇼를 보다가, 힐러리 클린턴이 케릭을 조사하는 데 두드러진 역할을 했다고 주장하는 전화를 건 시청자들에게 몹시 화가 났다. 케릭은 그녀의 정적인 루돌프 줄리아니를 곤경에 빠뜨릴 수 있는 인물이었다. 램지는 그 시청자들에 반대하는 의견을 내려고 전화를 걸었다. 거기까지는 좋다, 그럴 수도 있다. 오프라 윈프리 또한 래리 킹 라이브 쇼에 전화를 걸어 게스트인 제임스 프레이를 너무 심하게 다룬다고 불평했다. 그러나 그녀는 자신의 이름을 직접 밝혔다. 램지는 그러지 않았다.

그 대신 그는 새빨간 거짓말을 했다. "달턴, 어퍼이스트 사이드에서"라고. 파크 애비뉴와 89번가에 있는 달턴 학교인가? 그것은 장난이었나, 아니면 그냥 순간적으로 생각난 이름인가? 이유야 어찌됐든 그는 쇼가 끝난 뒤 진행자인 존 슈이모로부터 '램지 당신인 줄 알았다'는 전화를 받았다. 어떻게 알았냐고? 그는 램지와 함께 일한 적이 있었기 때문에 램지의 목소리를 알고 있었고, 그는 자기 목소리를 바꾸려고 하지도 않았다. 램지는 스스로 '판단력의 실수'라면서 사과했다. 다음날 그는 사직했고 15년에 달하는 경력은 그가 잠시 '이성을 잃어버리는' 바람에 심각한 손상을 입었다. 방송국은 "예정된 인사이동이었다"고 주장했지만 아무도 믿지는 않았다.

경직성

오만의 또 다른 원인은 경직성이다. "다른 이야기들로 혼란스럽게 하지 마라. 나는 이미 내 마음을 정했다"라는 말은 익히 들었다. 나는 한때 사각형 감자칩을 대중에게 도입하는 개념을 활용한 마케팅 프로젝트 관련 일을 했다. 우리는 포커스그룹면접을 실시했는데, 면접에 참가한 소비자들은 분명히 이 생각을 반기지 않았다. 그러나 마케팅 관리자는 반대 의견이 지배적인데도 포기하지 않고 제품을 생산해 시장에 내놓을 것이라고 주장했다. 이는 자기 아이디어를 인정받지 못한 사람이 저지른 크나큰 실패작이었다.

사례는 넘쳐난다. 한 팀이 계속 경기에 진다. 선수들은 경기에 아무런 열정을 보이지 않는다. 코치는 선수들을 믿지 않았고, 선수들은 동기부여가 되지 않는다는 소문이 퍼지기 시작한다. 그러나 구단주는 아무 조치도 취하지 않는다. 그가 코치를 고용할 때 어떤 이유에서든 암묵적으로 양해한 사실이 있을 수 있다. 당신이 좋아하는 차라면 고물차라 해도 누구에게도 팔려고 하지 않는다. 당신은 능력 없는 직원이 큰 손해를 보는 실수를 계속 저질러도 내보내지 않고 오랫동안 데리고 있다. 속된 말로 "실패한 사업에 더욱더 많은 돈을 쏟아 붓는다"라고 하는데 이런 일은 언제나 생긴다. 그들은 오만함보다는 외고집에 더 가깝지만 결과로 보면 같은 통속이다.

경직성을 잘 보여준 가장 어처구니없는 사례는 맨해튼의 스타벅스에서 생긴 일을 들 수 있다. 9·11 사고 당시 앰뷸런스 직원 몇몇이 충격을 받은 희생자들을 위해 물을 얻으려고 갔다. 그들은 자기들이 가져간 생수 3상자에 130달러를 달라고 해서 깜짝 놀랐다. 스타벅스 고위층은 초기 방어 조치를 취한 뒤 사과문과 배상을 발표했다. 그러나 사람들은 제일 먼저 청구서를 내놓은 직원의 융통성 없는 태도에 놀랐다.

오바마 대통령은 융통성과 '침착함'의 이미지를 잘 닦은 사람의 본보기로 꼽힌다. 당연히 그도 화를 낸다. 그러나 거기에는 보통 말하는 전략적 효과를 감안해 일부러 그러거나 그렇게 보이게 한다. 조 바이든 부통령이 이스라엘을 방문한 동안 예루살렘에 새로운 정착촌 건설계획을 발표했던 것을 예로 들자. 그 외교적인 실수는 미국과 연합국들 간에 전면적인 위기를 촉발하게 했다. 보도에 따르면, 오바마는 이스라엘 지도자들이 미국을 방문한 동안 백악관 예방을 거부함으로써 베냐민 네타냐후 총리를 공개적으로 모욕했다. 그러나 결국 오바마는 이스라엘과 팔레스타인 사이에 평화를 가져오겠다는 그의 명확한 목표가 이런 방식으로는 더 이상 진전되지 않을 것이라는 최측근의 권유를 받아들였다. 한 달 후 네타냐후는 다시 백악관에 초청을 받았고, 이번 방문은 두 지도자 사이의 기분 좋은 논평과 사진 촬영이 있었던 야합의 자리가 되었다.

접근방법은 이란에 대한 그것과 비슷하다. 첫째, 오바마는 상대국 정부에 접근하려고 노력했다. 그러나 선거가 웃음거리로 바뀌고 수많은 사람을 체포하고 탄압하는 등 격심한 억압이 시작되자 오바마는 한걸음 물러나 제재를 논의하기 시작했다. 그는 이란에 2009년 9월까지 정책을 바꾸라고 경고했다. 아무런 조치도 없이 마감시한이 지나가자 대통령은 1월까지 시간을 줬다. 요점은 그가 결정적인 행동을 취하지 않았다는 것이다.

두 경우에서 오바마는 실용주의자였다. 이것이 장기적 관점에서 올바른 접근인지 아닌지는 예측할 수 없다. 그와 상관없이 우리는 사람들이 협박을 할 수 있고, 최후통첩을 보낼 수 있으며, 그 다음 진로를 바꿀 수 있다는 것을 알게 된다. 이것은 갈등을 줄이고 돌이킬 수 없는 실수를 피하는 전략이다. 만약 많은 사람이 이를 채택한다면, 이 책에서 말하는 멍청한 일은 훨씬 적게 일어날 것이다.

조지 W. 부시는 그러한 일에 접근하는 방법이 전혀 달랐다. 그는 오랫동안 이라크에서 실익 없는 전쟁을 계속 벌였다. 자신은 그 때문에 정치적으로 불행한 결말을 맞을 것이라는 사실을 알았다. 그러나 그는 자신의 선택에 믿음을 가졌다. 아프가니스탄 침공도 마찬가지다. 그는 아랍의 격렬한 반대자들—특히 우방인 사우디아라비아 포함—이 있는데도 불구하고 이스라엘의 든든한 후원자였다. 그가 옳은지 아닌지는 문제가 아니다. 역사는 두 사람을 심판할 것이다. 이것은 자세의 문제다.

문화도 역시 경직성에 일정한 역할을 할 수 있다. 도요타는 2002년 이래 급발진 사고로 인한 클레임을 2,000건 이상 받았다. 그러나 2010년 2월에 렉서스가 갑자기 폭발하는 바람에 4명이 사망에 이르는 심각한 사고가 일어난 뒤에야 진지한 대응에 나섰다. 수만 대의 자동차를 리콜했고 8개 모델의 생산과 판매를 중단했다.

도요타의 회피책은 회사 이미지에 막대한 손해를 입혔기 때문에 현명한 정책은 아니었다. 그렇다면 그들은 왜 그렇게 오랫동안 움직이지 않았을까? 마침내 도요타의 최고 경영자인 요시미 이나바는 "매일 매일이 수업이고 거기에는 뭔가 배울 것이 있다. 이것은 정말 힘든 수업이다"라고 말했다. 답변의 일부분은 일본의 기업문화에서 찾을 수 있는데, 그것은 일본의 문화 자체에서 연유해 있다.

일본 사회에서 지배층은 매우 존경받고 있으며 회사에 대한 충성심을 대단히 소중하게 여긴다. 이것은 철저한 개인주의가 팽배한 미국의 이상과는 달리, 사람들이 개인적 희망을 집단에 맞추고 복종한다는 것이다. 그 같은 환경에서 돌아가는 상황을 알고 있는 사람은 터놓고 말하기가 어려워진다.

다른 사람들과 의논하기를 꺼리는 것은 경직된 성격의 또 다른 징후이다. 나는 오래 전에 만약 모든 사람이 내가 잘못이라고 한다면 그게 맞다고 배웠다. 그러나 자신의 직감, '본능적인 반응'을 강하게 믿는 사람이 있다. 이것은 여러 상황에서 잘 들어맞는데, 맬콤 글래드웰이 그의 책 〈블링크〉에서 보여주고 있다. 그러나 이 접근법을 버려야 할 시기가 있다.

당신이 개인적으로 운영하는 노인센터의 부원장이 될 사람과 인터뷰를 한다고 가정해보자. 당신은 그녀가 아주 마음에 든다. 그녀의 대답은 당신에게 깊은 인상을 주고, 당신의 조직에 그녀가 합류한다는 기대로 흥이 난다. 당신은 그 자리에서 그녀를 거의 고용한 듯하다. 남은 일은 그녀의 추천서를 검토하는 것뿐이다. 그런데 여러 가지 부정적인 이야기가 들리기 시작한다. 그녀가 부주의하고 사람들에게 퉁명스러우며 팀 플레이어도 아니란다. 이런 소문은 지원자가 당신에게 한 말이 사실이 아니라는 뜻이기 때문에 특히나 불쾌하다. 그러다가 당신은 그녀가 진실로 훌륭하다고 인정하는 한 사람을 만나게되어 그를 근거로 그녀를 고용한다. 그러나 유감스럽게도 사람들이 그녀에 대해 말한 나쁜 이야기들은 사실로 밝혀졌고, 그 근본 원인은 돈이었다. 3개월 뒤, 마지못해 당신은 그녀에게 그만두라고 한다. 만약 당신이 다른 사람들의 의견을 귀담아 듣기만 했어도….

사회의 역할

오만은 적어도 개인 차원에서 통제될 수 있다. 이 책의 마지막 장에서는 '어떻게'에 대해 더 많이 논의할 것이다.

마지막 분석으로 개인들의 오만에 대한 책임은 전적으로 그들에게만 있지 않다. 우리가 살고 있는 사회에도 책임이 있는데, 그 사회가 그들을 부추기고 보상도 해주고 있기 때문이다. 심지어 지금도 우리들은 탄핵당한 대통령이 용서받는 것은 물론, 심지어 존경까지 받는 것을 알고 있다. 그는 연봉 10만 달러 계층을 대변하고 있으며, 그의 아내는 국무장관으로 일하고 있다. 클린턴은 명성에 약간의 손상을 입긴 했지만 여전히 뛰어난 활동가이다. 엘리엇 스피처는 몰락한 지 2년이 지난 뒤 자기가 잘못한 행동에 어떻게 '그렇게 빠졌는지'를 토론하는 TV프로그램에 게스트로 초청되는 등, 그를 찾는 수요가 생기고 있다. 마사 스튜어트는 중요한 쇼에 정기적으로 출연하는 고정 게스트이고 메이시 백화점에서는 여전히 그녀의 제품을 판매하고 있다.

　언변이 좋은 앨머 갠트리 유형의 죄를 지은 성직자에 대해 청중은 지지를 보낸다. 명예가 실추된 정치인이 공직 선거에 다시 출마해 당선될 때, 더러운 기록을 달성한 스포츠 영웅들이 환영받을 때, 금융 스캔들에 연루된 사람들이 여전히 부자로 공동체에서 자신의 지위를 유지하고 있을 때, 그것은 명확한 메시지를 전달한다. 아직 젊고 성격 형성이 덜 된 사람들에게 깊이 각인되는 그 내용은, 만약 당신이 심각한 잘못을 저질렀어도 세상과 연결돼 있다면 언제든 구원받을 수 있다는 것이다.

| 야망과 탐욕 |

　야망과 집착의 가장 나쁜 사례로는 전직 뉴욕 주 법원장이었던 솔 와틀러의 이야기가 있다. 와틀러는 멋지고 머리가 뛰어난 성공한 판사로서 공화당의 주지사 후보 가능성과 함께 부통령 후보감으로서도 기대를 한 몸에 받았다.

　이 모든 것은 그가 오랫동안 관계를 가져왔던 사교계의 유명인사인 조이 실버먼을 괴롭힌 혐의로 체포되던 날 와르르 무너져내렸다. 그녀가 헤어지자고 했을 때 와틀러는 받아들일 수 없었다. 그래서 그는 그녀에게 익명으로 전화와 편지를 보내 협박하는 등, 그녀를 다시 되찾기 위한 작전을 개시했다. 겁이 난 실버먼은 그에게 의논했고, 그는 그 익명의 미친 남자로부터 그녀를 구하러 나서는 용감한 기사를 자처했다. 판사는 그 유명한 사건으로 재판을 받았고 유죄가 입증돼 실형을 선고받았다.

솔 와틀러는 조이 실버먼에게 완전히 집착했다. 와틀러의 협조를 받아 쓴 그의 전기에서 전직 동료는 "그는 아첨을 즐기는 사람이다. 그래야만 사는 보람이 있었다. 심지어 그것을 얻지 못할 때는 견딜 수 없어 했다"고 회상한다. 그는 능력 있고 인내심이 있을 뿐 아니라 그 것을 손에 넣을 수 있는 카리스마도 갖추고 있었기 때문이다. "그는 주의 깊고 바다 같은 눈동자와 매력적인 바리톤 음색을 가지고 있어, 사람들은 하루에 말을 나누게 되는 사람 중 그를 가장 중요하게 느끼도록 했으며, 누구든지 그렇게 느끼게 했다"고 작가는 논평하고 있 다.

그러나 그 모든 매력과 지성도 와틀러가 그릇된 판단을 내리는 것을 막지는 못했다. 왜? 무엇을 하든 성공해야 한다는 그의 감정과 욕망이 너무 강했기 때문이었다. 그는 말 그대로 자신의 판단력을 흐리게 할 정도로 나쁜 방법을 써서 조이를 되찾으려고 했다. 이런 방식은 그의 성장기에 발달된 것으로 10대였을 때도 그랬다.

그의 고백에 따르면, 와틀러는 재능 없는 운동선수였다. 그는 플로리다 주의 소도시 세인트 피터스버그에서 고등학교 때 야구팀에 들어갔다. 재능은 뛰어나지 않았지만 솔은 인기 있는 학생이었기 때문에 팀의 주장으로 뽑혔다. 그는 주장으로서 팀을 잘 이끌었다. 얼마 되지 않아 아버지의 소망대로 코네티컷 주의 밀퍼드에 있는 기숙학교로 옮겨갔다. 그의 성적표에는 과외활동란에 '주장, 대학야구 대표팀'이라고 써 있는데 그 단어는 당연히 감독이나 코치쯤으로 여기게 만든다. 군침을 흘릴 만하다.

밀퍼드에 도착하자마자 청년 와틀러는 체육관으로 불려가서 "농구한 게임 하자"는 제안을 받았다. 주리그에서 강팀인 그 학교는 우승을 하기 위해 능력이 뛰어난 선수를 찾고 있었는데, 그가 적임자이길 바라며 상당히 높은 기대를 가졌다. 그들은 매우 흥분해 그의 경기를 보지도 않고 운동복부터 건넸다.

와틀러는 그 제안을 받아들였다. 물론 그는 자신의 실력이 뛰어나지 않다는 것을 알았다. 그런데 왜 그랬을까? 그가 말한 대로 "좀 이상한 말이지만 그들을 실망시킬 수 없었다. 내게 재능이나 능력이 없다는 것은 알았지만 어쩐지 내가 그 도전을 받아야 한다고 믿었다. 나는 운이 좋을 수도 있고, 아니면 원래 재능이 있음을 보여줄 수도 있을 것이다. 어쩌면 어떤 마술이나 하늘이 개입해서 그들의 기대에 부응하는 실력을 보여 내 자신조차 놀라게 할 수도 있겠다"라고 생각했기 때문이다.

그러나 그런 일은 결코 일어나지 않았다. 코치가 그에게 공을 패스하자 그는 그것을 제대로 받아내지 못했다. 드리블을 하라고 들었으나 그는 드리블을 하면서 달릴 수 없었다. 코치는 고함을 쳤다. "던져(슛)!" 공은 그의 손을 떠났고, 백보드에 못 미쳐 아래로 떨어졌다. 가까이 가지도 않았다. "훅 슛!" 코치가 소리쳤다. "갈고리가 없는데요." 솔의 대답이었다. 그는 훅 슛이 무슨 뜻인지조차 몰랐다. 기대에 크게 못미치는 실력에 실망한 코치는 말했다. "유니폼은 반납하고 문 잠궈." 그는 넌더리치며 체육관을 나갔다.

지나친 인지적 부조화(두 가지 모순된 인지 요소를 가질 때 나타나는 인지적 불균형 상태)가 자신을 덮쳐버렸다. 그는 자신이 갑자기 슈퍼 농구선수가 될 수 있다는 믿음을 스스로 가졌다. 그러나 왜? 곰곰이 생각하더니 와틀러는 솔직하게 인정했다. "내 자신을 증명하려는 욕구가 이성을 뛰어넘었다." 이렇듯 조이 실버먼의 사랑을 다시 얻으려는 그의 욕구가 계획의 비현실적인 본질을 무시하게 만들어 고도의 위험을 부여한 것이었다.

얄궂게도 전직 판사라는 그의 입장은 정확하게 법정 밖에서의 그의 터무니없는 행동과 지극히 대비된다. 판사들은 이성적 사고의 정수를 지녔다고 여겨진다. 자기들 앞에 놓인 사건들의 모든 측면을 교묘히 균형 잡아가면서 모순을 헤치고 나아가, 그렇게 결정내린 이유를 제시한다.

와틀러 사건은 사람들이 자신의 인생을 어떻게 구분짓는지 직업의 이성적 측면과 개인 삶의 비이성적인 측면에서 교과서적으로 보여주고 있다. 사람들은 규칙과 이성을 끊임없이 지켜야 하는 데 대한 강한 압박감이 다른 영역에서라도 그의 감정을 터뜨리려고 하는 욕구를 낳았다고 변호할 수 있다. 와틀러는 판사라는 자신의 입장에서 그럴 수가 없었는데, 그것은 최우선의 준거집단인 동료들 면전에서 당황스러움과 모욕을 당하는 것을 뜻했기 때문이다. 한편으로 그는 성공하기까지 그토록 열심히 노력한 자신의 출세에 공개적으로 손상이 가는 것을 원치 않았다. 그러나 다른 쪽에서는 그의 어두운 욕망이 그것이 지닌 위험과 장애에도 상관없이 그를 대담한 행동으로 밀어붙였다.

그는 어떻게 조이를 협박한 가상의 인물을 창조하고 그로부터 그녀를 구해낼 생각을 했을까? 그게 가능하다고 생각했을까? 그는 더 사소한 거짓말도 발각이 났던 사례를 많이 알고 있고, 경찰이 거짓을 밝혀내리라는 사실도 알고 있지 않은가? 확실히 그는 그랬다. 와틀러는 자신의 몰락을 초래한 그 사실을 마주하려 하지 않았다. 그것은 밀퍼드에서 일어났던 것처럼, 사람의 마음이 어떻게 마음속 깊은 곳의 욕망에 인질로 사로잡혀 자신을 착각에 빠지게 만드는지를 보여준다.

그를 대신해 증언한 정신과 의사도 지지했듯이, 와틀러는 정확하게 자신의 조울증, 특히 조증 상태에 책임이 있다고 주장했다. 의심할 것도 없이 그러한 상태는 그가 행동하는 데 중요한 역할을 했다. 그러나 개인의 성격은 인생에서 훨씬 더 이른 시기에 형성된다. 그가 스스로 털어놓았듯이 그는 감정적이거나 때로 충동적으로 대응하는 경향이 있었고, 자신이 불편해진 뒤에야 후회할 뿐이었다.

게다가 모든 조울증 환자들이 와틀러처럼 행동하지 않는다. 나는 그와 인터뷰를 하면서 더 잘 알게 됐는데, 그의 질환은 인간의 삶을 매우 복잡하게 하는 요소였다. 그는 "나는 정말 내가 아프다는 것을 안다. 조증일 때 내가 언제 어떻게 무슨 일을 했는지 말해줄 정신과 의사도 필요 없다. 그러나 나는 여전히 인간의 마음, 내 마음이 어떻게 이성을 잃어버리게 할 수 있는지 그 신비를 헤아리기가 어렵다"라고 쓰면서 속으로 깨닫고 있었다.

뒤늦게 알게 되지만 사태는 항상 달라진다. 감옥에 있는 동안 린다

울프가 쓴 그의 잘못된 행동을 다룬 책에서 자신의 기억을 되살리면서 와틀러는 슬픔에 잠겨 자문했다. "어떻게 내가 쌓아온 성공과 직업, 결혼 등 거의 40년 이상 유지해온 모든 것을 한순간에 무너뜨리게 할 만큼 잘못된 판단을 내리게 되었을까?"

대부분의 해답은 그의 가족의 역사와 부모, 형제들과 성장한 사회 경제적 환경에 대한 그의 반응은 물론, 근본적인 성격 구조에서 찾을 수 있다. 특별한 조건들은 생각 없는 사람으로 만들고 야망에 불타게 몰아붙인다. 권력을 추구하는 외골수로 만들어 권력을 남용하게 하고, 동시에 사회적 직업적 규범에 강경하게 따르도록 하게도 한다. 그것들은 또한 강한 불안감을 초래할 수도 있다.

와틀러는 대공황 시대에 어린 시절을 보냈다. 1930년에 태어난 그는 성격 형성 시기에 거의 떠돌이 생활을 했다. 아버지가 순회 경매인이어서 그가 청소년이었을 때 가족들은 몇몇 공동체에서 살았다. 이곳저곳 떠돌아다니며 가는 곳마다 새로운 친구를 만들어야 하는 스트레스는, 사람을 남겨두고 떠나는 것과 마찬가지로 그에게 타격을 줬다. 그의 형은 집안의 보석가게를 물려받는 그저 그런 일을 맡게 된 반면, 자신은 가족들이 모든 희망을 거는 똑똑한 아들로 인정받았다는 사실이 자아형성에 영향을 미쳤을 뿐 아니라, 성공해야 한다는 엄청난 압박감으로 작용했다. 이것은 우리가 이 사건을 완전히 이해하려면 반드시 고려해야 하는 여러 측면들 중 하나이다.

실제로 와틀러의 이야기는 모든 것을 잃어버린 많은 사람들과 매우 비슷하다. 차이점은 종류라기보다 정도의 문제다. 그는 두 권에 걸친 전기의 주인공이었고 자서전도 썼다. 그러한 성공에도 불구하고, 그는 어떤 사람인지가 아니라 누구인지가 가장 문제가 되는 대표적인 사례이다.

세부내용을 여기서 살피기에는 너무 많다. 정신질환, 야망, 환경, 그리고 가족 역사 등 모든 것이 한 부분으로 작용했고, 그의 감정적인 반응은 행동을 결정하는 과정에서 역시 중요했다. 여기서 다른 상황들처럼 한 가지 원인만 뽑아내기란 불가능하다. 오히려 각각의 요인들을 반드시 더 큰 전체를 구성하는 부분으로 여겨야 한다. 이것은 우리가 곧 살펴볼 명예롭지 못한 금융가 버니 매도프의 경우에도 역시 그렇다.

우리는 왜 탐욕스러운가

탐욕은 주로 무분별한 욕망에 의해 촉발된다. 그것을 이루고 싶은 욕구가 너무나 커 닥쳐올 종말을 알리는 푯말들을 무시해버린다. 그 푯말에는 친구들이 해주는 경고나 다른 사람들이 어떻게 어려운 지경에 빠져들었는지에 대한 교훈적인 이야기들, 할 수 있는 모든 방법을 동원해 원하는 것을 이루려고 할 때 따르는 어려움의 초기 신호 등등이 있다. 탐욕스런 행동의 이유들은 다음의 8가지로 나눌 수 있다.

1. 인정받으려는 끝없는 욕구
2. 비현실적인 사고

3. 이득에 대한 욕망

4. 권력에 대한 집착

5. 어떤 환경에서 자랐는가

6. 질투심

7. 연애와 섹스

8. 접근

출세에 대한 갈망

심리학자들은 나서기 좋아하고, 칭찬받고 싶어하고, 그리고 칭찬을 유도하는 유형을 잘 알고 있다. 매우 존경받는 심리학자이자 전문치료사인 헬렌 이쇼프스키박사는 이런 행동의 유형을 설명했다.

"내가 알고 있는 사람 중에 항상 자기 부모를 기쁘게 하려고 애썼던 사람이 있었어요. 그녀는 항상 부모에게 칭찬을 받으려고 착한 일을 했어요. 부모가 더 이상 칭찬을 하지 않자, 그녀는 정말로 어떤 큰일을 해야겠다고 생각했어요."

"부모가 돌아가시면 어떻게 될까요?" 내가 물었다.

"예측하기 어려워요. 칭찬하는 역할을 아마 그녀의 남편이 맡겠지요." 그녀는 대답했다.

이쇼프스키는 또한 조사에 따르면 어린이들이 특별한 감정을 갖게 하는 사람들이 〈새미를 달리게 하는 것*What Makes Sammy Run?*〉에서처럼 반드시 몰아붙이기만 하는 유형은 아니라고 신중하게 말했다. 그것은 어떤 맥락에서 어떻게 칭찬을 하는지에 달려 있다.

어떤 경우든 사람들은 지칠 줄 모르는 칭찬과 인정을 바라는 갈증과 탐욕을 가질 수 있다. 칭찬은 한 번 주어지면 다음에는 더욱 큰 것을 바라게 된다. 왜냐하면 그에 따르는 즐거움이 실제로 더 많은 욕망을 자극하기 때문이다. 그런 사람들은 그것이 초래할 불안감을 절대 심각하게 여기지 않기 때문에 결코 채워지지 않는다. 결과적으로 그들은 당혹감, 비웃음과 함께 더욱 나쁜 상황을 초래하는 과도한 반응을 보일 수 있다.

심리학자들은 오랫동안 이런 현상을 연구해왔다. 이것을 '웰빙 리서치'라고 부른다. 그것은 어떤 유형의 사람들은 좋은 일이 생겨도 그다지 행복해하지 않는다는 사실을 말해준다. 훨씬 중요한 것은 그들이 물려받은 기질과 성격이다. 만약 당신이 기본적으로 행복한 사람이 아니라면, 정말로 좋은 일이 생겼을 때 당신이 느끼는 기쁨은 아무리 크다고 해도 상당히 빨리 녹아버린다.

당신이 2주간 프랑스 리비에라 지방에서의 휴가를 얻었다고 하자. 당신은 그 소식을 들었을 때나 그곳에 가 있는 동안에는 황홀경에 빠진다. 그러나 돌아온 뒤에는 4주 동안이나 시무룩해할 것이다. 복권 당첨자들에 대한 여러 연구는 장기적인 관점에서 그들이 결코 더 행복해지지 않았음을 확인시켜준다. 일부는 새로 얻은 재산에 제대로 적응하지 못한 탓에 문제를 일으키기도 한다.

경영관리 심리학자인 낸시 레오나드와 마이클 하비는 '실패에 대한 두려움에 쫓기는 완벽주의자들'의 직장 내 행동을 연구했다. 그들은 그러한 사람들이 끊임없는 칭찬을 필요로 한다는 사실을 알아냈다. 그 사람들은 상사로부터 인정받기 위해 필사적으로 노력하고, 여러 가지 목록이나 순위에서 자신의 위치가 어디인지 항상 확인하며, 자기들이 생각하기에 순위가 낮은 사람들과는 어울리려고도 하지 않았다.

인정을 받으려는 욕망은 사람들이 개선하고 생산하는 능력이 서서히 쇠퇴하기 시작하면 더욱 커진다. 알려진 대로 스티븐 암브로즈나 도리스 컨스 굿윈이 성공의 정점에 도달한 뒤에 표절을 했을 때 무슨 생각을 했는지 누가 정확하게 알겠는가? 아마도 그들은 자신들의 생각이 이제 신선하지 않다고 느꼈고 그래서 다른 사람의 저작물을 베껴야겠다는 유혹에 굴복하고 말았을 것이다.

그들이 최초로 그런 짓을 한 사람들도 아니었을 뿐더러 마지막 사람도 아닐 것이다. 그에 적절한 다른 예로 나이 들어가는 할리우드 남녀배우들을 들 수 있다. 그들은 자신들이 나이를 먹을수록 덜 팔린다는 사실을 알게 된다. 영화에서 주요 배역을 다시 맡기까지 시간이 점차 길어진다. 아니면 과거에는 거들떠보지도 않았던 역할이나 단역으로 줄어든다. 이런 상황을 늙어가는 과정의 자연스런 부분으로 받아들이지 못하고 과음이나 난폭한 운전을 하거나, 배우자나 친구들과 불화를 빚기도 한다. 나중에 그들은 얼마나 바보 같고 충동적인 행동이었는지를 알고 후회하게 된다.

전성기가 지난 운동선수와 패션모델들, 나이든 기업 임원들, 한창때가 지난 수학자들과 체스 선수들 등, 목록은 끝이 없지만 그 증후군은 맥 빠질 정도로 친숙하게 다가온다. 그들은 성공의 심리적 보상에 익숙해진 사람들로, 이제 자신의 영향력과 인생의 현 단계에서 받는 보상이 줄어들었다는 사실을 받아들이기 어렵다.

더 잘하려고 애쓸 때

만약 당신이 탐욕스런 유형이라면 도를 넘기 쉽다. 이는 부분적으로 버니 매도프가 왜 자신이 처했던 위험에 주의를 기울이지 않았는지 설명할 수 있다. 금융계 인사들은 물론 대부분의 일반인도 폰지 사기(다단계 금융 사기)는 결국 실패하고 만다는 사실을 안다. 그러나 속이는 기간이 길어 길수록 자신은 끄떡없다는 생각도 더 강해졌을 것이다. 그의 경우에는 수십 년 동안이나 이어졌다.

뉴욕 주 나소 카운티에서 매우 존경받던 판사인 게리 노벌은 한창 일할 때 어리석은 행동들과 관련된 다양한 사건들을 많이 처리했다. 나는 그의 집무실에서 탐욕의 본질에 대해 이야기를 나눈 적이 있었다. 그는 판사 중에서도 진지한 인물로 재판을 받는 사람들에게 상당한 연민을 가지고 있었다. "나는 사람들이 탐욕 때문에 바보 같은 짓을 저지르는 것을 수도 없이 봤어요. 사건을 해결해주면 5만 달러를 주겠다는 제안을 받은 변호사가 있는데, 5만 달러면 당시 상황에서는 상당히 좋은 조건입니다. 그러나 그들은 재판에 패했어요."

"당신은 그들이 승소의 대가로 제시받은 액수보다 많은 금액을 선고받는 것이 가능한 것으로 여기게 한다고 생각하나요?" 나는 그에게 물었다.

노벨은 대답하기 전에 희미하게 웃었다. 아마도 자기가 맡았던 특별한 사건을 떠올렸나 보다. "그들은 의뢰인이 5만 달러를 제안하면 아마도 재판에서는 더 많은 액수를 선고받게 되리라고 생각합니다. 그들은 자신들이 안고 있는 위험의 실체를 믿으려 하지 않아요. 배심원단이 그 원고를 좋아하지 않거나, 착하게 보지 않는 비호의적인 사람들로 구성될 수도 있어요. 또 변호사들이 말하는 방식이나 하고 다니는 행태에 거부감을 보일 수도 있고요. 배심원단은 평결을 내리기까지 여러 요소를 고려합니다. 그런데 변호사는 이런 사실을 쉽게 간과하고 주사위를 던집니다. 물론 이것은 합법적 제안과 관련된 이야기입니다."

"그들은 그런 결과가 나올 수도 있다는 것을 알면서도 왜 그렇게 하는 걸까요? 결국 그렇게 끝나고 마는데요?"

"왜냐하면 자신들이 대단한 승자가 될 수 있다고 생각하기 때문입니다."

"그렇다면 당신은 왜 그런 사실에 그토록 놀라는지요?"

"나는 변호사들이 사법제도 내에서 자신들이 겪으면서도 지금 말한 그런 기회를 잡으려고 한다는 사실에 번번히 놀라곤 합니다. 대부분의 경우, 그것은 본연의 모습 그대로 탐욕입니다. 그런 과정을 따르는 사람들은 자신들이 이길 만한 사건을 맡았을지라도 예외 없이 최악의 패자로 끝나고 맙니다. 왜냐하면 배심원이 얼마나 확신을 가지고 임하는지 알지 못했기 때문입니다." 그런 경우 실제로 초기의 성취, 다시 말해 5만 달러의 제안에 자신감이 고무된다는 것이다. 그런 감정 자체는 사람들에게 자신이 그 일을 더 잘 할 수 있다는 신념을 갖게 한다. 제안받은 해결책에 대해 스스로 의심하기 전까지는 처음 생각대로 상대방이 분명히 불리한 입장이라고 여긴다. 만약 그렇지 않다면 왜 그는 재판을 진행하기 전에 해결책을 제안받았겠는가?

변호사들은 상대방과 관련된 모든 고려사항, 패배의 위험이나 배심원들의 불예측성 등을 간단히 무시해버리는데, 이는 분명 그들도 인지하고 있던 부분이다. 그들은 자기들 입장이 옳다고 설득할 수도 있다. 그런데 자기가 옳다는 믿음 그 자체가 더 큰 위험을 초래하기도 한다.

40대 초반의 내 친구 돈은 등에 심각한 수술을 받았다. 의사는 신경을 누르는 그 뼈를 깎아냈다. 돈은 운이 좋았고 수술은 성공적이었다. 이제 그는 자기가 좋아하는데도 그만둘 수밖에 없었던 테니스가 다시 치고 싶었다. 그는 수술이 잘 된 것을 자축하고, 또 실제로 얼마나 성공적이었는지를 자신과 다른 사람들에게 입증하기 위해 테니스를 5게임 연속해서 —2게임은 복식, 3게임은 단식으로— 쳤다. 그리고 난 뒤 통증을 느꼈지만 자신이 너무 무리했다는 것을 알았기에 참아냈다.

며칠 뒤 나는 한 시합에서 그가 앞서 얼마나 운동을 많이 했는지 알지 못한 채 함께 단식경기를 했다. 돈은 계속해서 실점을 했으며, 결국 그 게임에서 졌다. 게다가 우리가 코트를 떠날 때쯤 그는 등이 너무 아파 옆에 놓인 의자에 무거운 듯이 털썩 주저앉았고 고통으로 얼굴이 일그러졌다. 잠시 후 그는 휴대폰으로 전화를 했다. "의사 선생님, 돈이에요. 진통제 좀 주실래요? 지금 당장 필요해요. 등이 너무 아파요." 그 뒤에 그는 일주일 동안 경련을 겪었다.

왜 그는 큰 수술을 받은 뒤에 그토록 심하게 위험을 무릅쓰고 운동을 했을까? 그렇게 판단을 잘못한 것은 탐욕 때문일 가능성이 많다. 그는 젊어지기도 하고 건강도 회복하기를 원했다. 돈은 42세다. 내가 왜 그렇게 급하게 운동을 많이 하려고 했느냐고 물었을 때, 그는 "내 나이에 경기 능력이 떨어지는 것을 받아들일 마음의 준비가 되지 않았던 것 같아요. 이만큼 아팠으니 이젠 좀 더 현명해지고 경기도 그만 둬야 하는 것을 받아들이게 되겠죠." 그렇게 생각해야 하는 남자는 그 혼자만이 아니다.

이득에 대한 눈먼 욕망

"〈USA투데이〉 기자들의 기사는 거짓말이라고 부른다." 〈뉴욕타임스〉에서 1면으로 크게 다룬 제목이다. 전혀 새로운 내용이 아니다. 표절행위는 오랫동안 있어 왔고, 그 기사가 등장한 2004년에는 거의 일상이 됐다. 특이점이 있다면 그 특종과 뻔뻔스러움의 주인공이 아주 유명한 기자인 잭 켈리라는 사실이었다.

그의 가장 통탄할 죄상들은 자살폭탄조와 예루살렘에서 개인 면담을 했다고 창작했고, 다른 곳에 실린 내용들을 출처도 밝히지 않고 20문장 이상 훔치기도 했으며, 또 개인적으로 오사마 빈 라덴을 쫓고 있다고 주장한 것들이다. 〈USA투데이〉는 그를 해고했다.

그는 대단한 상상력을 가졌다. 스바로(Sbarro) 피자 가게 폭발을 다룬 예루살렘 기사에서 그는 "안에서 피자를 먹고 있던 세 남자는 앉아 있던 의자에서 튕겨나갔다. 땅에 떨어졌을 때 그들의 몸에서 머리가 떨어져나가 거리로 굴러갔다"고 썼다. 잔혹한 액션영화를 보는 듯한 그의 기사는 전혀 사실적이지 않고 허무맹랑했다.

그러나 내 눈길을 끈 것은 〈USA투데이〉의 중동 특파원인 데비 하울렛의 말이었다. 그는 켈리가 저지른 일과 관련해 편집국의 어떤 선배도 그의 실수에 책임을 지지 않았다고 화를 냈다. 그렇다면 하울렛이 보기에 왜 그들이 책임을 져야 하는가? 그녀는 다음과 같이 말했다. "그래요, 잭은 여러 기사를 날조했어요. 그러나 그는 상을 받으려고 혈안이 된 편집장들의 지지를 받았고 사주도 받은 거예요. 더욱이 이 기상천외한 이야기들은 충분히 의심했어야 해요." 그녀의 비판은 정곡을 찔렀다. 〈USA투데이〉는 켈리를 퓰리처상 특종 부문에 후보자로 추천했다. 피자가게 폭발을 다룬 허위 기사는 후보작으로 그들이 제출한 9개 기사 중 하나였다.

기사를 만든 켈리의 동기—명성, 권력, 부에 대한 욕망 등—가 무엇이든 간에 가장 두드러진 역할을 한 것은 대체로 재정난에 쫓기는 신문사의 탐욕이다. 그들이 기자들에게 노골적으로 보내는 메시지는, 우위를 점하려면 신문 산업의 엔진을 움직이고 있는 권위 있는 상과 발행부수, 광고 수익 등 손익계산을 항상 염두에 두라는 것이다. 이것은 기자들이 대충 취재해서 자신들이 지켜야 할 윤리 기준에 어긋나도 편집자가 따지지 않고 그냥 승인해주고 넘어갈 때 더욱 강화된다. 그 결과 다른 기자들이 이것을 보고 그런 사기가 용인되는 것을 알면 그들도 그 선례를 따르려는 유혹을 받게 마련이다.

이 모든 것의 원인은 그것을 부추기는 욕구와 보상을 바라는 탐욕이 가득한 우리 사회 문화의 영향력으로 돌아간다. 그것은 어디에나 있다. 탐욕은 버니 매도프의 고객들로 하여금 자신들이 받았던 높은 이득이 말도 안 되는 것임을 알면서도 사실을 외면하게 한다. 그들은 그 수익이 타당하다고 믿으려고 했다. 그래서 아무런 의심도 하지 않았다.

영리를 추구하는 미국 보건기구는 의사들에게 각종 진료와 검사들을 할 수 있을 만큼 많이 하라고 부추긴다. 배관공이나 목수, 지붕수리공들은 상사로부터 될 수 있는 한 일감을 부풀리고, 비용 청구도 최대로 하라는 지시를 받는다. 그리고 보험회사가 계산서를 처리할 때는, 말 그대로 고객이나 수리공 모두 제 세상 만난 듯 무조건 공모해 비용을 부풀린다. 그밖에 건강에 나쁜 제품을 파는 행위나 환경 파괴, 차 수리비의 과다 청구 등도 마찬가지다. 요컨대 우리 사회의 전반적 영역에서 이익이 목표고 그것만 획득할 수 있으면 어떻게 하든 괜찮다는 풍조가 널리 퍼져 있다. 유일한 차이점은 욕심 많은 돼지라도 괜찮다고 생각하는 사람들과 자신은 돼지가 아니라고 믿는 사람들로 나눠지는 정도다.

끝없는 권력욕

돈이나 명성처럼 권력 또한 탐욕에서 중요한 역할을 한다. 전직 뉴욕 주 법원장이었던 솔 와틀러는 자신이 저지른 기이한 행동의 주된 원인은 심리적 문제라고 주장했다. 그러나 그도 권력에 대한 욕망이 동기부여의 주된 요소였음은 인정했다. 자서전에서 그는 미주리 주 전직 상원의원인 토머스 이글턴이 우울증 때문에 입원했었다는 사실을 인정함으로써 자신의 경력을 망가뜨린 부분에 대해 언급하고 있다. 와틀러는 그처럼 정신질환을 인정하면 더 높은 지위로 올라갈 기회를 잃게 될까봐 두려워했다.

그의 책을 읽으면, 기회 상실에 대한 걱정이 쉽게 눈에 띈다. 권력과 존경을 자신의 가장 중요한 목표에 포함시켰다. 더욱이 그는 정신적인 장애가 사람들의 행동 선택에 영향을 줄 수 있다고 해도 자신의 행동에 대한 책임을 온전히 정신의 문제로 돌릴 수 없다는 것을 깨달았다. "가장 최근에 일어난 조증이 파괴적인 일탈이 아니라 긍정적인 목표를 향했더라면, 나는 감옥이 아니라 주지사의 관저에 들어갔을 텐데…" 그는 후회스럽게 말했다. 그 문장이 모든 것을 말한다.

사실 배경에 의심스러운 점이 많은데도 불구하고 공직에 나서거나 중요한 자리에 앉는 사람들이 있다. 그들은 신원조사 과정을 거치면서 치부가 드러난다. 그들은 학력을 속였고 전과가 있으며, 마약을 경험했고 금융 스캔들에 연루되기도 했다. 그들은 왜 그런 사실을 숨겼을까? 곧 밝혀지리란 것을 몰랐을까? 그렇다. 대부분의 경우 그들은 알고 있다. 그러나 권력을 추구하는 욕망이 너무나 커서 절대로 진실이 수면 위로 떠오르지 않기를 빌면서 기회를 잡기로 결정한다. 그러다가 그들의 이름이 사라지고 사회적 위상이 추락하면 뒤늦게 자책한다. 그들은 결코 사악하지 않고, 최소한 모든 면에서 사악하지는 않다. 단지 중요한 맹점을 가졌고, 지나치게 큰 야망을 가졌기에 자신들의 판단에까지 영향을 미쳤다.

사람들은 또한 지위를 가지려는 생각 때문에 탐욕스러워진다. 남편이 동네에서 리틀리그(소년야구리그)의 지역 단장이 된 여성이 있다. 그들의 아들은 중간 정도 빠르기의 속구와 아주 간혹가다 커브볼을 던지는 그저 그런 투수였다. "티미는 이제 선발투수가 될 거예요." 그녀는 의기양양하게 말했다. "우리는 지금까지 죽 그럴 만한 일을 했어요. 이제 티미는 리그의 주장을 맡아서 모든 일을 제대로 할 거예요." '그'에 맞서는 것으로 "우리는 그럴 만하다"라는 발언에 주목하자. 심지어 자기 아들이 아니다. 바로 자신들을 말한다. 소년야구리그에서 자주 맞닥뜨리는 이 같은 사례들은 부모들의 이런 태도가 얼마나 만연한지 알려 준다. 당연하게도 아버지 짐은 곧 다음 목표로 카운티 차원의 소년야구리그 출전을 내세웠다. 그 다음에는 어떻게 될까? 아마 펜실베이니아 윌리엄스포트(리틀리그 월드시리즈가 열리는 도시)가 될 수도.

우리는 어떻게 자랐는가
탐욕적인 사람이 될 것인지를 결정하는 중요한 한 가지 요소는 어떻게 자랐는가 하는 것이다. 이쇼프스키 박사는 부모가 정신적 외상을 입은 아이들의 치료가 전공이다. 그녀는 "그러한 환경에서 자라는 아이들은 부모의 고통을 덜어주고, 그래서 자기들도 편해지는 어떤 일을 하려고 노력하기 때문에 자칫 경계선을 넘을 수 있다"고 지적했다. "그 선을 넘는 아이와 아닌 아이의 차이는 부모가 용인되는 행동과 그렇지 않은 행동을 아이들에게 가르쳤느냐에 달려 있어요. 아이들은 게임의 법칙을 압니다. 우리는 당혹스럽거나 불법인 행동을 해서는 안 되지요. 그 이유는 발각되면 문제가 되기 때문이 아니라 그 일을 하는 것이 옳지 않기 때문입니다"라고 그녀는 강조했다.

그러나 외상성 장애는 상대적인 문제다. 앤드류 키츠만은 역사상 대형 사건인, 아마도 가장 대규모의 금융사기를 저지른 버니 매도프에 대한 책을 썼다. 제목은 〈배반, 버니 매도프의 인생과 거짓말 *Betrayal: The Life and Lies of Bernie Madoff*〉로, 과거로부터 그와 관련된 100명이 넘는 사람들을 인터뷰했고, 수천 페이지에 달하는 법정 증언과 통화 내용들, 개인 이메일 등을 바탕으로 하고 있다.

그는 매도프의 말도 안되는 행동을 낳게 한 주요 원인 중 하나는 구애했던 소녀들에게 거절당했고, 학업 성적이 우수하지 않아 일류 학교 진학에 실패했던 사춘기 시절 탓이라고 결론을 내렸다. 당시 주로 유대인 이웃들이 많았던 퀸즈의 로렐턴에서 열심히 노력하는 학급 친구들과는 달리, 매도프는 호프스트라로 옮겨가기 전에 이류급인 앨라배마 대학으로 진학했다. 그 결과 그는 자기에게도 동급생들과 같은 다른 뛰어난 자질이 있음을 스스로에게 증명해보이겠다는 대단한 욕구를 갖게 됐다. 그가 택한 길은 금융이었는데, 바로 자신이 남보다 뛰어난 영역이었기 때문이다.

이 주장에서 주목할 만한 점은 중요한 원인으로 내세운 사실 때문에 매도프가 그다지 큰 고통을 받지 않았다는 점이다. 키츠만이 밝힌 바에 따르면, 그는 왕따도 아니었고 외톨이도 아니었다. 사실 그는 '상당히 인기 있는 아이'였다. 심지어 그는 "농구에서 골도 잘 넣고 수영 실력도 뛰어났다." 게다가 그와 한 친구는 사교 모임에도 가입돼 있었다. 요컨대 거기에는 어떻게 한 남자가 자신의 여자 형제들은 물론, 오랫동안 친구로 지냈던 사람들에게 전혀 거리낌없이 수천만 달러에 이르는 금융사기를 칠 수 있었는지를 설명해주는 불가피한 요소가 충분치 않다. 그는 심지어 홀로코스트 생존자들의 등을 쳤고, 노벨상 수상자인 엘리 위젤의 돈도 빼앗았다. 유대인들에게 있어 엘리 위젤을 파산시킨 것은 가톨릭교도에게 대주교나 추기경이 도둑당한 것이나 같다.

그의 젊은 시절에 문제가 되는 측면이 하나 있기는 하다. 그의 부모는 법에 저촉되는 주식회사를 운영했다. 대학에 다닐 때 버니는 아버지와 함께 불법으로 주식을 중개하는 일을 했는데, 그 부분이 미래에 어느 정도 영향을 끼쳤을 것으로 볼 수 있다. 그러나 이런 설명마저도 그의 행동을 뒷받침하기에는 역부족이다. 진실은 매도프가 과거나 지금이나 전혀 양심의 가책이 없는 사회적 인격파탄자라는 것이다. 여기에 대해서는 나중에 다시 이야기하자.

타인과의 비교

사회적 지위는 상대적이다. 만약 당신이 새로 나온 아우디를 몬다고 할 때, 다른 사람들도 그만큼의 가치를 가진 차를 가지고 있다면 그다지 큰 문제가 아니다. 우리는 자신의 성공을 주변 사람들이 행동하는 견지에서 비교하는 경향이 있다. 남의 떡이 더 커보일 때 질투가 일어날 수 있다. 그 감정을 해소하려는 마음에 이번에는 우리도 다른 사람만큼 선하고, 똑똑하고, 부자라는 것을 보여주려고 애쓰게 되면 탐욕을 초래한다.

이것은 야망의 문제가 아니다. 어떤 사람이 "나는 아파트에 산다. 그런데 주택에서 살고 싶다"고 말할 수 있다. 그것은 부러움에서 나온 것이 아니므로 괜찮다. 그러나 만약 어떤 사람이 "나는 존이 아파트에서 살고 있기 때문에 나도 아파트를 갖고 싶다"고 말한다면, 그것은 질투이고 그 질투는 잘못된 결정을 유발할 수 있다. 수백만 달러를 가진 부자들이 있다. 그런데도 자기보다 훨씬 더 많이 가지고 있는 다른 사람이 있어서 상대적으로 비참하다.

하버드대학 사회학자인 글렌 파이어보와 로라 타크는 사람들이 행복을 어떻게 보고, 돈을 어떻게 버는지를 분석한 뒤, 미국인들은 자신의 행복 여부를 주로 자기와 다른 사람의 소득을 비교해서 정한다는 결론을 내렸다.

래리 콜머는 뉴욕 퀸즈의 중산층 거주지역인 포레스트 힐에서 살았다. 그는 공립학교 선생으로 적절한 월급을 받았다: 지리적 요건으로 그의 아이들이 가까운 포레스트힐스 가든스에 있는 공립학교에 들어가게 됐는데, 그곳은 훨씬 부자 동네로 집 한 채가 평균 200만~300만 달러에 이른다. 때때로 아이들이 그런 집에 사는 친구들로부터 놀러 오라는 초대를 받기도 했다. 래리는 두 아들을 태워오면서 자기 눈으로 직접 봤다. 그는 이 현실이 불공평하다고밖에 볼 수 없었다.

그는 생각했다. "너무 불공평해." 이 사람들은 왜 이처럼 많이 가졌을까? 그는 자기가 생각하기에 열심히 일했고, 여름에는 동생의 사업을 도와 옷을 파는 일도 했다. "어떻게 하면 그렇게 부자가 되지?" 아내에게 물었다.

그녀는 말했다. "나는 몰라요. 아마 돈을 타고 나든지, 주식 거래로 운을 잡든지 해야겠지요." 캐롤라인은 원래 남을 부러워하는 성격이 아니었으므로 그런 데 별반 흥미가 없었다. 그녀는 자기가 가진 것에 만족했다. 래리는 부러운 감정이 떠나지 않았고, 아이들이 "왜 우리는 무비 스크린 TV가 없어요? 왜 우리는 부활절 방학 때 이탈리아에 못 가요? 왜 빌리와 자넷은 메인 주 1박 2일 캠핑에 가고, 우리는 재미없는 당일 캠프에 가야해요?"라고 물을 때마다 화가 났다.

래리는 그냥 불쾌한 감정으로 끝내지 않고 뭔가 해결책을 마련하려고 나섰다. 그는 신중한 아내의 반대도 무릅쓰고 노후대비저축예금을 해지해서 죽마고우를 설득해 함께 브루클린에 있는 작은 피트니스 센터에 투자했다. 그 친구는 낮에, 래리는 밤에 일했다. 일은 힘들었지만 그는 만족했다. 이제 자기도 인생에 목표가 생겼다고 생각했다. "이렇게 하면 포레스트힐스 가든스로 갈 수 있을 거야." 아내에게 떠벌리기도 했다.

그러나 세상일이란 늘 계획대로 돌아가지 않는다. 예상치 않게 그는 체육관에서 정기적으로 운동을 하는 생기발랄한 여성에게 갑자기 애정을 느꼈다. 그들은 급속도로 가까워졌다. 낮엔 학교에서 학생들을 가르치고 밤엔 체육관을 오가며 해내는 지나치게 많은 업무와 그녀와의 밀회를 즐기는 데 따른 압박감은 그가 통제하기에는 너무 벅찼다.

뭔가는 포기해야 했다. 관계를 끝낼 것인지, 적당한 이익만 남기고 사업체를 넘길 것인지 선택해야 했다. 그렇지만 그의 탐욕은 아무것도 포기하지 못하게 했다. 사업은 물론 그 여성과의 관계도 계속 유지했다. 결국 피트니스 센터는 파산했고, 아내는 그가 바람을 피운 사실을 알게 되었다. 2년 뒤 그는 이혼당했고, 훨씬 처지가 못한 사람들이 사는 퀸즈의 우드사이드에 있는 스튜디오 아파트에서 살고 있는데 곧 파산할 형편이다. 당연히 그는 '포레스트힐스 가든스' 근처에도 갈 수 없게 되었다. 본질적으로 그를 망친 것은 부러움이었고, '모든 것을 가지려는' 욕망, 즉 탐욕이었다.

때때로 사람들은 실제로 할 능력은 없는데도 무언가를 몹시 하고 싶어 해서 스스로 할 수 있다는 착각에 빠진다. 예를 들어 당신은 위대한 작가로서 칭찬받고 싶지만 우수한 소설가들 집단에 들어갈 재능은 없다. 그래서 여기저기서 글을 가져와 약간씩 표현을 바꾸다가 자기도 모르는 사이에 다른 작가들의 글을 진짜로 인용하게 된다. 그 다음에 당신은 위대한 작가가 아닌 것이 '발각된다.' 뿐만 아니라 다른 사람의 생각을 훔친 사기꾼이나 도둑이 되고 만다. 무엇 때문일까? 당신의 부족한 능력과 그것을 뛰어넘고 싶은 강력한 욕망이 결합했던 탓이다. 우리가 스스로의 한계를 받아들이려 하지 않을 때 흔히 재앙이 시작된다.

행복에 대한 강렬한 욕망

감정이란 상식에 가장 빈번하게 맞서는 장애물이다. 자기감정에 갇힌 사람들을 연구하는 유명한 작가이자 심리학자인 다니엘 골먼이 말한 '감정적 지성'이라는 게 없다. 돈과 권력, 명성과 섹스는 모두 사람의 욕망과 분노, 좌절에 불을 당기는 유혹적인 요소로, 사람들로 하여금 후회할 만큼 잘못된 계산을 하게 한다.

때로 행복해지고 싶다는 욕망은 너무나 커서 주변의 사람이나 사물을 아랑곳하지 않게 만든다. 앨리스는 직장에서 성공한 매우 멋있는 여성이었다. 그러나 결혼에는 성공하지 못했다. 불행한 이혼을 한 뒤, 그녀는 자신이 두 아이를 길러야 하는 이혼녀라는 사실을 알았다. 30대 초반인 그녀는 자신이 속한 집단에서 이혼남보다 이혼녀가 더 불리하다는 것을 깨닫고 재혼을 하기 위해 무척 노력했다. 그녀는 누군가를 빨리 찾아야겠다는 급박한 욕구에 시달렸다.

마침내 그녀는 잘 생기고 부유한 남성을 만나 사랑에 빠졌다. 그는 프러포즈했고 그녀는 기꺼이 받아들였다. 유일한 문제는 자기만 빼고 아무도 찬성하지 않았다는 점이다. 친구들은 그녀에게 "하지 마, 나중에 후회할 거야"라고 말했으나 소용이 없었다. 그녀는 남편이 될 사람에 대한 소문을 깡그리 무시했다. 주위에서는 그가 술을 많이 마실 뿐 아니라 게으르며 전처에게 폭력도 휘둘렀다고 경고했다.

결혼 생활은 6개월 만에 끝장이 났다.

"왜 우리 말을 듣지 않았니?" 그녀의 친구가 물었다.

"언제 얘기했니? 난 들은 적이 없어." 그녀가 대답했다.

"우리는 분명히 말했어." 그들은 정확하게 언제, 어디서, 어떻게 말했는지 들려줬다.

앨리스는 가장 있음직한 진실을 이야기하고 있다. 그녀는 친구들이 말하는 것을 들을 수도 있었지만 들을 기분이 아니었다. 그녀는 그들의 말을 무시하고 자신이 들은 것은 사실이 아니라고 스스로에게 확신시켰다. 사람들은 항상 그렇다. 왜 그녀는 그처럼 멍청한 결정을 내렸을까? 남편을 구하려는 그녀의 욕망이 너무나 커서 누구와 결혼하기보다 결혼한다는 그 자체를 훨씬 더 중요하게 여겼기 때문이다.

보스턴의 한 의사가 어떤 여성을 만났다. 그는 그녀에게 완전히 푹 빠졌다. 끔찍한 이혼을 거치고 막 싱글이 된 그는 그녀와 함께 살기를 원했다. 그러다 그녀가 코카인 중독이라는 사실을 알게 되었고, 그녀에게 약을 구해주던 중개인이 체포되었다. 그래서 의사는 그녀를 위해 마약을 쉽게 구할 수 있다는 록스버리 지역으로 차를 몰았다. 그때 경찰이 그의 차를 세우게 하고 의심스러운 표정으로 다가왔다.

그곳에서 뭘 하느냐는 경찰의 질문에 그는 길을 잃었다고 말했다. 다행스럽게도 경찰은 그를 보내줬다. 나중에 그는 그때를 돌아보면서 나에게 말했다. "나는 분명히 그녀를 위해 모든 위험을 무릅쓰려고 했던 거예요. 위험지역을 찾아가 마약을 사는 일 따위는 결코 내 전문영역이 아니었는데도 말이죠. 그러나 나는 정말 그녀를 사랑했고 그런 짓까지 해서라도 감동시키고 싶었어요. 그때 내가 소지품을 조사받지 않고 무사했던 것은 기적이에요. 결국 그녀와는 헤어졌지만 그때 나는 무엇 때문에 그렇게까지 했을까요?" 결과에 상관없이 확실하지 않은 이득보다 위험이 훨씬 컸던 경우였으므로 멍청한 행동이었다.

기회의 범죄

우리는 기회의 범죄에 대해 많이 듣는다. 신분이 낮은 하녀라도 탐욕은 가질 수 있다. 또한 그것은 아담과 이브 시대 이래로 모든 인류에 내재된 유혹을 부추긴다. 정치인들은 집단적으로 이런 성향이 가장 뚜렷하다. 여기 특별히 많은 보수를 받지 않는 사람들이 모인 한 계층이 있다. 그러나 그들은 엄청난 권력을 휘두른다. 그들은 학교, 노인, 환자, 여성, 의사 등 열거할 수 있는 모든 집단에 혜택이 돌아가는 수백만 달러 규모의 프로그램을 승인할 수 있다. 그들은 기업이나 회사에 엄청난 돈을 투입하는 법률을 통과시킬 수도 있다.

그러나 그들은 그 돈에 합법적으로는 조금도 손 댈 수 없다. 그들은 이 모든 돈이 손에서 손으로 건너가는 것을 알고 있고, 부분적으로는 그들이 통과시킨 법률과 그들이 승인한 프로그램 때문에 생긴 거대한 수익을 긁어들이는 사업가와 변호사들을 만나게 된다. 그리고 그들은 상대적으로 적은 월급을 받는다. 이것이 바로 부패로 가는 공개 초청장이다.

우리는 탐욕스런 정치인들의 이야기를 수도 없이 들었다. 그러나 사회가 그러한 탐욕을 불러일으키는 것은 어느 정도인가? 함께 살펴 보자. 그들이 받는 유혹은 우리 대부분이 맞닥뜨리는 것보다 훨씬 크 다. 그들은 이것저것 도와달라고 뇌물을 받으면 자기들이 하는 일에 따르는 당연한 몫으로 여기고 합리화한다. 이것은 특히 우리 사회가 정치인들은 사기꾼이라고 생각하기 때문이기도 하다. 많은 사람들이 '정치인'이라는 단어를 '사기꾼'과 동의어로 생각한다.

그렇다면 해결책은? 한 가지 대안은 정치인의 봉급을 과감하게 올 려서 그들이 유혹에 넘어가지 않을 만큼 보상해주는 것이다. 그러나 탐욕스런 인물들은 언제나 만족을 모른다고 이미 말하지 않았는가? 사실 모든 사람이 다 그렇지는 않다. 사람마다 각각 만족의 한계치가 다르므로 부패 방지책으로 월급을 대폭 올리는 일도 해볼 만하다. 그 런 사람들에게 탐욕을 치료하는 가장 간단한 해독제는 필요로 하는 것을 갖게 하면 된다.

| 정의와 명예 |

"어떤 구단도 양키스가 그에게 지불한 만큼 줄 여유는 없다. 그래서 나는 그가 이판사판의 모험을 하는 거라고 거리낌 없이 말하겠다." 1920년 당시 보스턴 레드 삭스의 구단주였던 해리 프레이지가 한 말이다. 여기서 말하는 그는 누구인가? 로저 클레멘스? 알렉스 로드리게스? 마리아노 리비에라? 아니다. 바로 야구계에서 전설로 알려진 베이브 루스였다.

루스는 양키스에서 한 해 60개의 홈런과 659점을 득점했다. 소위 '밤비노(루스의 별명 중 하나)의 저주'는 2004년 월드 시리즈에서 우승하기까지 그로부터 86년간 삭스를 붙잡고 놓지 않았다. 돌이켜 보면 루스를 트레이드한 것은 아무리 좋게 봐도 믿을 수 없을 만큼 잘못된 판단이었다. 확실히 프레이지는 공연에 실패한 제작자였는데 나름대로 이유가 있었다. 루스는 매우 평범한 팀에서 의심할 바 없는 스타였다. 그러나 그는 술을 많이 마셨고 연봉도 높았다. 프레이지의 눈에 루스는 자기의 권위에 도전하는 값비싼 전시용 선수일 뿐이었다. 원칙과 명예에 대한 자신만의 인식에 갇혀서 아무리 뛰어난 선수라고 해도 자신이 그를 제거할 수 있다고 생각했다.

명예와 값비싼 대가를 치르게 되는 실수와의 관계는 복잡하고 다양한 측면을 가지고 있다. 나는 거기에 작용하는 요소를 11가지로 나눴다. 다른 요소들도 있겠으나 가장 흔한 것들이다.

1. 불공정에 대한 감정적 반응
2. 지배하려는 욕망
3. 노상 격분
4. 권위 문제
5. 자기 것 지키기
6. 존엄에 대한 감각
7. 다른 사람들의 생각
8. 다른 사람들 돕기
9. '앙갚음'의 필요
10. 잘못된 의리
11. 거짓말

감정과 불공정

"이건 불공평해." 조니가 엄마에게 말했다. "몇몇 아이가 장난을 쳤는데 선생님은 학급 전체를 벌 줬어." 교외의 작은 마을에 사는 일부 사람들이 자기 개를 제대로 챙기지 못해서 모든 개를 동네 공원에 데리고 가는 것을 금지하는 법령이 통과됐다. 자기들의 개똥을 착실하게 치우고 다녔던 사람들은 '불공평하다'고 외쳐보지만 아무 소용이 없다.

이들 사례는 둘 다 정도가 가볍다. 그러나 사람들이 자신의 명예가 손상됐을 때 어떻게 느끼는지를 알려준다. 여기서는 사람들이 공정하게 대접받고 있지 않고, 그래서 정의가 없다고 믿는다. 개인이 보기에 집단 처벌은 자신의 결백을 무시한 것이다. 한마디로 요약하면 명예로운 대접을 받지 못하고 '멸시'당했다.

나는 이러한 쟁점을 가진 사건을 기억한다. 1월의 어느 날 새벽 4시에 이웃집의 경보장치가 울렸다. 주인들은 휴가를 얻어 플로리다에 갔는데 누군가에게 열쇠를 맡기는 것을 깜빡했다. 그 경보음은 이틀 밤낮 동안 울리는 바람에 소리가 들리는 동네 모든 사람을 화나게 만들었다. 경찰은 보안업체에는 젊은 부부의 부모님 전화번호밖에 없다고 말했다. 상황이 말해주듯 그 집의 열쇠는 부모님이 사는 무려 1,500마일 떨어져 있는 선샤인 주에 있었다. 이웃들은 집 주인들이 매우 몰상식하고 지각 없다고 생각했는데, 자기들이 뉴욕의 겨울과 씨름을 하고 있는 동안 그들은 따뜻한 태양 아래 아름다운 해변에 누워 즐기고 있다고 생각하니 분노가 극에 달했다.

"어떻게 해야 하나요?" 한 이웃이 경찰에게 물었다. "보안장치는 벌써 이틀째 울리고 있어요. 이미 부모님 집에도 두 번이나 전화를 걸어 메시지도 남겼어요."

"공식 불평 처리서를 내세요. 일단 신청을 하면 우리가 비상 서비스를 부르고 그들이 와서 전선을 자를 겁니다."

"나중에 그 사람들이 와서 선만 다시 이으면 되나요?"

그 경찰관은 신경질적으로 헛기침을 하더니 마치 우리 모두가 자기를 걸고넘어지려는 수완 좋은 변호사나 되는 듯이 경계하는 눈초리로 보았다. "그렇게 간단하지 않습니다. 보안업체가 집주인에게 상당한 벌금을 물릴 수도 있어요. 그들이 친한 이웃과 작당해서 당신들에게 소송을 할 수도 있고요. 나는 그런 일을 많이 봤어요. 그 사람들이 어떻게 나올지는 알 수 없으니까요. 당신들도 조심하는 편이 좋을 거예요. 나는 어떤 남자가 시끄럽다고 불평을 하자 여러 사람이 그에게 무척 심하게 화를 냈던 사건을 기억합니다. 그들은 앙갚음하려고 그가 풀을 깎지 않고 잔디가 자라게 내버려두고 있다고 계속 일러바쳤어요. 그래서 90대의 노인을 지방법원에 다섯 번 이상 출두하게 만들었지요."

내 아내와 나는 30대 초반의 그 부부와 알고 지냈다. 우리는 그들이 지각 없는 짓을 했다고 생각하지는 않았다. 그보다는 오히려 그들이 젊고 주택을 소유했던 경험이 없어 빚은 결과였다. 우리는 마지막 수단을 택하기로 했다. 몇 군데 더 전화를 걸어 그 집을 판 부동산 중개인을 찾았고, 그들의 부모님 휴대폰 번호를 알아냈다. 마침내 플로리다에 있는 그들과 연결이 됐을 때, 그 젊은 남자는 깊이 사죄하고 열쇠를 페덱스로 보내겠다고 말하면서 보안장치 번호를 알려줘 그 경보를 해제할 수 있었다. 다른 이웃들도 비록 그 중 한 사람이 '무책임하다'고 말하긴 했지만 열쇠를 맡기지 않은 부부가 악의적으로 한 짓은 아니라고 이해했다. 정말로 속상했던 것은 그 경보 소리가 얼마나 크고 짜증스러웠는지 그 부부는 그 자리에 없어서 알지도 못했다는 데 있었다. 자기들은 당하고 있는데 그 부부는 휴가를 즐기고 있다는 사실이 얽혀서 어쨌든 공정하거나 정당하지 못하다는 느낌을 갖게 했다.

이런 일을 당하면 사람들은 당연히 그래야만 하는 절제력을 발휘하기가 어렵다. 차를 세우고 주차미터기에 돈을 넣으려고 하는데, 그게 고장이 났다. 그런데 '고장' 표시가 나오지 않는다. 기계는 당신의 동전을 삼키고 '시간 만료' 표시만 나온다. 두 블록만 가면 무료주차장이 있지만 당신이 가려는 식당은 바로 앞에 있다. 그래서 시에서 운영하는 작동도 잘 안 되는 미터기에 돈을 넣어야만 하나? 어쨌든 당신은 싸울 시간도 그럴 생각도 없기 때문에 돈을 넣지 않았고, 결국 35달러짜리 딱지를 받고 만다. 거기에 주차하기로 한 것은 분명히 잘못된 결정이었지만 당신의 지나치게 발달한 정의감이 작용을 했고 그뿐이었다.

많은 사람이 겪는 또 다른 상황을 보자. 신호등은 한없이 길어 바뀔 기미가 보이지 않는다. 당신은 차에 앉아서 기다리고 있다. 당신 앞의 운전자는 차들이 조금씩 움직이는 틈을 타 교차로를 지나면서 슬그

머니 끼어든다. 당신은 생각한다. "좋아. 저 사람이 하는데 나라고 못할쏘냐." 다른 운전자가 마치 당신에게 허락이나 한 듯이 말이다. 그가 허가를 내준 사람이 아니기에 현실은 잘못되고 만다. 신호등을 건너자마자 당신은 순찰차에 적발돼 차를 세워야 한다. 기막히게도 신호는 그때 바로 바뀐다. "내 앞 차는 그냥 지나갔는데요." 당신은 경찰에게 항의한다. "그럴 수도 있겠지요. 그러나 나는 당신만 봤어요." 그는 매정하게 말한다. 그럴 때 사람들은 "세상은 불공평해"라는 진부한 표현을 쓰곤 한다.

당신은 징수원이 다른 요금소에 가서 모자란 잔돈을 가져오는 바람에 늦었다. 안 그래도 빡빡한 하루 일정에서 5분이나 뺏겼다. 당신은 속력을 계속 높이면서 운전을 이렇게 빨리 하면 안 되지만 요금징수원이 거스름을 준비 못했던 탓이라고 합리화한다. 그러니 그 사람 잘못이다. 아, 속도위반에 걸려 과속으로 벌금을 받는다. 당연히 판사는 당신의 설명을 받아들이지 않고 과중한 벌금을 부과한다.

마지막으로, 통근하는 한 동료가 넋두리를 했다. 그는 기계에서 미리 기차 티켓을 사려고 했다. 돈을 넣었으나 들어가지 않았다. 다른 기계로 옮겨 3번을 더 시도했으나 결과는 마찬가지였고 기차를 꼭 타야 하는 시간이 됐다. 그는 자리에 앉으면서 자기가 잘못했다고 생각했다. 그렇긴 하지만 철도회사 측에 기계를 제대로 관리해야 하는 책임이 있으니 자기가 책임질 일은 아니었다. 그러나 승무원은 그의 말을 듣지 않고, 9달러의 선불 요금 대신 기차 안에서 끊는 18달러의 요금을 내게 할 것이 분명했다.

생각하면 할수록 열이 받은 이 친구는 결국 어떻게 되든 상관없이 돈을 내지 않기로 했다. 다음 역에서 승무원이 자기 자리에 다가오기 전에 잠시 기차에서 뛰어내렸다가 다시 탔다. 그 승무원이 조금 있다가 다시 왔을 때 그는 이 역에서 표가 없이 탔다고 했는데, 실제로 그 전 역에서 탔을 경우 2달러만 물면 되었다. 그러나 승무원은 말했다. "거짓말 마세요. 나는 당신을 봤어요." 그는 다음의 큰 역에서 내려 역장에게 끌려가 철로를 침범한 벌금까지 물었다.

이 모든 소소한 이야기는 사람이 자제력을 잃어서 생긴 사건들이다. 각각의 경우, 불공정하다고 느끼는 감정이 정당한 분노를 일으킨다. 그런 감정은 판단력을 흐리게 한다. 보통 때는 법을 잘 지키는 시민이지만 부당하게 취급받는다고 느끼면 그렇지 않게 된다. 각각의 사례에서, 만약 차분하게 꼼꼼히 생각했다면 이득보다 위험이 훨씬 크기 때문에 그렇게 하지 않았을 것이다. 자신은 옳으니까 잡혀선 안 된다고 생각했기에 문제가 커졌다. 불행하게도 그것은 발각되고 안 되는 것과는 아무런 관계가 없다.

지배하고 싶은 욕구

분노는 강하게 보이거나 지배하고 싶은 욕구에서 나온다. 이것은 판단을 내릴 때 심각한 실수를 초래할 수 있다. 내가 아는 한 사업가는 그 때문에 수백만 달러의 거래를 날려버린 사연을 후회스럽게 이야기했다. 그는 한 남자를 만나 부동산을 구입하기로 하고 의논했다.

그 판매자는 하루 내로 전화를 하겠다고 약속을 했으나 일주일 동안 연락이 없었는데, 이는 대개 상대방을 초조하게 만들거나 다른 이유가 있는 것으로 여기게 했다. 그러나 구매자는 자기가 멸시당했다고 생각했다. 마침내 그 판매자가 일주일이 지난 뒤 가격을 협상하려고 그에게 전화를 했을 때, 몹시 화가 난 투로 거래를 취소해버리는 바람에 충격을 받았다. "당신은 이제 상관없어!" 그는 전화에 대고 고함을 질렀다. "나는 구매자야, 빌어먹을. 당신 재산이나 잘 지켜!"

그의 마지막 말이 전부를 이야기한다. 그는 정중한 대접을 받기 원했고 지배하고 싶었다. 한 주가 지난 뒤, 그는 가치체계 혼란을 제대로 통제하지 못한 탓에 기회를 잃어버렸다고 매우 애석해했다. 그런데 그 가치체계는 사람들에게 왜 그렇게 중요한가? 우리를 단단히 지탱해주고 보호하기 때문이다. 또한 우리가 세상을 어떻게 상대하고, 커다란 어려움에 부닥치면 어떻게 타협해나가야 하는지에 대한 지침을 제공한다. 물론 이 경우처럼 그렇지 않기도 하다. 비록 내 친구가 자신이 많은 돈을 잃게 되리라는 것을 알았다 해도, 그는 어쩔 수 없이 나쁜 결정을 내릴 수밖에 없었다.

한 심리학자가 나에게 해준 다음 이야기는 지배하고 싶은 욕구가 얼마나 사람이 감당할 수 없게 만드는지 잘 말해주고 있다.

내 환자 중 한명이 불법 회전을 하다가 여성 경찰에게 적발돼 센트럴 애비뉴에서 차를 세우게 됐다. 그는 집세가 밀려 있는 데다 다른 문제들도 있었다. 그리고 아내와 함께 있었다. 게

다가 자기에게 명령을 내리는 경찰이 여성이었다. 그는 경찰에게 소리쳤다. "내가 관할 경찰서에 전화를 하겠소. 나도 시청에서 일하고 있으니 같은 처지가 아니요! 나도 같은 건강보험을 갖고 있다오." 완전히 멍청한 발언이었다. 그 경찰관은 남자의 휴대폰을 낚아챘고 지원을 요청했다. 그는 결국 감옥에 가게 되었다.

이건 정말 바보 같은 짓이었다. 도대체 그는 왜 그랬을까? 그는 나에게 말했다. "경찰관들은 태도가 좀 그렇잖아요." 그는 고등학교 미술 교사라는 책임이 막중한 직업을 가졌다. 똑똑한 사람인데도 불구하고 그날은 완전히 이성을 잃었다. 그는 분노 표출 문제를 가지고 있었고, 그날 직장에서도 다른 문제가 있었다.

자신에게 일어난 다른 일들이 얽히면 그때 기분이 사태를 더욱 악화시키기도 한다. 남자는 전형적인 공처가였다. 경찰이 여자라는 사실은 아마도 자신의 강압적인 아내를 상기시키기에 충분했을 것이다. 그가 두 사람이 같은 고용인이고 같은 건강보험을 가지고 있다고 말한 것은 자기들은 같은 지위에 있으니 그녀가 자기에게 명령을 해서는 안 된다는 암시로 볼 수 있다. 그러나 이 상황에서 그들은 동등하지 않다. 한 쪽은 힘을 가졌고 다른 쪽은 아니다. 그가 똑똑하다는 사실은 애초에 감정과 IQ는 상관관계가 없기 때문에 아무 관련이 없었다. 이 사건의 경우 화를 잘 내는 그의 성격이 별다른 요소에 민감하게 반응해 일을 그르쳤던 것이다.

노상 격분

사람들이 제어할 수 없는 분노의 잠재력은 흔히 노상 격분에서 터져나오는 것 같다. 앤드류 버넷은 캘리포니아에서 경미한 자동차 사고를 당했고, 다른 운전자와 격렬한 말다툼을 벌이게 됐다. 그 여성은 우연히도 이름이 사라 맥버넷으로 그와 비슷했다. 버넷은 몹시 화가 나서 갑자기 그 여성의 차에 다가가 그녀의 강아지를 집어 들어 거리로 내동댕이쳤는데, 그만 다가오던 차에 치여 죽고 말았다. 그는 맥버넷이 어떤 말을 했기에 자신이 화가 났는지는 몰라도 분명히 냉정을 잃었다. 법정에서 버넷은 말했다. "내가 저지른 일에 대해 진심으로 사과합니다. 강아지를 다시 데려다 놓을 수만 있다면 뭐든지 다하고 싶습니다."

대부분의 사람들에게 분명히 해당되는 사례가 하나 있다. 어떤 사람이 도로에서 끼어들기를 한다고 하자. 당신은 그 차에 바짝 붙어 달리거나 차로 그를 칠 듯이 해서 겁을 주려고 한다. 그래서 당신은 두 개 차로를 넘나들다가 다른 차와 충돌하고 만다. 나중에 심각한 부상을 입고 병원 침대에 누워 있을 때 당신은 왜 그렇게 과격하게 반응했는지 스스로 의아해한다. 조금만 돌아볼 여유를 가졌더라면 그 차가 당신의 '공간'을 침범하고 자존심에 '모욕'을 줬다면서 보복을 한답시고 앞뒤 가리지 않고 운전하는 짓은 하지 않았을 거라고 분명히 깨달는다.

그리고 실제로 사람이 생명을 잃은 극단적인 경우도 있다. 33세인 로버트 코도시는 롱아일랜드 주민으로 이른 아침 순켄 메도 스테이트 파크웨이에서 차를 세우고 싸움을 벌이다 칼에 찔려 사망하고 말았다. 싸움을 벌이게 된 계기는 알려지지 않았는데, 아마도 권위나 명예가 손상됐다거나 모욕적인 언행이 문제였던 듯하다. 그와 다른 운전자인 케네스 오키페는 욕을 주고받으면서 각자의 차에서 내려 빗속에서 싸우기 시작했다.

뉴욕 주 경찰인 월터 히슈 총경은 그 비극을 다음과 같이 요약했다. "평범한 두 사람이 단순한 차량 관련 사고에 얽히게 됐습니다. 그러다가 한 사람이 죽는 상황으로까지 확대됐어요. 이건 분별 없는 짓이고 일어나선 안 되며, 절대로 없어야 합니다."

그러나 이 나라에서 그런 일은 너무나 자주 일어났고 또 일어난다. 케네스 오키페는 47세로 엔텐먼 제과점에서 야간 근무를 한 뒤, 집으로 돌아가고 있었다. 로버트 코도시는 서버번 엑스터미네이터즈의 기계공으로 직장에 출근하는 길이었다. 그는 3, 6, 10세인 세 아이를 남겼다. "그는 내 막내 동생입니다. 나는 아직도 믿을 수가 없어요." 디에고 코도시의 말이다.

노상 격분은 국가적 문제다. 최근의 갤럽 여론조사를 보면, 응답자의 40% 이상이 오늘날 도로에서 가장 큰 위험으로 노상 격분을 꼽고 있다. 왜 아니겠는가? 치명적인 충돌 사고 전체에서 대략 3분의 1이 노상 격분 사건으로 분류된다. 노상 격분의 원인들은 우리의 깊은 내면 감정에 자리하고 있는데, 우리가 분노와 좌절을 처리하는 하나의 방식으로 작동하기 때문이다. 우리는 튼튼한 차 안에 앉아 있으면 안전하다고 믿기에 개인의 자유가 침해당했을 때는 후려갈기고 싶도록 신경질이 난다. 그러나 그것은 착각이다. 우리가 공격한 사람들이 우리에게 해를 입히고, 또한 다른 사람들을 공격했다가 투옥될 수도 있기 때문이다.

문제는 법적 강제 이외에 해결책은 없는가 하는 것이다. 오사카대학 세이지 다카쿠 교수가 실시한 그런 부류의 운전자들에 대한 연구에 따르면, 운전자들에게 과거 자신이 난폭 운전을 저지른 일을 떠올리게 하면 도로에서 운전을 방해하는 사람들을 관대하게 용서하는 경향을 보이고 있다. 이는 똑같은 잘못으로 죄의식을 가졌던 적이 있기에 운전을 잘못한다고 다른 사람을 비난하는 일이 위선적으로 여겨지기 때문이다. 그러한 행동을 예방하는 방법으로 운전자 교육 수업에서 관련 의식을 깨우쳐야 한다.

권위 문제

잘못 생각하는 사람들은 자기의 권위가 위협당하고 있다고 느낄 때 극도로 위험해질 수 있다. 사회학자 잭 카츠는 나쁜 행동을 다룬 그의 책 〈범죄의 유혹들 Seductions of Crime〉에서 5주밖에 안된 어린 아들이 운다고 아이를 때려죽인 한 아버지의 사례를 이야기하고 있다. 그는 그 아버지가 어린아이의 울음을 아버지의 권위에 도전하는, 의도적이고 공격적인 것으로 간주했다고 쓰고 있다. 카츠는 이것을 '정당한 살인'이라고 부르면서 만약 그 아버지가 '미쳤다'면 그는 사건 전에 이미 미쳤고, 그의 행동은 뭐가 옳고 그른지에 대한 '도덕적' 사고에 바탕을 두고 있다고 주장한다.

그는 성적 학대 같은 다른 나쁜 일을 저질렀어도 살인은 하지 않았다. 갑자기 폭발하여 돌발적으로 매타작한 끝에 아이를 죽인 게 아니었다. 만약 단순히 귀찮게 하는 어린아이를 '제거'하려고 했다면, 창문 밖으로 던져버릴 수도 있었다. 비극적이게도 아이가 나쁘다고 확신했기에 그 아이를 훈련시키고, 아버지의 권위라는 명예를 지키기 위해 벌을 줘야 한다고 생각하는 그런 아버지가 저지른 끔찍한 사건이었다. 이것은 권위에 대한 인식이 극단적으로 왜곡된 사례다.

그 같은 동기는 국가 간 전쟁에서는 숫자상으로 훨씬 끔찍한 결과를 낳을 정도로 지대한 영향을 미친다. 위기에 처한 국가적 자존심이 문제가 되면 대개 그 모욕은 너무나 크게 여겨져, 파격적이고 무차별적으로 몰아세우는 것도 정당하게 만든다. 국가와 지도자들은 상대방이 고통을 느끼도록 괴롭히려 든다. 그 과정에서 그들은 더 이상 모욕당하는 일이 없도록 보장받으려 한다. 왜 그것이 그렇게 중요할까? 상처 입은 국가에게는 고통이 너무나 커서 두 번 다시 겪고 싶지 않기 때문이다.

그러므로 중동에서 헤즈볼라는 이스라엘 북부 지역에 로켓 공격을 시도하는데, 그 결과로 야기되는 수백만 명의 피난민, 수천 명의 죽음, 수십억 달러의 재산 피해 등 엄청난 파국을 빚게 된다는 사실은 아랑곳하지 않는다. 그러한 손실은 자신들 또한 입을 수도 있고 동맹 집단이 겪을 수도 있다. 어쨌든 그들의 명예가 위기에 처했다. 그리고 당연히 이것은 이스라엘 군인들을 범죄인으로 만드는 비슷한 이유이기도 하다.

이스라엘의 대응도 시민 거주 지역에 폭탄을 터뜨릴 만큼 강력하다. 나는 가자와 제닌 지구에서 '피와 눈물(Blood and Tears)'이라는 다큐멘터리 제작을 위해 팔레스타인 사람들을 인터뷰하느라 얼마간 지냈다. 사람들은 일상적인 불평을 장황하게 늘어놓았다. 이스라엘 사람들이 그 땅을 점령하고 있고 집은 부서졌다. 가장 강력한 반발은 일어난 행위에 대해서가 아니라 어떻게 행해졌는지에 대한 것이었다. 사람들이 가장 견디지 못하는 일은 검문소를 거칠 때마다 굴욕당하는 것이었다. 그들은 강제로 옷을 벗어야 하고, 소지품들이 내동댕이쳐지고, 욕을 들은 상황에 대해 생생하고 자세하게 말했다. 이스라엘 당국은 그런 행동은 지극히 예외라고 했다. 그러나 요점은 그런 일이 자주 일어나지 않았다고 해도 팔레스타인 사람들은 대부분 모욕을 당했다는 사실이다. 그것은 그들에게 스스로를 장악할 수 없어 나약하며 무력하다는 사실을 상기시킨다.

자기 것을 지키기

"사람의 가정은 그들의 성이다." 흔히들 말하지만 사실이 그렇다. 이 나라는 자기 가정과 재산을 지키려는 시민들을 관용하는 오랜 전통을 가지고 있다. 그 결과 미국인들은 자기 재산을 자신의 연장으로 보고, 그에 대한 침해를 명예의 문제로 여겨 적극적으로 대응하고 나선다. 우리가 이미 제1장에서 거론한 아프리카 미국인인 존 화이트가 자기 집 잔디밭에서 자기를 협박하는 백인 청소년들과 부딪쳤을 때, 그는 그들을 위협적인 존재일 뿐 아니라 개인 공간에 대한 자신의 감정을 건드리는 사람들로 받아들였다. 미국에서 다른 사람들이 자기 사유지에 침범했다고 총을 쏜 사람은 그가 처음이 아니다. 그의 극단적인 반응은 바보스러울 수도 있으나 자기들이 서 있는 곳이 무엇을 상징하는지 이해하지 못한 청소년들도 마찬가지였다.

때때로 사람들은 소중히 여기는 소유물을 잃어버릴지 모른다는 두려움 때문에 적극적인 행동에 나서기도 한다. 카츠는 다른 여자가 생겨 헤어지려는 연인을 살해한 여성의 이야기를 들려준다. 그녀는 자신이 그를 가질 수 없다면 다른 누구도 가질 수 없도록 하려 했다. 이런 식으로 자기가 생각하기에 가장 합당한 조치를 취했다. 그녀는 관계를 유지하고자 했으며, 그렇지 않고 다른 사람과 자신이 대체되는 상황은 견딜 수 없었다. 마침내 그들의 관계는 진정 현실적인 의미에서 얼어버렸다.

존엄에 대한 감각

명예는 특정한 사람에게서 더욱 문제가 되는데 사회적, 경제적, 성별과 입장에 따라 다르게 나타난다. 솔 와틀러는 사우스캐롤라이나 주 버트너 감옥에서 자신의 생활에 대해 흥미롭게 쓰고 있다. 그는 마르고 맛없는 햄버거를 먹으면서 봉지에 든 감자칩을 곁들여 먹으면 참 맛있겠다고 생각했다. 특히 감자칩은 밤에 자기 감방에서 먹으면 더 맛있을 것 같았다. 항상 감시하는 간수에게 들키지 않고 식당에서 가지고 나올 수 있을지가 문제였다. 그는 충동적으로 그것을 셔츠 안에 쑤셔넣었다. 그는 말한다. "나는 아무것이나 훔치려고 하지는 않았다. 그냥 감자칩이 한밤중 간식으로 최고라고 생각했을 뿐이다."

와틀러는 자기 이야기를 계속하는데 상당히 재미있다. "식당에 있는 모든 사람은 그 은색 봉지를 슬쩍하는 내 행동을 분명히 보고 있었다. 물론 간수들도." 그들 중 3명이 그에게 다가와 셔츠 아래 뭘 넣었느냐고 물었다. 와틀러는 자신의 결백을 증명하려고 그것을 꺼내놓았다. 그러자 감자칩들이 굴러 떨어졌다. 주위에 둘러섰던 죄수 무리와 간수들은 모두 실컷 웃었다. 그건 사소한 위반이었다.

그러나 와틀러는 웃지 않았다. 그의 말이다. "나는 64세인 전직 법원장이 감옥에서 감자칩 한 봉지를 훔쳤다가 들킨 사실을 놓고 웃을 수 없었다." 와틀러는 자기가 한때 누구였는지, 즉 전국적으로 알려진 판사라는 데 대한 강한 존엄성과 자존심을 가지고 있었다. 그가 그렇게 느끼는 정도는 이 삽화의 도입부분에 잘 나타나 있다. "이것은 말하기 부끄러운 이야기다. 내가 최선의 노력을 한 것이 아니라 매우 감성적으로 처리했기 때문인데, 그 과정에서 나는 스스로를 바보로 만들었다." 다른 사람들이 자기들을 어떻게 인식하는지가 그들에게 결정적인 중요성을 갖기도 한다.

부자와 권력자만이 모멸감을 갖는 것은 아니다. 사실 이것은 가난한 사람들에게 영향을 미칠 가능성이 훨씬 높다. 과격한 살인은 저소득층 사람에 의해 저질러지는 경우가 더 많은 경향이 있다. 그들은 이미 짓밟힌 처지에 놓여 있어 자신의 자존심을 상하게 하는 모욕을 어떻게 처리해야 할지 모르기 때문이다. 반대로 중산층이나 상위계층에서는 경멸을 당하면 폭력을 초래하는 경우가 더 많다.

영화 '바벨(Babel)'에서 멕시코인이 미국 국경에서 차를 정지당하고 당국의 심문을 받는다. 그는 질문을 받자 신분증을 보여주면서 공손하게 대답하고 협조한다. 경비병은 뚜렷한 이유도 없이 그에게 고함을 지르기 시작한다. 멕시코인은 댓바람에 화를 낸다. "나에게 고함치지 마." 그는 거듭해서 말하지만 아무 소용없다. 그 경비병은 더 크게 소리친다.

그 운전자는 인간으로서 자신의 존엄성이 공격받았다고 느낀 게 분명하다. 갑자기 그는 차에서 총을 쏘고 국경을 가로질러 달리면서 곳곳의 장애물과 부딪치기도 한다. 차에 탄 한 여성과 두 명의 어린아이는 그의 갑작스러운 행동에 크게 놀라고 무서워한다.

이렇게 상황이 악화되지 않을 수 있었을까? 물론이다. 그 경비병이 고함만 치지 않았다면 운전자는 그렇게 하지 않았을 것이다. 따라서 우리는 한 개인이 자신의 명예가 훼손되었다고 느낄 때, 보통 때와 달리 어리석은 일을 저지르는 것을 알 수 있다. 그 경비병의 행동은 물론 현명하지 못했는데 그 또한 판단을 잘못했기 때문이었다.

1971년에 내 친구 두 명이 이스탄불로 여행을 갔다. 그곳에서 만난 사람들이 그들을 개인 클럽으로 저녁 초대를 했다. 그 뒤 모인 사람들끼리 탁구를 몇 게임 했다. 세인트루이스 출신의 마케팅 분석가인 앤은 20세쯤 되는 터키 남자를 상대로 경기를 했다. 그녀는 탁구를 잘 쳤고 경기에도 최선을 다했다. 결과는? 그녀가 21대 18로 이겼는데, 그녀의 상대는 불만에 가득 차 땅바닥에 라켓을 내팽개쳐 버렸다. 그런 다음 그는 가까이 서 있던 다른 남자에게 돌아서서 별 이유도 없이 그를 향해 주먹을 날렸다. 깜짝 놀란 그 남자는 다른 사람을 자기에게 주먹을 날린 사람으로 착각해 주먹질을 했다. 명백하게 착각한 것이다. 그는 그 남자가 자기를 친 사람이 아니라는 사실을 깨닫지 못했다. 몇 분 되지 않아 소동은 전면전으로 번졌다. 경찰이 출동하고서야 해결될 수 있었다.

이 경우 외국인에게 졌을 뿐 아니라, 무슬림에게는 더욱 중요한 이유인 여성에게 졌다는 사실이 그 남자의 분노를 촉발시켰다는 가정이 그럴싸해 보인다. 수치를 당했다는 감정이 그의 화를 끓게 만든 가장 타당성 있는 이유였을 것이다.

다른 사람은 어떻게 생각할까

개인의 명예를 지키기 위한 행동 여부는 누구와 함께 있느냐에 좌우되기도 한다. 사람은 혼자 있을 때는 자신에게 무슨 일이 일어났는지 아무도 모르기 때문에 힘들어도 훨씬 잘 참는다. 어두운 거리에서 무슨 소리를 들으면 반대 방향으로 빨리 걷기 시작한다. 그러나 만약 누군가와 함께 있다면 망신당하지 말아야겠다는 욕구가 더 커지게 된다. 특히 공공 장소에 있다면 더욱 그렇다. 좋은 예로 당신이 나이트클럽에서 몸 전체로 튕겨져 밖으로 내팽개쳐졌다고 하자. 거리의 행인들이 당신을 어떤 범죄자인 듯이 바라보고 지나간다. 만약 가족이나 가까운 친구들까지 있다면 수치감은 더욱 심하다. 여성의 사랑을 얻으려는 남자들의 싸움은 또 다른 시발점이다.

　가끔 그러한 굴욕은 그야말로 공개적이다. 비극적인 예로 존 F. 케네디 주니어의 이야기를 들 수 있다. 임상심리학자인 스티븐 루엘 박사는 뉴욕 시에서 병원을 운영하고 있다. 열정적이고 통찰력 있게 요점만 말하는 능력으로 그는 나에게 사건에 대해 전문가로서의 의견을 말했다.

　"여기 비행기 충돌을 일으킨 한 남자가 있습니다. 그는 비행훈련시간이 충분하지 않았어요. 자기가 사용하던 기종으로 훈련을 하지 않았고 속도계도 없었어요."

　"그래요. 그것은 대단히 무모한 행동이었지요. 그는 왜 그랬을까요?" 나는 말한다.

　"글쎄요. 우선 아내를 감동시키려고 했겠지요." 루엘은 대답한다. "그리고 그는 자기가 위험을 감수할 수 있다고 생각했습니다. 그는 성공할 수도 있었어요. '나는 실패자가 아니야.' 그는 자신에게 '나는 두세 차례 변호사 시험을 더 볼 것이고 결국엔 통과할 거야. 〈뉴욕포스트〉에 실린 '늠름한 사나이의 실패'라는 기사 제목은 날 잘못 취급한 거야. 난 그렇게 살 수 없어'라고 말했을 겁니다."

"그들은 그가 코카인도 약간 했다고 주장했어요. 어쨌든 그는 '나는 이것을 해낼 거야. 나는 비행기 조종에 대해 충분히 알고 있으니까 우리는 그곳에 갈 수 있을 거야'라고 생각했겠지요. 물론 그는 그러지 못했어요. 나는 생생하게 기억합니다. 나는 내 아버지가 자주 인용하던 문구를 되풀이합니다. '죽은 사자보다는 살아 있는 강아지가 낫다.' 내 아버지는 그에 따라 살았습니다. 그런데 케네디 주니어는 분명히 그러지 못했어요. 그의 접근 방법은 '거세되기보다는 죽는 것이 낫다'였습니다."

우리는 창피를 당할 수 있다는 생각은 그런 창피를 예방하려는 행동을 하게 한다. 내가 아는 어떤 사람은 모터보트를 샀는데 유지비가 너무 많이 들었다. 게다가 그는 디자인도 나쁘다고 생각했다. 해결책은 보트를 없애는 것이었다. 그는 자기가 아는 모든 사람들에게 보트를 너무나 싸게 샀다고 말했기 때문에 도저히 팔겠다고 나설 수가 없었다. 그래서 계속 갖고 있으면서 스스로 바보 같다고 생각했다.

사회학자인 찰스 호턴 쿨리는 이런 일이 일어나는 이유를 설명하는 적절한 용어를 만들었다. 그것은 '거울 속 자신(the looking-glass self)'이라고 부른다. 우리가 아침에 거울을 볼 때 엄밀히 말하면 우리 자신을 보고 있다. 그러나 쿨리는 실제로는 우리가 아니라고 주장한다. 우리가 거울을 통해서 볼 때 실제로는 우리가 신경을 써야 하고 그날 만나야 할 사람들, 즉 다른 사람들에게 자신이 어떻게 보이는지를 바라보고 있다는 것이다.

때때로 '체면을 잃다'는 말은 창피할 때 쓰는데, 여기 그 완벽한 사례가 있다. 당신은 친구에게 조카의 여름 일자리를 알아봐달라고 부탁한다. 그다지 대단한 부탁은 아닌 것 같다. 그러나 당신 친구가 들어주지 않자 당신은 화가 난다. 당신 생각에는 그녀가 귀찮은 짓을 하지 않으려는 것으로 여겨지는데, 그녀는 단순히 일자리를 얻는 데 필요한 인맥이 없었을 뿐이다.

당신은 그것을 믿지 않고 혼자 앞서가 불쑥 친구 관계를 끝낸다. "그녀에게 본때를 보여야지." 스스로에게 말하지만 결국에는 당신이 더 크게 잃는 쪽이 될 수 있다. 우정은 여러 모로 정신적이고 실질적인 이득을 준다. 당신들은 여러 곳을 함께 다녔고 즐거운 일을 함께 나눴으며, 심지어 서로의 비밀을 털어놓기도 했다. 얄궂게도 당신이 그렇게 배신감을 느껴 불쑥 관계를 끝낸 것이다. 그 결과, 자존심 때문에 화해를 할 시도조차 못한다. 당신 친구는 자신이 아무런 나쁜 짓을 한 게 없기 때문에 그것을 받아들일 수도 없다. 그래서 그 우정은 끝나고 마는데 나중에 당신은 바보 같은 짓이었다고 느낀다. 왜냐고? 시간이 지나고 나면 그때는 중요하게 보였던 것이 대체로 의미가 퇴색되기 때문이다.

다른 사람들을 돕기

명예와 관련해서, 사람들은 때때로 당신이 평소에는 하지 않을 일을 하라고 부추길 수 있다. 내 친구 중 한 명이 우리 모두를 짜증나게 하는 상사에게 불만을 말하라고 날 몰아붙였다. 그 결과 내가 상사의 분노를 정면으로 받아내는 처지가 되고 말았다. "나는 내가 배반했다고 그가 믿게 할 수는 없어." 나는 친구에게 말했다.

"네가 어떻게 생각하는지 나도 알아." 조지는 말했다. "나도 몇 년 전에 비슷한 일을 겪었는데 결과는 훨씬 더 나빴어. 우리는 애틀랜타에 있는 아파트 단지에 살고 있었는데, 안마당 건너편에 떠들썩한 독신 남자들이 여럿 살고 있었어. 그들은 자주 늦게까지 파티를 벌여 시끄럽게 해서 다른 사람들을 방해하곤 했어. 우리들 가운데 일부는 어린아이도 있었거든. 그러나 다들 그들과 얽히려고 하지 않았지."

"너도 알다시피 내가 좀 나서는 성격이잖아. 다른 사람들도 그걸 알았어. 그래서 그들은 내가 뭔가 하도록 밀어붙였고, 결국 나는 속으로는 하고 싶지 않았지만 나서게 됐지. 사실 누가 싸움에 휘말리고 싶겠어? 자넷(그의 아내)은 그만두라고 애원했지. '상관하지 말아요. 다른 사람이 하게 돼요.' 나는 망설이다가 다른 가족들에게 가서 말했어. 그랬더니 그들은 '우리가 당신과 함께 가겠다'라고 하더군."

"그래서 나는 앞장을 섰어. 우리가 건너가기로 한 날 저녁, 그들은 모두 꽁무니를 빼더군. 분명한 이유도 대지 않았지. 그래서 나는 그 겁쟁이들과는 달리 용기를 보여야겠다고 생각했었나봐. 혼자 아파트로 건너갔어. 그들은 나를 쳐다보더군. 내가 그다지 크지는 않잖아. 그들은 그냥 웃더군. '집에 가서 애들이나 보시지. 귀찮게 하지 말고.' 그들이 말했어."

"나는 그 말을 듣고 정말로 화가 났어. '귀찮게 하지 말라고?' 나는 고함쳤어. '당신들이 우리를 귀찮게 하잖아!' 그러자 아무런 경고도 없이 그들 가운데 한 녀석이 내 오른쪽 턱을 향해 호되게 한 대 날리더군. 나는 넘어졌고 그들은 내게 달려들어 때리기 시작했어. 나는 간신히 일어나 그들에게서 도망쳐왔어. 그들 중 한 명이 내 셔츠를 거머쥐고 끌어올리더니 문을 열고선 그냥 날 밀어내버리더라고."

"나는 집에 왔어. 그다지 많이 다치진 않았지만 엉망진창이었지. 아내는 나를 보더니 울기 시작했어. '당신은 영웅이 아니라고 내가 말했잖아요. 물론 다른 사람들은 싸우라고 당신에게 얘기하겠죠. 그러나 그 대가를 치르는 사람은 당신 혼자뿐이라고요.'"

"그래서 넌 어떻게 했는데? 끝은 어떻게 됐어?" 내가 물었다.

"아, 나는 경찰서에 가려고 했지. 그러나 더 나은 쪽을 생각했어. 그 녀석들은 내가 사는 곳을 알아. 너도 '신중함이 용기보다 낫다'는 말 알지. 난 그냥 내버려뒀어. 다행히 그들은 한두 달 후에 이사를 갔어. 나는 거기서 하나 배웠지. 영웅이 되려고 하지마라."

부추김을 받고 행동에 나서는 일이 결과가 좋게 끝나기란 쉽지 않다. 물론 그들이 다른 사람들을 위해 무언가를 하려는 데는 이타적인 이유가 있다. 다소 별난 경우로 음향 엔지니어 윌리엄 배링턴-쿠프는 유명 피아니스트와 한 녹음 작업을, 역시 피아니스트지만 그다지 유명하지 않은 자신의 아내가 한 것으로 해버렸다. 그녀에게 인정받는 것이 그의 유일한 목적이었는데, 그녀가 건강이 좋지 않아 밤에 자기를 거절한다고 생각했다.

음악 비평가들은 그녀의 작품에 격찬을 했지만 결국에는 속임수가 드러나버렸다. 자신의 행동을 후회한다고 말했다. 그는 자신의 행동으로 얻은 것이 없었기에, 이는 좋아하는 사람을 기쁘게 해주려 했던 이타적인 사례였다.

앙갚음하려는 욕구

"남을 해치려 하면 자신도 함께 당하게 된다"는 충고는 다른 많은 속담들과 마찬가지로 진부하지만 진리이기도 하다. 우리는 대체로 골치 아프게 들볶일 가치가 없는 것에 대해 말할 때 그 말을 들먹인다. 다음 이야기는 그것을 가장 잘 설명해준다.

도리스 모턴은 내가 사는 곳 가까이에서 양품점을 하고 있다. 나는 어느 날 선물을 사려고 그곳에 갔다가, 그녀에게 할 일을 제대로 하지 않았던 수리공들의 이야기를 듣게 됐다. 도리스는 40대 후반으로 자신감 넘치는 태도가 거의 오만하다고까지 할 수 있었다. 내 생각에 그녀는 상당히 강하고 거친 사람이었다.

"참을 수 없군요." 그녀가 동의하리라는 것을 알기에 말을 꺼냈다.

"나도 그래요." 그녀가 대답했다. "그러나 때때로 그런 문제는 눈감고 넘어가야 해요."

"당신이 그렇게 얘기하다니 놀랍네요. 무슨 뜻이에요?" 내가 물었다.

"글쎄요. 싸우지 않겠다는 것이 아니에요. 그러나 가끔은 이기는 것이 전부가 아니라는 거죠. 이 이야기를 들으면 이해할 거예요. 2년 전쯤에 우리 집에문 문제가 생겨 배관공을 한 명 불렀어요. 비용은 대략 2천 달러였어요. 일이 끝나 그에게 비용을 지불한 뒤, 나는 낡은 세탁기에서 사소한 문제를 발견했어요. 그래서 그들에게 전화를 해 다시 와서 고쳐달라고 요청을 했지요. '그들은 지금 다른 현장에 가 있어서 시간이 나지 않아요. 대략 3주에서 4주가 지난 뒤에 갈 수 있을 거예요.' 이것이 내가 들은 답이었어요. 내가 '그렇지만 난 그들이 지금 필요해요. 내 수도꼭지가 새고 있다고요. 몇 분이면 고칠 수 있을 거예요'라고 말했더니 돌아오는 대답은 '그러면 다른 배관공을 부르세요'였어요."

"그 소리를 들었을 때 나는 화가 나기 시작했지요. '왜 내가 또 별도로 다른 사람을 사서 돈을 들여요? 당신들이 잘못한 거잖아요. 이걸 고쳐야 하는 사람은 내가 아니라 당신들이라고요.' 내가 그녀에게 폭언을 하자 그녀도 나에게 되받아치더니 전화를 끊었어요. 2분쯤 지나 그 배관공이 직접 전화를 했어요. 나는 내 이야기를 했지요."

"그러자 그는 다음과 같이 말하더군요. '부인, 이게 싫다면 변호사한테 가세요. 그리고 가는 김에 정신과 의사에게도 가고요. 당신은 나를 귀찮게 하고 있어요.'"

"나는 화가 머리끝까지 나서 그 남자를 고소하기로 마음먹었어요. 수리비는 겨우 75달러밖에 들지 않았지만 모욕감을 느꼈으니까요. 어떻게 감히 나를 그렇게 취급할 수 있나요, 아니면 그런 문제에 누구에게나 이런 식으로 행동하나요? 나는 그에게 다른 방식으로 벌을 주는 보복을 하자고 작정을 했어요. 그가 법정에 나타나야 하니까 시간이 들고 결국 질 것이라고 계산을 했지요. 어쨌든 짧게 말하면 나는 이겼고, 그는 나에게 75달러를 지불했어요. 그러나 그가 계속 연기신청을 했기 때문에 3번이나 법정에 출두해야 했어요. 모든 시간을 더해보니 내 인생에서 10시간 이상 잘려나갔어요. 내 자존심을 지키기 위해 그럴 만한 가치가 있었을까요? 생각보세요."

명예에 대한 잘못된 감각

당신이 할 수 있는 가장 잔인한 일 중 하나는 어떤 사람을 실패하게 만드는 것이다. 당신은 성공한 사업가로 아들이 뒤를 이었으면 한다. 그에게 후계자 훈련을 시키는데, 그는 능력이 없고 직원들도 그 사실을 안다. 아들에게는 경영기술이나 금융 수완이 없었다. 단순히 흥미가 없을 수도 있다. 그는 당신에게 직접 이런저런 이야기를 하지 않고 혼자 처리해 실패하고 만다. 그로 인해 사업도 그렇고 모든 사람이 고통을 겪는다.

내가 아는 사람 중에 라이오넬 브레너가 바로 그렇다. 그는 로스앤젤레스에서 자랐는데, 그곳에는 아버지 잭이 운영하던 직원 60명 정도의 중간 규모 커피배급회사가 있었다. 그의 형은 치과의사가 되기로 했기에 라이오넬이 궁극적으로 CEO로 내정됐다.

그러나 라이오넬은 이런 일에 맞지 않았다. 그는 음악이나 연극, 영화를 좋아했다. 아버지는 이런 현실을 무시하고 그를 후계자로 지목했다. 그리고 아들에게 호소했다. "브레너 집안은 3대에 걸쳐 이 사업을 해왔다. 네가 절대로 그만두면 안 돼. 할아버지가 무덤에서 편히

잠들지 못할 거야. 제발 그러지 마. 내 가슴이 미어진다." 결국 라이오 넬은 내키지 않았지만 집안에 대한 애착이 컸기에 아버지에게 져주고 회사에 남기로 한다.

그러나 그것은 치명적인 실수였다. 다른 회사들이 그들의 고객을 빼내가면서 사업은 위축되기 시작했다. 라이오넬은 가족애와 명예가 실추될 것을 걱정해 올바른 판단을 내리지 못했다. 그는 병든 아버지를 실망시키게 되자 견딜 수 없었다. 그는 파산한 남자로 죽어가면서 자신을 비난하는 아버지에 대한 악몽에 시달렸다. 결국 회사는 도산하고 말았다. 의도가 좋다고 해서 결코 험난한 현실을 바꿀 수는 없다.

사람들은 자주 말한다. "자존심 따위는 버리라"고. 그러나 자존심의 존재감은 너무나 커서 무시하기가 쉽지 않다. 특히 다른 사람들이 자신에게 의존하고 자기를 지켜보고 있다고 느낄 때 더 그렇다. 1970년대에 내가 예일대학에서 사회학을 가르치고 있었을 때, 디트로이트에서 온 젊은 흑인청년 한 명이 내 수업을 들었다. 금속테 안경을 쓴 키가 크고 호리호리한 그 학생은 수업에 상당한 어려움을 겪는 듯했다. 수업 중에 그는 나에게 설명을 다시 해줄 것을 건의했다. 그러고는 수업이 끝나고 다들 떠날 때까지 기다리고 있다가 나에게 다가오더니 요점을 한 번만 더 설명해달라고 부탁했다. 내가 다시 시간을 들여 설명했는데도 불구하고 그는 이해하지 못했다. 그는 격주로 하는 간단한 시험에도 떨어졌는데 분명히 수업을 따라올 수가 없었다.

나는 그를 연구실로 불러 따로 만났다. 나는 60년대 생으로 소수민족 학생들에게 상당한 동정심을 가지고 있었기에 그에게 잘해주고 싶었다. 당시 나는 27세로 그보다 나이가 그다지 많지는 않았지만 대학생이 어떤 노력을 해야 하는지는 알고 있었다. 차별철폐조치는 아직 도입단계였으므로 예일대학에 다니는 흑인학생은 몇 명 없었다. 그는 의자에 파묻히듯 앉더니 고개를 힘없이 떨구었다.

"문제가 무엇인가?" 내가 물었다.

"아무것도 아닙니다." 그는 확신 없는 목소리로 힘 없이 대답했다.

"프란시스, 날 봐. 자네가 수업을 따라오지 못하는 걸 알고 있네. 그건 자네도 알고 있지. 나는 자네를 돕고 싶다네. 다른 수업에서는 어떻게 하고 있나?" 그는 눈치를 살피며 나를 올려다보았다. 그의 눈에서 고통을 읽을 수 있었다.

"사실대로 말하면 끔찍해요. 내가 문제를 겪는 수업은 한둘이 아니에요, 교수님. 나는 여기에 속해 있지 않은 것 같아요. 수업에서 하는 소리가 무슨 소린지 거의 이해하지 못해요. 패배자가 된 것 같아요."

"만약 자네가 이곳에 속해 있지 않다면, 어떻게 여기에 들어올 수 있었겠나? 명백히 자네는 이곳에 소속돼 있고 잘 해나갈 수 있어." 나는 부드럽게 말했다.

"'잘한다'는 것은 상대적인 말이에요." 그는 쓸쓸하게 말했다. "나는 학교에서 졸업생 대표였어요. 그곳은 빈민지역 학교였고 수준도 상당히 낮았어요. 그 학교에서 받는 점수 A는 아마 이곳의 C 정도 수준일 거예요. 예일대학에서 학교를 찾아와 모범적인 흑인학생들을 찾았고 대학 상담원은 나를 추천했어요. 그는 내 SAT 성적이 그리 좋은 편은 아니지만 내가 아주 열심히 공부하는 학생이니까 잘 할 수 있을 거라고 했어요. 그땐 실력 있는 소수민족 학생들을 찾기가 어려워서 나를 받아들인 거예요."

"사실은 여기 오는 게 무서웠어요. 자신도 없었고요. 나는 가난한 집안에서 태어나 수준 낮은 이웃들 속에서 자랐고, 내 친구들 대부분은 대학에 갈 수도 없어요. 내가 자란 곳에선 고등학교만 졸업해도 대단한 거예요."

그때 나는 박사 논문과 블랙 팬더스(the Black Panther, 흑인지위 향상의 과격단체)의 지부에 관한 첫 번째 책을 끝마친 지 얼마 되지 않았기 때문에 그가 말하는 진실을 알았다. "만약 네가 여기 오기를 그토록 두려워했는데도 결국 오게 만든 것은 무엇일까?"

"나에게는 선택 여지가 없었어요. 절대로 그럴 수가 없었어요!" 그는 화가 나서 소리쳤다. 그리고 눈물을 글썽이더니 갈라진 목소리로 말했다. "나를 위해 고등학교에서 파티를 열었어요. 어머니가 왔고 친척들은 물론, 심지어 교회 목사님까지 오셨어요. 나는 지역의 유명인이 되었어요. 그들은 내게 '프란시스는 천재야'라고 말했어요."

나는 그의 머리 뒤쪽 벽의 한 곳을 응시했다. 뭐라고 말해야 할지 생각이 나지 않았다. 그에게 더 열심히 공부하라고 해야 하나? 상담을 받아보라고 해야 하나? 생각보다 문제는 심각했다. 마음속으로 그는 대대적인 도움을 받지 않으면 해낼 수 없다고 인정했다. 내가 그렇게 생각하고 있을 때 그는 말을 계속했다.

"이젠 돌아갈 수 없어요. 나는 너무 부끄러워요. 어떻게 내가 실패했다는 것을 받아들이고 사람들을 대할 수 있겠어요? 그러나 이곳에 머물 수도 없어요. 아마 이곳이 싫으니 다른 학교로 옮겨야겠다고 말하겠지요. 어떻게 해야 할지 모르겠어요. 가끔은 그냥 내 자신이 스스로를 죽이고 있는 것 같이 느껴져요. 그렇지만 걱정은 마세요. 그냥 하는 말이에요. 아직도 많이 힘들어요. 나는 내 자신을 여기에 몰아넣지 말았어야 했어요. 상황을 바로잡아야 한다고 생각해요."

얼마간 그는 그랬다. 기대와 희망도 높았다. 그는 자기 가족과 학교, 그리고 지역사회의 꿈들에 관해 이야기하러 왔다. 자신에게 그것을 이룰 능력이 있는지 확신하지는 못했지만 어떻게 그들의 희망을 내던지겠는가? 예일도 마찬가지였다. 대부분의 백인아이들에게도 예일은 들어가기 힘든 곳이었다.

학교 측은 다른 엘리트 대학들처럼 소수민족 학생들을 받아들이려고 필사적이었다. 정부의 정책이었다. 그들은 그의 통합 SAT 점수가 1170점에 그치는데도 그가 여전히 공부를 할 수 있다고 확신하면서 현실과 다소 동떨어지기는 해도 잘 되리라는 희망적 관측에 빠져 있었다.

결과적으로 그런 학생들이 겪는 수치와 모욕감, 실패감 등을 고려할 때 그들에게 피해를 주는 것이다. 활력과 배경이 같을 수는 없다고 하더라도, 이것은 부모가 대학에 기부금을 냈기 때문에 그 부잣집 학생을 받아들이는 방식과 전혀 다를 게 없다. 그 학생은 대학에 간다, 성적이 좋지 않다, 하루 종일 대마초를 피운다, 그리고 고속도로에서 사고가 나고, 심각한 부상을 입는다. 그러나 그는 떠날 때 적어도 그 모든 문제를 완화시키는 영향력과 돈의 안전망을 가지고 있다.

이런 운명 탓에 고통을 겪는 유일한 소수민족 학생은 프란시스 뿐만이 아니었다. 마찬가지로 모든 소수민족 학생들이 그렇게 끝나지도 않았다. 또 다른 흑인학생인 테드 워싱턴은 같은 세미나에 참석했다. 공교롭게도 그도 역시 보스턴의 도체스터 구역에 있는 빈민지역 학교 출신이었다. 그러나 그는 훨씬 준비된 학생이었다. 그는 수업 성적이 좋았다. 아버지는 작가였고, 어릴 때부터 읽기의 중요성을 가르쳐 아들이 책에 흠뻑 빠지게 했다. 나는 결코 테드를 잊을 수 없다. 그는 진지하고 사슴을 닮은 눈과 지속적인 호기심을 풍기는 젊고 통통한 청년으로 공격적이진 않으나 수업 시간에 끈질기게 질문을 퍼부어 나를 힘들게 했다. 그는 순식간에 여러 주장에서 모순을 찾아냈다. 세미나에서 제출한 총 70쪽에 이르는 과제물도 아주 훌륭했다. 나는 후배들을 위해 지금도 그것을 보관하고 있다. 그것은 나에게 조급하고 상투적인 판단을 하지 않는 것이 얼마나 중요한지 일깨워준다.

나는 프란시스와 낙담스런 만남을 가진 뒤 행정관에게 이야기했다. 그녀는 조사해보겠다고 약속했다. 세미나가 거의 끝날 때였으므로 프란시스를 두 번밖에 더 볼 수 없었다. 그는 다음해에 돌아오지 않았고, 나는 그에게 무슨 일이 일어났는지 전혀 알지 못한다. 그가 자신의 지치고 초라한 자아를 되찾는 방법을 발견했고, 새로운 진로를 향해 나아가고 있기를 바란다. 이것은 자신의 불행이 다른 사람 때문이라고 탓하는 것을 비난할 수 없는 상황에 속하는 사례다. 거기에는 확실히 돌아봐야 할 충분한 이유가 있다.

거짓말

끝으로 명예와 거짓말이 어떻게 연관되는지 살펴보자. 확실히 우리들은 자신의 명예를 지키기 위해 가끔식 거짓말을 한다. 그 때문에 우리는 문제에 봉착하게 된다. 파티에서 모든 사람이 많은 책을 읽었다고 말하지만, 사실은 읽은 적이 없다. 그러면 어떤 사람이 말한다. "당신은 그에 대해 어떻게 생각해요?" 그 질문에 당신은 어떻게든 대답하려고 애쓴다. 누가 이 거짓말을 듣는다면 어떨까? 설마 자기들에게 해가 되는 쪽으로 대답을 할까? 그럴 수 있는 것으로 나타난다.

리스-레벤슨 박사의 전문 분야 중 하나는 가족치료법으로, 주로 이혼과 결혼, 아이들과의 관계 등을 다룬다. 그녀는 가장 숙련된 입장에서 전문 지식과 상식을 결합시켜볼 때 명백한 관련성은 없다고 본다. 그녀는 자신의 견해를 확신하고 외관상 설명할 수 없는 행동에 대해 창의적으로 해석해 해답을 찾아낸다. 나는 그녀에게 거짓말을 하는 것과 당하는 상대방에게 그것이 어떤 작용을 하는지 물었다. "여러 가지 영향을 끼쳐요. 심지어 배우자에게 거짓말을 하는 경우를 포함해서 학력을 속이는 사람이 많이 있어요. 그들은 BA를 다 마치지 못했다는 사실을 감추기도 해요. 데이트하는 사람이 대학을 졸업했는데, 비슷한 수준의 학력을 가지고 있지 않다면 상대가 자기에게 관심이 없을 것이라고 생각해요."

"문제가 심각해지면 그들은 실제로는 학위가 없다고 고백을 해요. 그 다음 그게 문제가 되는데, 대부분 학력이 짧아서가 아니라 거짓말한 것 때문이죠. 그리고 거짓말을 당한 사람은 관계를 끝내겠다고 생각해요."

"당신은 항상 진실만 말하나요." 나는 물었다.

"진실을 말하는 것이 대체로 좋은 방안이죠. 그러나 시기에 주의해야 해요. 당신은 첫 만남에서 자신의 모든 것을 털어놓으려 하지는 않을 거예요. 어떤 사람이 특별한 치료로 고통스러워한다고 합시다. 그들이 데이트할 때 알려야 하지만 다시 생각하면 반드시 관계가 바로 시작하는 그 시점은 아니라는 거죠. 사람들은 흔히 얘기하기를 '진실을 말해야 모든 게 잘 풀린다'고 해요. 그러나 항상 '잘 해결되는' 것은 아니에요. 또 다른 방식으로 보는 게 관계가 지속되는, '잘 해결되는' 것을 뜻하진 않아요."

어떤 사람이 거짓말에 속아 넘어가게 되면, 그들은 종종 상대방이 자신에게 진실을 털어놓지 않는다고 느낀다. 또한 그런 사실은 어떤 의미에서 보면 그 상대방의 인물 됨됨이가 그의 말과는 영 딴판이라는 것을 뜻하기도 한다. 만약 이것이 우리가 말하는 '선의의 거짓말'이라면 보통은 문제가 안 된다. 그러나 보다 큰 문제를 놓고 거짓말하는 일도 있다. 특별한 관계란 사람들이 자신이 누구이며 어떤 결점을 가졌는지 드러나도 두렵지 않을 만큼 경계 태세를 늦추는 것이다. 그러려면 그만한 용기가 필요하다.

그러나 거짓말을 당한 사람들은 이를 매우 심각하게 받아들인다. 다른 사람들은 여러 모로 좋은 사람일 수 있다. 잊지 말자. 그들은 지금은 진실을 말하지 않고 기다리고 있다고 인정한다. 그러나 어떤 사람들은 자신들이 당했을 때, 정직하지 않았던 사람을 용서할 수 없다.

그들은 '원칙 문제'로 생각하고 반드시 관계를 깨버리고 만다. 나중에 돌이켜보고는 왜 그랬는지 궁금해한다. 그러나 그때는 너무 늦었다.

| 손쉬운 해결책 |

메릴리 존스는 그다지 알려진 이름은 아니다. 그러나 "그녀는 경력을 조작한 MIT 입학 담당관이다"라고 말하면, 많은 사람들은 "아, 그래 기억이 나" 하고 반응을 보일 것이다. 나는 그 사건이 터졌을 때, 어느 파티에 있었는데 사람들이 그녀에 대해 이야기했다. 나는 특이한 농담 하나를 기억하고 있다. "글쎄, 이건 그냥 증명이 되잖아. 그런 일을 하는 데 무슨 학위가 필요해. 그녀는 무척 오래 있지 않았어?"

그 말은 어느 정도 일리가 있다. 그러나 결국에는 자격증을 믿는 사회다. 그렇기에 우리는 대학을, 의과대학을, 그리고 졸업생들에게 어떤 자격증을 주는 일련의 학습 과정을 첫째로 이력서에 적는다. 다른 것이 없을 경우, 대학 학위는 직업과 지성을 완성하기까지 필요한 단계의 시작을 뜻한다.

사람들은 일상적으로 '선의의 거짓말'이라 부르는 것으로 감싼다. 이야기를 윤색하고 중요한 내용을 빼고 주어진 화제에 대해 어떤 내용은 밝히지 않는다. 대체로 그렇게 하는 것이 손쉽게 보이고 또 사실이 그렇다. 그러나 때로는 존스의 경우처럼 쉽게 보이는 것이 결국 성가신 일이 된다. 시치미를 뗀 그 다음부터는 문제가 복잡해진다. 당신의 과거에서 다시 나타난 한 사람이나 두 사람이 아내나 남편에게 사실과 다르게 얘기했을 때 당신에게 뛰어든다. 당하고 나면 당신은 왜 거짓말을 했고, 고치지 못했는지 궁금해할 것이다. 진실을 말하지 못하게 하는 관련 환경을 고려할 때 여러 감정과 유혹들이 떠오른다.

1. 고백은 대가가 크다

2. 명성과 행운

3. 기회가 날아갔을 때

4. 필요성의 인식

5. 거의 사실이다

6. 두려움

7. 거짓말은 습관성이다

8. 압박

9. 불확실성을 견디지 못함

10. 자백과 현실적 문제들

11. 지나친 낙관주의

고백의 대가

메릴리 존스는 거의 30년 동안 MIT 입학부서에서 일했다. 그녀는 MIT에서 학장에게 보고한 이름 모를 한 개인에 의해 '퇴출'되기 전까지 입학처장의 1순위 후보였다. 유니온대학의 렌설라에 폴리테크닉 연구소와 올바니의과대학에서 학위를 받았다고 거짓말했지만 그녀의 실체는 결국 드러나고 말았다.

이력서에 거짓 학위를 써내는 사람은 많지만 그처럼 권위 있는 학교의 학위를, 게다가 그렇게 오랫동안 유지한 사람은 거의 없다. 2007년 4월 28일에 보도된 그녀의 사임 성명은 마땅히 후회를 담고 있었다.

"나는 28년 전 MIT에 처음 지원했을 때, 학위를 허위로 기재했습니다. 그리고 현 직책에 지원했을 때는 이력서를 고칠 용기가 없었습니다. 나는 이 같은 사실과 MIT 전 구성원들, 나를 지지해준 사람은 물론 나를 믿고 특별한 기회를 준 모든 사람을 실망시킨 데 대해 깊이 사죄합니다."

정말로 그녀는 자신의 자격을 '잘못 적은 것'이었다. 1997년, 그녀가 MIT 입학 담당관 자리에 지원했을 때 거짓말을 인정했었다면 그녀는 결코 그 자리를 얻지 못했을 것이다. 그녀는 올바니에 있는 작은 가톨릭 연구소인 세인트 로즈대학에서 학위를 받았던 것 같다. 그러을 기록하지 않았고, 그 대학에 대해 어떤 내용도 밝히지 않았다. 그녀의 가장 큰 잘못은 다른 대학, 아무도 거짓이라고 여길 수 없는 훨씬 유명한 대학의 학위를 기록한 것이다.

보통 우리는 어린 시절에 그런 조짐을 찾을 수 있다. 어릴 때와 어른이 된 뒤에 그녀를 잘 아는 사람들과의 인터뷰나 전직 동료들과 학생들, 그 밖의 사람들의 관찰에서 드러나기도 하고 아닐 수도 있다. 그러나 이 경우에는 이상하고 아주 독특한 점이 있어 깊이 생각해야만 한다. 대학 입학부서에서 오랫동안 인정받아온 메릴리 존스는 〈스트레스는 적게, 성공은 크게: 자녀의 대학 합격과 그 이상의 성공을 이끄는 새로운 접근법*Less Stress, More Success:A New Approach to Guiding Your Teen Through College Admissions and Beyond*〉이라는 책을 공동으로 펴냈다. 소아과 의사 케네스 긴스버그와 함께 쓴 이 책은 2006년에 나왔는데, 스캔들이 터지기 1년 전이었다.

이것은 거짓말의 망으로 직장 생활이 엮어졌고, 그 거짓말이 발각되리라고 전혀 생각도 하지 않을 때 자신의 말을 직접 하나씩 평가하는 사람을 보는 드문 경우이다. 그녀의 책에 자신이 거짓말을 했고 그것을 어떻게 느끼는지에 대한 어떤 암시라도 있는가? 또 그녀는 미국의 젊은이들에게 어떤 조언을 했나? 나는 처음부터 끝까지 읽고 재미있는 내용을 많이 찾았다.

예를 들면 존스는 정직에 대해 어떻게 말했을까? 자신은 매일을 거짓되게 살고 있는데도 선의 귀감이 되도록 독자들에게 권하면서 어떻게 느꼈을까? 존스는 학생들에게 솔직하라고 촉구했다. "진실을 말하는 것은 건강한 어른이 하는 것이고…우리는 진실로 학생들에게 거짓말하고, 부정행위를 하고, 인생에서 성공하기 위해 도둑질을 하라고 가르치려 하는가? 당신의 아이들이 항상 당신을 지켜본다는 것을 기억하라."

정말 맞는 말이다. 그러나 존스는 누가 지켜봤던가? 도대체 그녀는 왜 자신이 가장 취약한 바로 그 쟁점을 강조했을까? 자신의 행동에 대해 느끼는 죄의식을 다루는 그녀만의 방식인가? 그렇게 오랫동안 거짓말을 한 뒤에 자백하는 것은 그녀가 수십 년 동안 숨겨왔다는 사실이 너무 힘들어 더 이상 할 수 없다고 인정하는 것을 의미했다.

다른 사람에게 정직하라고 말한 것은 자기처럼 이중생활을 하는 사람들에게 그들이 직면하고 있는 갈등과 심각함을 알리는 숨겨놓은 경고였으리라. 그렇다고 해도 그녀는 책의 저자 소개란에 자신의 이력에 대해 버젓이 거짓말을 해서는 안 됐다. 존스는 실제로 자신은 두 사람이라고 '엄격하게 구분'했고, 스스로 확신했을 가능성도 있다. 한 사람은 MIT에서의 높은 지위가 증명하듯이 학위를 가지고 있고, 또 한 사람은 그렇지 않고 그 진실을 알고 있는 사람이었다.

사람들은 그녀의 조작이 존스 자신을 끊임없이 불안하게 만들고, 심지어 비탄에 빠지게 했으리라고 추측할 수 있다. 그녀의 책에 나오는 다음의 인용문을 보자. "만약 당신이 정직하게 살지 않는다면, 항상 발각되지 않을까 하는 두려움 때문에 일상에서 고통을 겪게 될 것이다." 그녀는 현실을 얼마나 잘 알고 있는가? 그러나 그녀는 자기의 경력에서 가장 중요한 자리에 올라간 뒤에 진실을 말함으로써 그 모든 것을 잃게 되는 사태를 견딜 수 없었다. 그녀에게는 너무 늦었고 그녀가 할 수 있는 일은 다른 사람들에게 자기와 같은 길을 따르지 말라고 경고하는 것뿐이었다.

존스는 심판의 날이 다가오리라는 예감이나 믿음을 가졌을까? 누가 알겠는가? 그러나 다음과 같은 그녀의 관찰은 적어도 선견지명이 있다고 하겠다. "진실을 말하는 것은 때로 현실에 안주하거나 절차를 무시하려는 유혹이 있기 때문에 무척 어렵다. 그러나 인생은 당신이 한 대로 되돌려주는 재미있는 방식을 가지고 있음을 뜻하는 '뿌린 대로 거둔다'는 말을 기억하라."

끝으로 MIT나 다른 일류 대학들에 진학하기 위해 애쓰는 학생들에게 길게 담론을 펼치고 있는 존스의 말에서 순수한 후회의 기미를 찾을 수 있다. "그 상은 그럴 만한 가치를 가지고 있는가?" 그녀는 묻는다. "심지어 당신이 누구인지를 부정해야 한다." 오늘날 그녀는 그렇지 않다는 데 동의하리라고 나는 확신한다.

2년이 조금 지난 뒤 존스는 준비된 교육 상담자로 다시 등장했다. 비록 수수료는 낮아졌지만 부모들과 입학 관리들에게 조언을 해주고 있다. 그녀가 관련 지식이 많고 가치 있는 인맥을 가지고 있는 데는 의심의 여지가 없다. 그러나 사람들이 부정직한 사람의 손에 자녀들을 맡길 때 자신들이 필요로 하는 신뢰는 어떻게 되나? 존스가 재등장한 사실은 미국에서 불미스런 사건들이 끝나지 않았음을 다시 한 번 증명하고 있다. 사과하고, 기다린다. 그리고 용서하고, 잊어주고, 자신의 과거를 무시해달라고 대중에게 기댄다. 또한 의도적으로 피한다. 〈뉴욕타임스〉와 2009년 12월 가진 인터뷰에서 존스는 간단하게 "나는 다 잊었어요"라고 선언하면서 MIT 사건에 대해 언급하기를 거부했다.

잘못을 인정하는 데 드는 높은 비용을 과소평가 할 수는 없다. 사우스캐롤라이나 주지사 마크 샌포드에게는 자신의 행위를 인정하는 것은 모든 경력이 끝남을 뜻했다. 더 이상 주지사 사택도, 주지사에 대한 찬사도 없었다. 그 대신 그는 자기 인생에서 종교의 중요성을 호소하고 가정적인 남자의 모델로 보이면서 지내는 동안에도 딴짓을 했던 위선자로 여겨질 뿐이었다. 모든 것은 연기 속에 사라졌고, 또 그렇게 보인다. 이 같은 결과를 보면, 그가 사실은 정부(情婦)와 아르헨티나에서 한가롭게 놀면서 보좌관에게는 애팔래치아 트레일로 등산을 간다고 말할 수밖에 없었던 것이 당연하다. 그러나 으레 그렇듯이 거짓말, 즉 손쉬운 해결책은 대개 그렇게 되지 않는다. 고위직의 누구라도 그에 따르는 위험에서 벗어날 수 없다. 콜로라도의 게리 하트도, 노스캐롤라이나의 존 에드워즈도, 네바다의 존 엔자인도 아니다.

명성과 행운

그녀의 책이 성공한 데 대한 질투심 때문에 진실이 밝혀졌다는 소문이 있다. 그녀는 직급이 올라감에 따라 위험도 커진다는 사실을 깨달았어야 했다. 그러나 많은 사람들에게 명성과 행운을 가질 수 있다는 가능성은 저항하기에는 너무도 매력적이다. 〈백만 개의 조각들*A Million Little Pieces*〉이란 책을 쓴 제임스 프레이는 마약 중독에서 깨달은 사실을 썼다. 그 책은 상당히 잘 팔리는 베스트셀러였으나 내용의 많은 부분을 꾸며냈고 과장했다는 사실이 드러났다.

그의 책은 오프라 윈프리의 북클럽에도 선정되면서 발각될 가능성이 더 높아졌다. 그러나 누가 산더미같이 많은 책 중에 자신의 책이 베스트셀러가 될 가능성을 마다하겠는가? 명성이라는 아편은 사람들을 자기파멸로 이끄는 중요한 원인이다. 프레이는 존스처럼 공개적으로 자기주장을 취소하고 사과해야 했으며, 오프라쇼도 마찬가지였다. 자신의 더럽혀진 명성에도 불구하고, 그는 자기가 여전히 500만 부에 달하는 엄청난 책을 팔았다는 사실에 위로를 받을 것이다. 예외적인 조치로 랜덤하우스는 거짓말이 폭로되기에 앞서 그 책을 산 사람들에게 배상을 실시했다. 그러나 그에 응한 사람은 몇 명 되지 않았다.

정치인들은 자기들의 필요나 욕망에 맞춰 사실을 조작하는 데 망설이지 않는다. 2005년 뉴욕 시 시장 선거에서 민주당 후보 페르난도 프레디 페러는 자신의 웹사이트에 다음과 같은 선언문을 실었다. "나는 사우스 브롱크스에서 태어났고 대부분의 교육을 공립학교에서 받았다. 나에게 영감을 줬던 선생님들과 알찬 방과후학교 프로그램이 없었더라면 나는 어떻게 됐을지 모르겠다." 그것이 사실이었다면 좋은 결과로 끝이 났을 것이다. 그러나 그의 라이벌인 마이클 블룸버그의 간단한 조사로 페러가 뉴욕 시에서 받은 12년 교육의 모든 기간 동안 가톨릭 학교에 다닌 것이 '발각됐다.'

공립학교 지지자들은 '지역학교에 대한 자기혐오'를 나타낸 것이라며 격노했다. 그러나 그렇지는 않았던 것 같다. 도심에는 다른 어떤 학교보다 공립학교 졸업생들이 훨씬 많았고, 페러는 투표권을 어떻게 계산하는지 알고 있다. 아직도 그와 그 거짓된 정보를 올리기로 결정한 선거 참모의 상식에는 다소 의문을 갖게 된다. 그는 정말로 자신의 거짓말이 들통나지 않으리라 믿었을까? 한 달 전에 있었던 토론에서 페러는 자기 딸이 실제로는 자신의 모교인 카디널 스펠먼 고등학교를 나왔는데도 공립학교 졸업생이라고 말했을 때, 거짓말에 대한 암시를 보였다. 페러의 대변인은 다소 자신없어하며 설명했다. 페러는 "몇 가지 아이디어를 모았어요. 그런데 어떤 사람이 편집을 다소 엉성하게 했어요." 이런 중대한 실수가 얼마나 오래 당신의 웹사이트에 있을 수 있는지 스스로에게 물어보면 어떨까? 그것을 바로 잡는데 3주일이나 걸렸고, 그것도 라이벌이 대단히 기뻐하며 진실을 공개했을 때에야 고쳐졌다니 아주 재미있다.

기회가 날아갔을 때

때론 미친 짓이나 도둑질을 하려면 당신에게 그럴 기회가 있어야 한다. 그 기회가 자신이 더 잘 살게 되고, 유명해지고, 인기 있고 출세하는 것으로 보이는 반면, 당신을 잘못된 길로 끌어내리는 원인이 되기도 한다. 현금 수송트럭이 한밤중 인적 없는 거리에서 충돌했을 때 당신이 거기 있었다고 하자. 거리 곳곳에는 현금이 사방으로 날려다닌다. 당신은 도둑은 아니다. 그러나 성인(聖人)도 아니다. 그래서 일부를 가졌고 아무도 본 사람이 없기를 바란다.

두 달이 지나 당신이 그 돈을 쓰려고 하니, 지폐에 찍힌 일련번호로 인해 법적으로 문제가 생겼다. 당신에게 그럴 기회가 없었다면 당신은 결코 돈을 훔치는 일은 하지 않았을 것이다.

한 학생이 빠뜨린 과제를 다운받기 위해 선생님의 노트북을 빌렸다. 그녀는 파일을 검색하다가 우연히 선생님이 잊어버리고 지우지 않은 학기말 시험문제를 발견한다. '부정행위'라는 생각이 떠오르기도 전에 그녀는 그것을 복사한다. 불행하게도 아니 어쩌면 다행히도, 그녀는 그 파일을 너무 많이 돌려 여러 학우들이 관련됨으로써 결국 교장이 알게 되고, 그녀는 쫓겨난다.

오늘날 부정행위는 기술적으로 진화하고 있다(그에 따른 대책도). 레이저 프린트로는 커닝페이퍼를 쉽게 찾아낼 수 없을 정도로 작게 만들 수 있고, 문자메시지로는 최소한의 소리도 없이 해답을 전달할 수 있다. 요컨대 오늘날에는 부정행위를 저지를 수 있는 고도로 세련된 방법들이 너무 많다.

필요성의 인식

때때로 필요하다고 생각만 하면 기회는 언제든지 가질 수 있다. 한 기자가 닷새 안에 세 가지 기사를 써야 한다. 그녀는 피곤에 지쳤지만 마감시간이 있다. 그녀는 그 기사를 제대로 쓸 수는 있으나 그러려면 오랜 시간과 공이 든다. 그래서 인터넷에서 다섯 줄을 베꼈고, 표절여부를 밝혀주는 프로그램에 걸린다. 왜 그랬느냐고 묻자 그녀는 대답한다. "따져보니 다섯 줄밖에 안 돼서요."

영화 '챔프의 부활(Resurrecting the Champ)'에서 조시 하트넷이 맡은 기자 역할은 사무엘 잭슨이 연기하는 빈털터리가 된 전직 복서에 대한 이야기를 쓰는데 그것은 거짓으로 판명난다. 동료들이 자백하라고 몰아부치자 그는 첫 반응으로 처음 말을 꺼낸 사람에게 대답한다. "내가 왜 그랬느냐고? 누가 알겠어?" 그러고는 다소 근거 없이 덧붙였다. "언론계에서는 항상 있는 일이잖아." 이 이야기로 볼 때 그는 회사에서 출세라는 목표를 이루려면 이런 일을 반드시 해야 한다고 생각한 것이 분명하다. 결국 그는 많은 사람들에게 알려지면서 자기 잘못을 인정할 수밖에 없다. 그러나 그의 초기 행동은 사람들이 대체로 잘못을 인정하려들지 않고, 그렇게 하는 편이 훨씬 쉬운 길이라는 사실도 받아들이지 않는다고 알려준다. 톰 울프의 '허영의 불꽃(The Bonfire of the Vanities)'에도 같은 상황의 이야기가 잘 나타나 있다. 그 영화에서는 알코올 중독인 영국인 기자 피터 팰로가 뉴욕 시 타블로이드판 신문에서 자리를 지키려고 온갖 종류의 기사를 날조하고 있다.

어떤 경우에는 걱정할 필요가 없는 것도 사실이다. 당신은 소득세 신고에서 합당한 금액만 지킨다면 위법행위로 체크되지 않는다. 경찰은 노란불에서 빨간불로 바뀔 때 건너는 사람들을 전부 다 잡을 수 없다. 또 살림살이나 자동차 수리비를 부풀렸다고 발각되는 사람들도 없다. 그러나 세상은 그런 사소한 범죄에도 다른 방식으로 배상을 하게끔 짜여져 돌아간다. 교통위반 딱지에 벌금을 부과하거나 보험료를 높이는 방법이다. 그래서 결국 이런 짓을 하는 것이 똑똑한가?

어쨌든 발각되고 말테니 그냥 옳게 하자고 마음먹는다.

　대부분의 사람들은 이런 경우에 위법을 저지르는 행위를 합리화한다. 습관적으로 지각한다는 비아냥거림을 듣지 않으려고 신호등을 위반하고 통과해버린다. '진짜로 돈이 필요하기 때문에' 집에 입은 피해를 과장되게 말한다. 세금 비리도 마찬가지다. 그러다 발각되면 후회하며 자신에게 묻는다. "기회가 있다고 잡았던 것이 정말 그럴 만한 가치가 있었나?" 저 잘 나가는 도요타는 틀림없이 수리비를 넘어설 만큼 회사의 명성이 손상될 수 있고, 그 결과 수십억 달러에 이르는 손실에 대한 두려움 때문에 자사 자동차의 심각한 결함을 최소화해야 한다고 인식했다. 어쨌든 끝내는 자백하고 말았다. 그들은 아직도 그 사실을 숨겼어야 했다고 생각할까? 그럴 만한 가치가 있었을까?

거의 다 했는가

　'거의'라는 단어에 의미가 실린다. '나는 그를 거의 죽일 뻔했어.' '그녀는 그것을 거의 다 만들었다.' '그들은 거의 챔피언을 거머쥐었다.' '거의 비슷하지만 정답은 아니야.' 하지만 사람들은 성공을 원한다. 사실 너무나 간절한 나머지 실제로 성공했다고 스스로 믿어버리는 경우가 많다. 이는 당신이 골인 지점에 가까이 갔을 때 특히 그렇다. 당신은 말한다. "만일 내가 그 골을 넣으면 이번 시즌에 최다득점의 학교 기록과 같아질 텐데." 그렇지만 당신은 못했고 당신도 그것을 안다. 안 그런가?

이베트 클라크는 2006년 뉴욕 브루클린에서 의원으로 입후보했다. 그 과정에서 그녀는 오벌린대학을 졸업했다고 주장했는데, 두 과목이 부족해 BA는 따지 못했다. 클라크는 뒤늦게 자신의 실수를 알았다고 말했으나 의원 후보자는 그처럼 큰 실수를 해선 안 된다. 언론에 보낸 성명서에서 클라크는 말했다.

나는 20년 전의 학업 성적을 검색하기 위해 오벌린대학과 메드가 에버스대학에 하루 종일 접촉을 시도했습니다. 내 기억으로 분명히 학사학위 조건을 충족시켰다고 확신했습니다. 이제 기억과는 다르게 내가 그 학위를 얻으려면 아직 두 과목이 부족하다는 사실을 알았습니다.

당신이 '거의' 그 자격증을 가졌을 때 그것은 선을 넘게 하는 매우 강렬한 유혹이다. 클라크는 무심결에 사소한 거짓말을 했을 수 있다. 그녀가 여러 해 전 처음으로 자신의 배경을 이야기하기 시작했을 때 사실이 아님을 알았을 것이다. 그러나 자신의 학력을 거듭 말하면서, 그녀는 너무 쉽게 믿어버렸다. 심리학자들은 이에 대한 설명을 '인지적 부조화 이론'으로 부른다. 당신의 세계에서 상황이 뒤죽박죽이 되면 당신은 마음속에서 간단하게 재배치해버린다. 알고했든 아니든, 여성의원으로서 클라크는 선거에서 이겼다. 그녀는 심각한 대가를 치르지는 않았지만 공개적으로 창피를 당하는 고통을 겪었다. 애초에 진실을 말했더라면 그런 일은 절대 없었다. 정말로 학위를 얻기까지 두 과목을 채우는 것이 그녀에게 얼마나 쉬운 일인지 생각해보라. 자신이 저지른 짓을 고백하는 것과는 비교가 안 된다.

두려움

유명한 변호사인 로렌스 펠드는 세법이 전문이다. 나는 사람들이 왜 세금을 내는 데 그렇게 태만한지 항상 궁금했다. 여기저기서 조금씩 아끼는 것은 이해한다. 그러나 어떤 것은 지불하지 않으면 분명히 발각돼 심각한 처벌을 받는 것이 확실한데도 왜 사람들은 그렇게 할까? 펠드는 그런 개인들을 고발하기도 하고 변호하기도 한다. 개업을 하기 전에 그는 뉴욕의 미국 연방 지방 검찰청 남부 지부에서 범죄국 항소법원의 부원장으로 근무했다. 또한 그 분야에서 지침서가 된 〈세금 사기와 탈세Tax Fraud and Evasion〉의 공동저자이기도 하다. 나는 로렌스에게 사람들이 세금 신고서를 제대로 제출하지 않는 주된 이유가 무엇인지 물었다. 그는 대답했다.

"기본적으로 세 가지 유형이 있습니다. 의식적으로 세금을 탈세하려고 계획을 짜는 형이 있습니다. 다음으로 웨슬리 스나입스처럼 정부에게 세금을 거둘 합법적인 권리가 없다고 믿기 때문에 신고서를 제출하지 않았다고 주장하는 사람들입니다. 그리고 단순히 신고서 자체를 내지 않는 사람들이 있습니다. 마지막 범주가 가장 많은데 직업을 잃었거나 빚을 졌고, 이혼했거나 그냥 돈이 없는 사람들입니다.

이런 문제들은 즉각적으로 지불하거나 해결해야 합니다. 미국 국세청에서는 아무도 묻지 않으면 괜찮다고 생각하고 아무일도 하지 않습니다. 그리고 사람들은 능력 있을 때 갚으면 된다고 합리화해요. 여러 해가 지난 뒤 그들은 그동안 어떻게 설명해야 할지 모를 정도로 엄청나게 쌓인 벌금에 화들짝 놀라지요. 그때야 국세청은 그들을 잡으러 가고 그들은 어려운 처지에 놓입니다. 마지막에 그들은 끔찍한 판결을 선고받고는 자신들의 생각과는 다르게 일이 벌어져 혼란스러워합니다."

거짓말은 습관이다

계산착오도 여러 번 하면 습관이 된다. 메릴리 존스는 거짓말이 습관이 됐다. 그녀는 28년 이상 말 또는 글로 거짓말을 해왔다. 얼마 지나지 않아 거짓말은 그녀 성격의 한 부분이 됐음이 틀림없다. 사실 그녀는 대화의 주제가 자신의 배경으로 돌아갈 때마다 사회적·직업적 견지에서 더 이상 무엇을 뺄 필요는 없었을 것이다. 예를 들면 어떤 사람이 말한다. "나는 오클라호마 툴사에서 자랐고 웨슬리안으로 갔다. 학업을 끝내고 보스턴으로 옮겼는데, 터프츠에서 대학원을 다녀야 했기 때문이다." 그런 경우에 터프츠 부분만 빼고는 다 사실이다. 그러나 그 부분을 빼기가 쉽지 않고 결국 그러질 못한다.

거짓말이 오랫동안 이어질수록 그만두기는 더 어려워진다. 〈선데이 뉴욕타임스〉에서 보도한 것처럼, 과학자 에릭 풀먼은 오랫동안 수백만 달러의 사기행각을 벌였고, 실제로 그 때문에 실형을 선고받았다. 그가 한 짓을 되돌아보자. 풀먼은 "이것(사기 행위)은 부적응 행동을 저지르게 했다. 나는 트레드밀(운동기구)에서 달리고 있어서 내려올 수가 없었다."

과학적으로 풀먼과 다른 사람들이 밝힌 그 과정은 주로 인간의 마음이 작동하는 방식의 일부다. 연구자들은 사람들이 반응을 '비축'했다가 사안에 따라 모든 것을 다 꺼내기보다 새로운 상황에 맞춰 그것들을 사용한다는 사실을 알아냈다. 이는 내가 인종과 민족적 고정관념에 관한 연구에서 배운 바에 따르면 매우 자연스럽다. 만약 이렇게 하지 않았다면 우리는 마치 그것이 처음 발생한 일처럼 취급하려 하고, 그래서 제대로 처리하지 못하게 될 것이다. 그러므로 빌 클린턴이나 망신당한 전직 기자 제이슨 블레어가 시험대에 올랐을 때 그들은 자신들이 만들어내곤 했던 합리화에 근거해 물러나기가 쉬웠다.

앞서 탐욕을 다루면서 자신들이 최고의 경력에 도달했을 때 표절을 한 스티븐 암브로즈와 도리스 컨스 굿윈에 대해 언급했다. 그들은 새로운 아이디어가 고갈됐다고 느꼈을 것이다. 그러나 어떻게 그들처럼 수상 경력이 있는 역사학자들이 도덕의 잣대를 잃을 수 있는가? 최근 드러난 사실은 암브로즈가 저지른 기만행위는 그의 경력 초창기부터 시작됐음을 알려준다. 그가 〈형제단Band of Brothers〉이나 〈디데이D-Day〉같은 베스트셀러로 명성을 얻기 훨씬 전부터다. 1964년에 암브로즈는 전직 대통령인 드와이트 아이젠하워의 전기 작가가 되면서 작가 경력을 시작했다.

케이블 방송 시스팬(C-Span)과 찰리 로즈와의 인터뷰에서 암브로즈는 아이젠하워와 보낸 '많은 시간들'이 자기 인생을 어떻게 바꿨는지 계속해서 말했다. 그런데 그런 일이 없었다니 정말 유감이다. 2009년 드와이트 아이젠하워 대통령 도서박물관의 부관장 팀 리브스가 기록을 꼼꼼히 살핀 결과 암브로즈가 아이젠하워를 만난 것은 단 세 번뿐이었고, 같이 지낸 시간도 총 다섯 시간 정도에 불과했다고 확인했다. 더욱이 그의 주장처럼 대통령이 그에게 자신의 전기를 써달라고 요청한 적도 없었다. 암브로즈의 주장에 진실의 알맹이가 조금이라도 있을까? 그는 분명히 아이젠하워의 전기를 썼다. 그러나 그와 함께 독점적인 시간을 보냈다는 이야기는 풍부한 상상력의 산물이었다. 이는 일찍이 시작된 거짓말이 시간이 흐르면서 습관으로 바뀐 예라고 하겠다.

자신의 군복무 기록을 거짓으로 말한 코네티컷 주 상원의원 리처드 블루멘털은 여러 해 동안 거짓말을 했다. 2008년 3월 코네티컷 주 노워크에서 열린 행사에서 예비군과 은퇴한 노병들에게 행한 그의 발언은 그 전형이었다. "제가 베트남에서 근무하던 그날 이래 어떤 중요한 사실을 배웠습니다. 여러분은 그 좋은 실례가 됩니다. 우리가 전쟁을 어떻게 생각하든, 어떻게 부르든—아프가니스탄이나 이라크—우리는 미국의 모든 군인들에게 무조건적으로 지원해야 하는 빚을 지고 있습니다."

그의 말은 일리가 있었다. 그러나 블루멘털은 베트남에 있었던 적이 없었기 때문에 전쟁이 일어난 시기에 군대 뒤에 서 있다는 것이 의미하는 바의 중요성을 알지 못했다. 어떻게 선거 유세 동안에 거짓말이 탄로나지 않을 것이라고 생각했을까? 상대는 당신을 이기려고 애쓰고 있고, 그 때문에 당신의 말에 굉장히 집중한다. 이는 하버드에서 공부를 한 똑똑한 사람의 말이고, 진실을 찾아내는 책임을 맡은 국가의 전직 검찰총장이 한 말이다.

이 모든 것은 흔히 감정이 어떻게 이성을 덮어버리는지 잘 보여준다. 처음으로 사소한 거짓말을 했는데 그냥 잘 넘어가면 다시 그 일을 저지를 수 있는 용기를 갖는다. 그 뒤로도 들키지 않고 몇 차례 하다 보면 더욱 대담해진다. 시간이 흐르면서 습관이 되는데 그가 자신의 인생을 꾸미려고 할 때마다 자동적으로 튀어나오는 말이 된다. 그가 마린 리저브에서 근무했다는 사실이 합리화의 여지를 제공한다. 그러니까 그는 군인이지 않은가? 해병대도 베트남에서 중요한 역할을 하지 않았는가?

다른 고려사항이 있는데, 사람들이 거짓말에 어떻게 반응하는지 알아보는 즐거움이다. 한 목사는 왜 노골적으로 표절을 한 설교를 했느냐는 질문에 대해 이렇게 설명했다. "누구나 하고 있는 양식이다. 갈수록 더 많은 내용을 가져다 쓰게 된다." 그는 교구민들이 자신의 설교에 대해 표했던 존경과 칭찬들에 대해서는 이야기하지 않았다.

나를 짓누르는 압박감

압박감은 손쉬운 해결책을 선택하는 또 다른 동기가 되는데, 이는 여러 가지 형태와 규모로 나타난다. 청소년들이 술을 마시고 담배를 피우고 난잡한 섹스에 빠질 때, 그들은 대체로 그것을 즐긴다. 그러나 그것은 동료들이 주는 압박감 때문이기도 하다. 조사 결과는 그들이 흡연과 난잡한 섹스에 따르는 위험을 알고 있지만, 사회적으로 인정받고 반항하고 싶은 욕구가 자신의 삶에 미칠 피해에 대한 관심을 넘어선다는 사실을 보여준다.

과학자들은 자신이 하는 연구 작업에서 새로운 사실을 발표하기 위해 보기 드문 압박감을 느끼는 것으로 드러났다. 연구 작업을 계속하려면 돈이 필요하고, 과학자들은 생계를 유지할 생활비가 필요하며, 뛰어난 학술지에 논문들이 실려야 권위를 가진다. 그들의 말을 빌자면 '출판이냐 죽음이냐'다. 누가 죽으려 하겠는가? 이와 관련된 실상을 다룬 〈뉴욕타임스〉의 기사는 좋은 평가를 받던 중국 과학자 첸 짐이 외국에서 칩 디자인을 훔쳐서 자기가 했다고 주장한 과정을 설명하고 있다. 사람들은 특히 중국에서 국가적 명망을 높이려고 연구 과학자들을 독려하는 과정에서 너무 심하게 몰아대는 것은 아닌지 의심스러워한다.

소소한 주간 과제물을 베껴낸 대학원 1학년생이 있었다. 그걸 알아채는 데 그리 어렵지 않았다. 나는 문제가 되는 문장을 구글에서 검색했다. 그러자 짠하고 그것들이 나타났다. "그녀는 왜 그랬을까?" 나는 스스로에게 물었다. 만약 부정행위를 하려면 학기말 과제처럼 크게 한번 해야지, 하찮은 주간 과제물은 아니었다. 나는 그녀를 불러서 말했다. "도나, 한 가지만 묻겠는데, 대답에 따라 문제가 커질 수 있으니 이해하길 바라." 주간 과제에 대한 그녀의 비평문을 듣고서 나는 물었다. "이건 네가 한 것이야, 아니야?" 그녀는 얼굴이 백짓장으로 바뀌었다. 의자에 털썩 앉더니 팔로 자신을 감싸는 동작으로 전말을 이야기하고 있었다.

"아뇨." 그녀는 거의 들릴 듯 말 듯한 소리로 답했다.

"왜 그랬니? 그냥 사소한 과제였는데."

"시간에 쫓겨서요." 조용하게 대답했다. 그녀는 더 이상 내 눈을 맞추지 못했다. 머리를 숙이고 눈으로 자신이 신은 스니커즈의 끝쯤을 보는 것 같았다. 눈물이 그녀의 뺨으로 천천히 굴러 떨어졌다. 연구실 공기는 숨이 막히는 듯했다. 나는 입장이 다소 난처했지만 어쨌든 계속했다.

"네가 상황을 이해했으면 해. 표절은 상점에서 스카프를 훔치는 것과는 달라. 표절은 다른 사람의 지적인 생각을 네 것으로 속이는 짓이야. 그런 점에서 그 사람의 정체성 자체를 훔치는 것이나 같아. 특히 학계에서는 심각한 위반이야. 내가 만약 학장에게 이야기한다면 그건 너를 위해서야. 대학에는 표절 문제가 훨씬 많이 퍼져 있어서 그다지 심각하게 여기지 않아. 그러나 박사과정에서는 용서할 수 없고 퇴학당할 수도 있어." 사실 우리는 이런 일로 몇몇 사람을 쫓아내기도 했다. 그러니 과장된 말은 아니었다.

도나는 나를 쳐다보았다. 얼굴은 두려움으로 가득차 있었다. 그녀는 뉴욕에 가서 PR분야에서 일할 수 있는 화려한 경력을 포기해야 했고, 인지 사회학 프로그램을 전공으로 공부하고 있는데 이제 그 모든 것이 연기 속으로 사라질 지경이었다.

"나는 여기 오기 위해 많은 것을 희생했어요." 그녀는 절망적으로 울부짖었다. "마감시간에 쫓겨 그랬는데 변명하진 않겠어요. 정말로 바보 같은 짓이었어요." 나는 그녀를 보았고 나를 속이는 것이 아니라고 직감적으로 느꼈다. 그녀는 진심으로 후회하고 있었다. 그래서 다시 기회를 주기로 마음먹었다.

"이번 주가 학기말이라 힘든 시기라는 건 알아. 그렇다고 그냥 넘어갈 수는 없어. 네가 이 프로그램에 남고 싶은 욕심이 있는지 시험해보겠어. 너에게 과제를 줄 생각인데 쉽지는 않을 거야. 10일 안에 해내야 하거든. 원한다면 그걸 하도록 해." 그녀는 아무 말 없이 동의한다는 뜻으로 머리를 끄덕였다.

"브루클린에 있는 양로원에 가서 노인 5명에게 인생 이야기를 듣는 거야. 그것을 사회 역사학적 입장에서 분석하고 그들의 삶은 어땠고, 그들은 왜 살던 방식에서 벗어났는지 정리해서 내도록 해. 가족, 교육, 직업, 그리고 가장 중요한 사회적 삶에 초점을 맞춰서. 과제를 마치면 보자꾸나."

그녀는 얘기하느라 감정적으로는 맥이 빠졌으나 일어나서 나갈 때 안도감에 몸을 떨었을 거라고 나는 생각한다. 그녀는 서둘러 연구실을 나갔다.

7일 뒤 마지막 수업이 끝난 뒤, 도나가 연구실 문을 두드렸다. 내가 대답하자, 그녀는 마닐라지로 된 봉투를 건넸다. "여기요. 교수님이 원하시는 과제이기를 바랍니다." 그녀는 재빨리 말하고 돌아갔다. 과제물에 붙은 조그만 봉투에는 카드가 들어 있었다. 작지만 또박또박한 글씨로 다음과 같이 적혀 있었다.

먼저 이 모든 일에 관해 너무나 죄송하다는 말씀 드립니다. 살면서 수치심을 느꼈다면 바로 이번입니다. 연구실 의자에 앉아서 느낀 극심한 수치심은 다시는 이런 일이 있어서는 안 된다고 확신할 만큼 충분한 벌이 됐습니다. 이는 내가 그토록 이루기 위해 노력했던 내 꿈이 좌절되는 순간에 얼마나 가까이 가 있었는지를 깨달았다는 사실 때문이기도 합니다. 저 스스로를 구원할 수 있다는 믿음을 갖도록 기회를 주신 데 대해 감사드립니다.

다행히 도나는 자신을 구원했다. 내가 아는 한 다시는 문제를 일으키지 않았고 뛰어난 학생이 됐다. 나는 그녀에 대해 학과에서 누구에게도 말한 적 없고 앞으로도 그럴 것이다. 때때로 우리는 파티나 세미나에서 만나 인사를 나눈다. 그녀는 아직도 그 일을 불편해하는 듯하다. 그런 그녀를 나무랄 생각은 없다.

'손쉬운 해결책을 찾는' 사람들을 어떻게 할 것인가? 그들은 맬컴 글래드웰이 직감 유형이라고 분류한 사람에 속한다. 도나는 내 감정에 냉소적으로 굴지 않았다. 더욱이 그녀는 대학원 1학년이었고 우리가 이런 문제를 얼마나 심각하게 취급하는지 학과의 문화를 아직 몰랐을 수도 있다. 그래서 나는 그녀에게 한 번의 기회를 주었고, 진정으로 교훈을 얻었기를 바라고 있다.

대부분의 좀도둑질은 경제적 압박 때문이다. 사람들이 슈퍼마켓에서 음식을 훔칠 때, 살기 위해 그럴 수밖에 없는 경우가 많다. 어떤 경우에는 사정이 그럴 만하지만, 자존심이 가로막는다. 경제적으로 어려운 시기에는 백화점 도둑이 늘어난다. 휴가 시즌에도 마찬가지다. 그러나 그들은 좀도둑질이나 상습 절도 때문에 질책을 받게 되면 스스로에게 묻는다. "그럴 만한 가치가 있었나?"

현재 미국에는 수천 명의 가출 청소년이 있다. 그들을 생각하면 그들의 얼굴이 먼저 떠오른다. 그들은 우유 컨테이너, 버스 정거장과 같은 곳에 아무렇게나 붙어 있는 수천 개의 전단지 속에 들어 있다. 그들의 얼굴은 좋은 시절을 회상하듯 행복해 보인다. 그러나 우리는 그들이 더 이상 행복하지 않다는 것을 알고 있다.

압박감은 시간을 두고 쌓이다가 더 이상 견디기 어려울 때, 끈의 끄트머리에 도달했을 때 가장 쉬운 방법을 택하게 된다. 한 소녀가 끊임없이 싸우는 부모와 함께 살고 있다. 그녀는 중간에서 견디기 어려운 처지가 된다. 사소한 트집으로 야단을 맞거나 심지어 얻어맞기도 한다.

어느 날 그녀는 마침내 견디다 못해 도망친다. 뉴욕 시의 타임스퀘어를 향해…. 그리고 그 화려한 도시에 압도당한다. 그녀의 부모가 사력을 다해 아이를 찾았을 때, 지저분하고 행색이 초라한 정도면 운이 좋은 것이다. 그녀는 마약에 빠져 있을 수도 있고, 성매매를 하고 있을 수도 있다. 그들은 돌아오라고 그녀를 설득한다. 다시 운이 좋으면 그들은 최선을 다해 보다 행복한 가정을 꾸릴 것이다. 그녀의 입장에는 집을 떠난 뒤 기대한 것보다 훨씬 더 힘들었기 때문에 기꺼이 돌아갈 수도 있다. 그러나 현실이 주는 압박감을 견디지 못해 집을 나간 경우라면, 심지어 집으로 가는 것이 더 편하다는 것을 알아도 가지 않겠다고 거부하기도 한다.

위대한 사회학자 어빙 고프만은 고전적인 저서 〈피난처*Asylums*〉에서 정신 요양시설에서 퇴원 예정인 환자들이 매우 걱정하면서 "퇴원하지 않으려 자학하거나 퇴원 후에 또 다시 입원한다"고 주장했다. 그 환자의 근본적인 걱정은 이것이다. "내가 밖에서 잘 할 수 있을까요?"

몇 년 전 가석방이 예정된 죄수들이 교통 분리대를 구성하고 있는 풀로 덮인 지역을 청소하느라 뉴저지 주 고속도로 구석에서 일을 하고 있었다. 그들 중 한 사람이 탈주를 시도했다가 즉각 체포됐다. 그때 그는 가석방 선고를 받기까지 단 사흘밖에 남겨놓지 않았다. 이러한 일은 대부분의 사람들이 생각하는 것보다 훨씬 자주 일어난다. 죄수들에게 감옥은 사실상 안전한 세상이고, 그들은 자유가 가져올 불확실성이 두렵다. 그곳의 일상은 어느 정도 그들을 안락하게 해주고 예측도 가능하기 때문이다.

석방은 그들을 새롭고 독립적인 존재로서 개척해나가야 하는 현실적 요구에 직면하게끔 만든다. 확실히 교정시설에서는 사회에서 적응할 수 있는 능력을 갖추도록 준비 과정에 많은 노력을 들인다. 그러나 어떤 사람들에게는 그것만으로 충분하지 않다.

만약 그들이 새로운 환경에 적응할 수 없다면 가장 손쉬운 해결책, 다시 말해 자유로부터 달아나는 쪽을 택하는 것이 현명하다고 생각한다. 만족하며 살았던 곳으로 돌아가는 것이다. 장기적인 관점이 아니라 단순한 생각으로는 어느 정도 현명하다고도 하겠다. 우리가 감옥에서 행복한 사람들이 그곳에 영원히 남아 있어야 하고, 심지어 자기 생명이 다한 뒤에도 그래야 한다고 느끼지 않는 한….

불확실성을 견디지 못한다

이제 사람들이 왜 손쉬운 해결책을 찾는지를 설명하는 흥미 있는 다른 이유로 '불확실성을 받아들이지 못하는 문제'에 대해 말하겠다. 부시 행정부에서 국토안보부 장관에 지명됐던 버나드 케릭이 중도 사퇴한 이유는 여러 가지다. 그 중에는 그의 답변이 진솔하지 않았던 것과 부시가 개인적으로 그를 좋아했기 때문에 후보자의 결점에 눈을 감았다는 것이 있다. 다른 사항으로는 〈뉴욕타임스〉가 말했듯이 "백악관이 국가 안보에 중요한 자리를 빨리 채우려고 한 욕심"이었다.

그러나 빨리 끝내고 싶어 하는 것은 부시의 측근들만이 아니다. 우리 대부분은 일이 해결되지 않은 채 남아 있는 것을 싫어한다. 뭐든지 확실해야 편안해지고 새로운 일도 할 수 있다. 다음 두 장에서 사람들이 지닌 심리적 문제를 다룰 때, 이러한 유형의 근원을 살필 것이다. 지금은 그것이 어떻게 움직이는지에 집중하자.

대단히 흥미로운 실험에서 경제학자들은 사람들에게 두 가지의 선택을 제시했다. 한 상자에는 50개의 붉은색 모자와 50개의 검은색 모자가 담겨 있다. 다른 상자에는 붉은색과 검은색 모자 100개가 섞여 있으나 각각 몇 개씩 들어 있는지는 알려주지 않았다. 그들이 붉은색 모자를 하나 집는다면 200달러를 상금으로 주겠다고 했다. 당신은 어떤 상자에서 고르겠는가?

대부분은 모자 각각의 색깔과 개수를 정확하게 알고 있다는 이유로 첫 번째 상자를 선택한다. 사회과학자들은 이를 '불확실성 혐오'라고 부른다. 사람들은 이 실험처럼 자기의 승산에 결정적으로 나쁘게 작용하지 않는다면 확실한 것을 좋아한다. 불확실성을 받아들이는 관용은 거의 없다. 따라서 불확실성이 너무 크면 자신의 걱정을 덜기 위해 잘못된 결정을 내리는 지경으로 내몰리거나 설득당한다.

이는 데이브 버드웰에게 일어난 일이다. 그는 회사 직원들을 위한 금요일 밤 파티에 갔다. 몇 잔 마신 뒤 모두들 혀가 풀렸고, 데이브는 말을 더듬는 어떤 사내 이야기를 농담으로 했다. 그건 재미있었고 다들 웃었다. 나중에 그는 집으로 가 아내에게 그 농담을 들려주면서 동료들이 무척 재미있어 했다며 즐거워했다. 그러다 갑자기 그는 손으로 머리를 잡으며 소리쳤다. "맙소사!"

"무슨 일이에요?" 아내가 놀라서 물었다.

"존 헥스터가 거기 있었어. 그는 개발팀장이야. 그도 불량품에 대한 이야기를 했어. 혀가 짧은 소리를 냈지. 당신 생각에는 그가 내 농담을 불쾌하게 여겼을 것 같아?"

"모르겠어요." 아내가 대답했다. 그리고 물었다. "정말 그가 들었다고 확신해요?"

"잘 모르겠어." 데이브가 대답했다. "들었는지 확신할 수는 없지만 그는 가까이에 서 있었어."

데이브는 그 사건을 신경쓰지 않으려고 애썼지만 그럴 수 없었다. 그날 밤 그는 잠을 설쳐가며 빨리 해결해야겠다고 마음먹었다. 그는 문제를 명확히 알아보지도 않고 아무 생각 없이 해결 방법을 먼저 찾으려고 했다. 화장실에서 존을 만났을 때 그는 기회를 엿보다 말을 걸었다.

"파티 굉장했지." 그는 말했다. "내가 그날 한 말더듬이에 대한 농담은 상당히 시시했지. 나는 자네가 좀 취했을 때 했던 거 같은데." 그는 어색하게 웃으면서 말을 끝냈다.

존은 한순간 혼란스러운 듯 그를 바라보았다. "무슨 농담?" 그는 물었다. "나는 못 들었어." 다소 적대적인 시선으로 그를 응시하더니 소리쳤다. "어쨌든 나는 말을 더듬는 것이 재미있는 소재라고는 생각하지 않아." 그러고는 걸어 나가버렸다.

데이브는 몹시 당황했다. "그냥 입을 닫고 있었어야 했는데…." 그는 투덜거렸다. 존은 그 농담을 듣지도 못했다. 그런데 이제 그에게 나쁜 감정까지 생겼다. 그가 상황 판단도 하지 않고 빨리 해치워버리려 했기 때문이었다. 분명히 존이 그에게 어떻게 대하는지를 보면서 조금 기다렸어야 현명했다. 만약 그에게서 적대감을 느끼면 그때 보상하면 된다.

자백은 왜 어려운가

인생이란 때때로 꽤 복잡하기에 사람들이 왜 손쉬운 해결책을 찾는지에 대한 또 다른 이유도 있다. 당신이 메릴리 존스이든, 결코 받은 적 없는 학위를 받았다고 주장하는 캘리포니아 시인상을 수상한 퀸시 트루프이든 자백하는 것 자체가 너무 어렵기 때문에 잘못을 인정하기 힘들다. 당신은 과거에 속였던 직원들이나 가까운 친구들 혹은 당신의 배우자에게 진실을 밝혀야 한다. 그가 너그러이 용서하지 않을 수도 있다. "당신은 나에게만은 말했어야 해." 그녀는 이렇게 말할 것이다. "나는 당신의 아내예요, 어쨌든." 이런 비난을 받을 것을 생각하면 사실을 감추는 것이 더 쉽게 느껴진다.

실용적으로 생각하면 조용히 입을 다물고 있는 것이 책임지는 방법이기도 하다. 당신의 여자 친구의 좋지 않은 소문을 듣는다. 그녀가 자신 외에는 누구도 신경 쓰지 않는 이상한 사람이란다. 그러나 그런 소문을 그녀에게 얘기해서 좋을 일이 뭐가 있겠는가? 그녀는 방어적이 될 것이고, 당신이 그녀를 좋아하는 이유는 여러 가지가 있다.

또 다른 예로, 고등학교 때 만난 뒤로 거의 20년이 넘게 친구로 지내고 있는 그녀는 남편이 그녀 때문에 사업상 고객들과 함께 가입해야 하는 컨트리클럽에 들어가지 못한다는 사실을 모르고 있다. 하지만 당신은 조용히 입을 다물고 있는 것이 최선의 방법이라 생각한다. 그녀와의 우정이 깨질지도 모른다는 두려움 때문에 말이다. 하지만 이 경우 당신이 방치한 탓에 그녀의 가족이 겪게 될 그 고통으로 비난을 감수해야 할 처지가 되기도 한다. 결국 당신에게 '쉬운' 선택이 그녀에게는 그렇지 않을 수도 있다.

자기가 가진 것을 잃어서 괜찮은 사람은 아무도 없다. 유명한 사례로 거대한 맥도널드 레스토랑 체인은 자사의 프렌치프라이를 '순수한 식물성 기름'으로 튀겼다고 주장했다가 대중을 속였다고 비난받았다. 식물성 기름으로 튀겼다는 그들의 주장은 사실이다. 그러나 그들이 한 가지 말하지 않은 사실이 있다. 그들이 첨가한 프렌치프라이의 풍미가 쇠고기에서 나온다는 사실이었다. 비난을 받자 맥도널드는 손쉬운 해결책으로 자사의 프라이가 채식주의자들에게 적합하다는 주장을 한 적이 없다고 반박했다. 그 설명이 그다지 큰 호응을 얻지 못하자 맥도널드는 뒤늦은 사과를 했다. "우리는 그 발표로 인해 힌두인들, 채식주의자들, 그리고 그밖의 사람들에게 일으킨 문제에 대해 진심으로 사과드립니다." 또한 회사를 상대로 각계에서 준비하는 법적 소송의 해결책으로 여러 단체에 1,000만 달러를 기부했다.

어떤 것을 오래 가지고 있을수록 포기하기는 더 어렵다. 28년 간 거짓말을 하면서 일상에서 혜택을 누려온 메릴리 존스 같은 사람들은 진실을 말하기 위해 어떤 것도 버리지 못했다. 자백은 멋진 사무실과 연봉, 그에 따르는 권위를 잃게 됨을 뜻하고, 그도 모자라 동료와 친구들마저 잃게 될 수도 있다. 그녀의 시각이나 입장에서는 다른 사람은 아무런 가치가 없다. 자신은 어떤 일이 있어도 훌륭하게 일을 해왔다. 재미있게도 현실에서 스스로를 '사기꾼'이라고 느끼는 여성들에 대한 연구를 보면, 그들은 성공하려는 강력한 욕구를 가지고 있고 더욱 필사적으로 경쟁하고 있다. 물론 당신이 존스에게 어느 날 그녀의 잘못이 〈뉴욕타임스〉의 1면을 장식하리라고 말했다면 그것은 다르다. 그러나 그녀가 어떻게 알 수 있었겠는가?

MIT에서는 모두가 메릴리 존스를 좋아했고 상당히 존경도 했다. 그 뉴스가 터졌을 때, 동료들과 학생들은 그녀의 처지에 깊은 유감을 표시했다. 1학년생인 마이크 헐리는 다음과 같은 말로 일반의 여론을 잘 요약했다. "누군가의 진실성이 문제가 될 때마다 그것은 나쁜 선례로 작용한다. 나는 학생들이 그 사건을 벗어버리고 우리 전체를 위해 그동안 그녀가 해온 일을 직시해야 한다고 생각한다."

그러나 존스는 높은 평가를 받았던 만큼 다른 선택을 할 수도 있었다. 자신이 믿는 사람에게 속마음을 털어놓거나, 실제로 존경받는 대학에 가서 시간을 갖고 자기 지위에 알맞은 학위를 얻을 수도 있었다. 나는 정확하게 비슷한 처지에서 그렇게 한 사람을 안다. 그러나 일과 학업을 병행하기는 것은 쉬운 일이 아니다.

존스는 그녀의 첫 번째 직책, 즉 어떤 사람의 고용 여부를 결정하는 업무를 맡기 위해 전형적인 '검열 과정'을 통과했다. 아이러니하게도 그녀의 직책은 어떤 이를 MIT에 합격시킬지를 결정하는 중요한 문지기 업무였다. 어떤 의미에서 그녀가 사기꾼이었기 때문에 그 직책의 본질에 무의식적으로 더욱 끌렸을 수도 있다. 문지기가 되면 일종의 안전한 느낌을 가질 수 있다. 그러나 그것은 분명한 착각이다. 왜냐하면 그녀는 자신이 거짓말을 했던 부분, 즉 그녀의 거짓 이력으로부터 쉽게 벗어날 수 없기 때문이다.

사람들은 자신의 잘못을 인정할 때, 물질적인 손실에 더해 공개적으로 체면을 잃게 되므로 실제로 심리적 손상을 겪는다. 사기행위가 드러나면 따돌림을 받기도 하는데, 자신을 존경하거나 부러워했던 사람들이 이제 그들을 완전히 다른 시선으로 바라본다. 리처드 블루멘털과 마크 샌포드는 앞으로 어떤 사람이 되든지 거짓말쟁이로 인식된다. 이는 부분적으로 그들이 자백하기 어려운 이유를 설명해준다.

경력을 속인 사람들 중에는 실제로 재능이 있는 사람도 많다. 사실 그래서 들키지 않고 일할 수 있었다. 당신은 개발도상국에서 치과의술 연수를 받고 있는데, 그곳에서는 미국처럼 당신에 대해 조사하지 않는다. 그래서 매우 좋다. 당신은 크라운(치관), 덧씌우기, 뿌리 치료를 잘한다. 사람들은 곳곳에서 치료를 받으려고 몰려온다. 그런데 사실 당신은 치과대학을 졸업하지 않았다. 당신은 그동안 당신이 세운 명성과 지난 20년 간 치료해온 수많은 사람들을 본다. 아주 드물게 양심의 가책을 느낄 때, 정말 그 '바보 같은 종이 한 장'이 문제가 된다고 생각하면 터무니없게 여겨진다.

그것은 지식과 직접 관련되는 분야이다. 그러나 이베트 클라크 의원처럼 오벌린 학사학위와 성공적인 입법가 사이에 실제적인 연관성이 없다면? 당신은 자신의 구역에 특혜를 주는 법률을 통과시켜왔다. 청중들을 고무시키는 연설도 했다. 실로 여러 가지 일을 해냈다. 그 일들은 실제 그가 어떤 학위를 가졌는지와는 거의 관계없어 보인다. 또 이력서를 좀 좋게 만들면 뭐 어떤가? 퀸시 트루페도 마찬가지다. 실제로 대학을 졸업하지 않았다고 자백하지 않는다. 이미 책을 13권이나 썼고, 그 중에 6권은 시집이며, 이제 캘리포니아의 첫 번째 시인으로 새로운 왕관을 쓴다. 당신의 현재와는 아무 상관도 없는 과거의 불미스런 행적을 스스로 밝혀 사태를 망치는 것은 쓸데없는 일인 듯하다. 다른 사람들이 그것을 알아내기도 전까지는 말이다.

낙관주의

걱정이 많은 여자와 결혼을 한 한 남자가 있다. 그것은 그녀의 본성이다. 남편은 그렇지 않다. 그것도 그의 천성이다. 그는 장난스럽게 이야기한다. "나는 아내에게 가족을 챙기고 걱정해야 할 의무가 있다고 말했어. 왜냐고? 그녀는 어쨌든 걱정을 할 거니까." 남편은 자신이 지나치게 낙관적이라는 것을 알고 있다. "비밀이지만 나는 그녀가 걱정하는 것이 좋아. 왜냐하면 내가 비현실적인 희망이나 기대를 지니지 않도록 하는 사람이 필요하거든. 그녀는 나에게 꼭 필요한 현실주의자야." 그는 계속 꿈을 꾸고 있다. 왜냐고? 그게 그의 본성이기 때문에.

그런 사람들은 때때로 곤란에 처할 수 있다. 정비공이 차가 65mph에서 심하게 흔들리니 체크해야 한다고 말해도 무시하는 게 더 편하니까 그렇게 해버린다. 그러다 볼 조인트가 완전히 닳아버려 고속도로에서 고장이 난 뒤에야 후회한다. 이는 레스토랑에서 위스키를 서너 잔 마시고 차를 '운전할 수 있다'며 집까지 몰고 가겠다고 하는 사람들과 같다. 그 뒤 경찰에 적발되면 화를 내며 아내에게 말한다. "진짜 멍청했어. 이웃집에 사는 톰을 불러서 집까지 운전해달라고 할 걸."

우리 모두 다른 성향을 가지고 있다. 그런 성향은 여간해서는 바뀌지 않는다. 어떤 사람들은 자신에게는 절대로 그런 일이 일어나지 않으리라 생각하고, 또 그런 일이 생겼을 때조차 우연한 일로 치고 묵살해버린다. 그들은 상황이 나아지리라고 믿는다. 그래서 잠재된 위험과 문제들을 무시하는 바람에 사태가 복잡해지기 전에 해결할 수 있는 시기를 놓친다. 나중에 그들은 쉽고 빠른 한 방을 선택하는 경우가 있는데 그리 좋은 방법은 아니다.

| 불안 |

　불안은 누구에게나 존재하는 감정으로 확신이나 편안함, 나아가 안전하다는 느낌이 없는 상태를 말한다. 이것의 징후는 다양한 방식으로 나타난다. 우리는 다른 사람이 우리를 어떻게 생각하는지, 즉 자신의 평판이 어떤지, 존경하는지 그냥 단순히 좋아하는지 등에 대해 신경을 쓴다. 어떤 사람들은 안전함을 느끼려고 두려운 감정을 찾기도 한다. 직업을 잃거나 승진에 누락되는 등 외부 요소들은 불안감을 촉진하거나 높일 수 있다. 우리가 무심코 한 말이 문제를 야기할 수도 있고, 농담 한 마디에 대가를 치르기도 한다. 소극적이든 적극적이든 어떤 사람이 자신이 지시한 것을 거부하면 신경질이 난다. 무시당하거나 깔보이는 느낌은 불안감을 촉발시키고, 심지어 걱정이 깊어져 안절부절 못하는 상태에 빠지게도 한다.

불안감 자체는 치료가 필요한 대상이 아니다. 우리가 사는 동안 매일 함께하게 마련이다. 중요한 것은 불안감이 우리가 나중에 깊이 후회할 정도로 자신과 다른 사람들을 해치는 원인이 될 수 있다는 데 있다. 그래서 우리가 결국 참지 못하고 어리석은 행동을 하지 않을 수 없도록 불안을 표면으로 끌어내는 것이 무엇인지를 정확히 이해해야 한다. 그것은 복잡한 현상이며 우리 내면의 깊은 욕구나 공포, 희망, 소원 등에 근거하는 여러 원인이 있다.

"사람들이 나를 어떻게 생각하든 상관 않는다"는 흔히 듣는 가장 평범한 말 중 하나다. 바로 그 말이 자기들을 그대로 보여주고 있음을 깨닫지 못한다. 그들은 확실히 자기들이 말하는 그 사람의 생각에 신경을 쓰고 있으나 말하려들지 않을 뿐이다. 그들이 진짜 드러내려는 것은 다른 사람들의 생각에 신경 쓰는 데 대한 반감이다. 우리 대부분은 인생에서 이것이 절대적으로 필요함을 안다. 하원의 전직 대변인이었던 샘 레이번이 한 유명한 말은 이를 가장 구체적으로 보여주고 있다. "성공하려면 함께 어울려야 한다."

무엇이 당신을 불안하게 만드는가? 가정교육인가? 우리가 처한 상황인가? 우리가 어울리는 사람들인가? 다양한 원인이 있다. 그 중에서 분명하고 근본적인 것들은 다음과 같다.

1. 사회적 지위에 대한 관심
2. 제멋대로 함
3. 인정에 대한 집착

4. 무가치한 느낌

5. 죄책감

6. 선뜻 나서기 꺼린다

7. 필요 없음과 고립된 느낌

사회적 지위에 대한 관심

우리는 사회적 지위나 평판에 신경을 많이 쓴다. 그리고 다른 사람들에게 좋은 평가를 받을 때 편안함을 느낀다. 이런 욕구는 너무나 커서 때로는 정말 중요한 사람들 속에서 자기 위치를 확인받으려고 실제로 어리석은 짓을 저지르곤 한다. 이런 생각은 15년 전에 일어난 어떤 사건을 떠올리게 한다. 세상을 놀라게 한 사건은 아니지만 다른 사람들이 자신을 어떻게 보는지에 대해 아주 민감하게 반응하는 그 정도를 뚜렷이 느낄 수 있었던 사례이다.

내 아내와 나는 부부 동반 파티에 참석했다. 참석한 여성들 가운데 한 명은 키가 크고 말랐으며 다소 가무잡잡한 얼굴로 상당한 매력을 지닌 여성이었다. 그녀는 말을 많이 하지 않고 종종 희미한 미소를 지으며 사람들을 바라봤는데, 눈에 보이는 것 이상의 뭔가가 있는 듯이 보였다. 나는 그녀가 의사인 남편과 티베트, 네팔, 인도 여행에서 만났다는 사실을 제외하고는 그녀에 대해 거의 몰랐다.

테이블에 둘러앉은 다른 이들은 다들 성공했거나 유망한 직업을 가지고 있었다. 우리는 뉴욕에서 사는 것을 두고 찬반 토론을 벌였는데,

리타가 작은 마을에서 자라는 쪽의 장점을 이야기했다.

"어디서 살았는데요?" 나는 물었다.

"프린스턴이요." 그녀의 대답이었다. 나는 아무 생각 없이 덧붙였다. "당신의 아버지나 어머니가 거기서 학생들을 가르쳤나요?"

"네, 아버지가 교수였어요." 그녀가 1초쯤 약간 망설이는 듯했지만, 나중에야 그런 생각이 들었을 뿐이다.

"아, 어떤 분야예요?" 나는 물었다.

"사회학이요."

"정말이요. 이름이 뭐예요?" 내가 들어본 이름이리라고 생각했다.

"찰스 베일리." 그녀가 말했다. "아버지는 거기 오래 있진 않았어요." 나는 알지 못하는 이름이었다. 그러나 대화가 곧 다른 화제로 옮겨가면서 나는 깊이 생각하지 않았다. 게다가 그곳에는 대략 1만 3,000명이나 되는 사회학자들이 활동하고 있는데, 아무리 프린스턴처럼 유명한 대학이라고 해도 어떻게 그 사람들을 다 알 수 있겠는가?

며칠 뒤 전화가 울렸다. 리타였다. "당신에게 이야기할 게 있어요."

"그래요." 나는 대답했다. "무슨 일이에요?"

"저, 좀 개인적인 일인데, 만나서 이야기하는 게 나을 것 같아요."

"그럽시다." 나는 대답하면서 그제야 약간 신경이 쓰였다. 다음날 그녀가 일하는 곳 가까이에 있는 맨해튼의 커피숍에서 만났다. 일단 그녀와 남편이 얼마나 좋은 시간을 보냈는지를 포함해 약간 인사치레를 주고받은 뒤 리타는 엄숙하게 나를 보더니 분명히 말했다.

"저기, 당신에게 할 이야기가 있어요. 정말 미친 짓이었는데요. 아버지가 프린스턴대학 교수라고 했던 건 거짓말이에요. 아버지는 그곳에서 시설보수 일을 했어요. 체육시설을 맡은 현장 부주임이었을 뿐이에요." 나는 갑자기 그 소리를 듣고 놀라서 물었다.

"그런데 당신은 왜 아버지가 교수라고 말했나요?" 그녀는 나를 다소 어색하게 보면서 거의 애원하다시피 괴로워하며 말했다.

"달리 할 말이 없었어요. 여기서는 모든 사람이 지위를 대단히 의식해요. 그가 수리공이라는 말은 차마 할 수 없었어요."

"그렇지만 그가 교수라고 하지는 말았어야지요. 그냥 사업을 한다고 할 수 있었잖아요."

"'교수'는 당신이 거기 있었기 때문에 처음에 떠올렸어요."

"그런데 내가 아는 사람들이 많은 전공 분야인 사회학을 택했잖아요?"

"나도 알아요!" 리타는 화가 난 목소리로 말했다. "그건 정말로 멍청한 짓이었어요. 그러나 당신이 사회학 전공이라고 말하는 것을 들었고, 그래서 머릿속에 맨 처음 떠올랐어요. 어쨌든 그건 이제 상관없어요. 당신이 내가 거짓말쟁이였다고 생각하지 않았으면 해요."

당연히 그녀의 사생활을 보호하기 위해 몇몇 세부사항은 좀 바꿨다. 재미있는 것은 우리가 얼마나 그런 데 신경을 쓰고 절실하게 걱정하는지를 보여줬다는 점이다. 좋은 집에서 살고, 아름답게 차려입고, 좋은 차를 몰고 다니는 부유층 여성이 있다. 그녀는 전통적 기준에 따르면 '만들어졌다.' 그러나 어쩐지 그녀는 스스로 충분히 편안하고 안전하다는 생각을 갖지 못한다.

지위에 대한 불안감은 우리 사회에서 폭넓은 문제다. 대부분의 사람들은 상대적으로 익명의 삶을 살아간다. 그들은 라디오나 TV, 신문 등과 인터뷰하지 않는다. 그들이 이룬 성과는 가까운 집단이나 친구, 자기 이웃이나 고향에서 살고 있는 사람들을 넘어서 알려지거나 언급되는 일이 거의 없다. 어떤 사람들은 자신들이 별 볼 일 없고 그다지 중요하지 않게 여겨지는 이런 느낌 때문에 주목을 끄는 행동을 하기도 한다. 특히 기물파괴 행위를 저지르는 청소년들이 그렇다. 예를 들어 낙서는 한편으로는 예술이나 저항의 양식을 따르지만 대개는 소외감을 느끼는 젊은이들이 관심을 끌려는 한 가지 방법이다.

지위를 가진 사람들은 종종 분노의 대상이 되는데, 이런 분노는 때로 방심하고 있는 순간에 드러날 수 있다. 나는 시장조사 연구를 진행하고 있는 동안, 보석가게 여점원이 고객에게 그 회사가 구매자에게 보석의 '정품 보증(certificate of authenticity)'을 어떻게 보장하는지 설명하는 대화를 들었다. 있을 수 있는 일이지만 다소 재미있게도 그녀가 혀를 잘못 굴려 'certificate of ostenticity'라고 말하고 있었는데, 그것은 '허세부림'을 뜻하는 단어로 들렸다.

지위를 가졌다는 감각은 칭찬을 받으면 분명히 강화된다. 문제는 칭찬이 어느 정도가 돼야 충분한가 하는 것이다. 개인에게 달려 있지만, 사람들이 함께 일하거나 살아갈 때 떠오르는 문제들은 선택의 폭이 상당히 넓다. 나는 한 쪽이 다른 쪽에게 충분히 고마워하지 않는다는 이유로 갈등을 겪는 부부들을 안다. "추운 겨울날 쓰레기를 내다

버리는 것은 참을만 해. 하지만 그녀가 적어도 나에게 그걸로 고마워해야 한다고는 생각해. 나는 그녀가 그걸 당연한 듯 여기는게 싫어."

어떤 경우 자원봉사 활동을 하는 두 사람 중 한 명은 자신의 봉사가 드러나지 않는다면서 따로 일하려 한다. 훌륭한 관리자와 리더들은 모든 사람을 약간씩 다듬어줘야 하는데 어떤 사람들에게는 좀 더 많이 필요하다는 것을 알 수 있다.

역설적이지만 지나친 칭찬, 특히 진심에서 우러나오지 않은 칭찬에 익숙해지면 위험하고 무모한 행동을 부를 수도 있다. 불안한 사람들은 자신의 주변을 대부분 자기가 듣고 싶은 것만 말하고, 잘못된 일은 아무것도 없다고 하는 아첨꾼이나 간살부리는 사람들로 둘러싼다. 그들이 만약 당신이 아부받는 것을 좋아하고 그러지 않으면 사람을 내친다는 사실을 알게 되면, 당신이 법을 위반하고, 계약 조건을 채우지 않는 등 부정적인 결과를 초래하거나 심지어 어리석은 짓을 하려는 것을 알면서도 당신에게 단호하게 충고하지 않는다. 그들은 당신이 '나쁜 소식을 가져온 사람에게 화를 내거나' 그정보 정보를 무시해 버릴까봐 걱정한다. 당신이 안정된 사람이라면 그들은 당신에게 주저하지 않고 재앙을 피할 수 있는 방법을 적극적으로 말할 것이다.

난 통제를 잘하는데, 넌 아니야

우리는 모두 '제 맘대로 하는 사람'이라는 말을 안다. 대부분은 좋아하지 않지만, 다른 사람이나 사건들, 더욱 중요하게 자신의 운명을 통제하려는 사람들에게는 안전한 느낌을 줄 수 있다. 정신적 충격이 큰 사건을 겪으면 지배하려는 욕구가 강해질 수 있다. 판사 솔 와틀러는 노스캐롤라이나 블로잉 록에서 초등학교에 다니는 동안 자기를 외부인이나 '별종'으로 보는 아이들에게 왕따를 당했다. 그는 총명하고 적응력이 있었지만 어느 날 여러 명에게 심하게 두들겨 맞았을 때, 상대적으로 자신에게는 그만한 힘이 없음을 분명히 느꼈다. 그것은 어른이 된 뒤 안전해지려면 충분한 권력을 축적해야 한다는 욕구로 나타났는데, 그는 뉴욕 주 법원장 자리에 오르면서 그 욕구를 확실히 실현했다.

사람들은 가끔씩 약속 시간에 늦는다. 보통은 진심으로 사과를 하고 충분한 이유가 있다면 문제가 되지 않는다. 그러나 때때로 피해를 볼 수 있다. 당신은 취업 인터뷰에 늦게 도착한다. 인터뷰 담당자는 나쁜 인상을 갖게 되고 당신은 떨어진다. 그는 생각한다. "인터뷰 같은 중요한 일에도 제 시간에 나타나지 않는데, 맡은 일을 어떻게 해나갈지 누가 알겠어?" 당신은 아주 중요한 비즈니스 관련 만찬 자리에 30분 늦는다. 초청받은 파트너는 질려서 떠난다. 결국 계약 실패라는 고통스런 결과가 남는다.

대부분은 누가 늦으면 개인적인 모욕으로 받아들인다. 그들은 당신이 자기 시간만 중요하고 다른 사람들 시간은 하찮게 여긴다고 생각한다. 실제로 바로 당신이 정확하게 그럴 수도 있다! 유감스럽게 사람들도 그 사실을 알고 있다.

그렇다고 해도 그 뒤에는 정말로 무엇이 있을까? 어떤 사람은 왜 항상 늦을까? 일부 습관적인 사람은 대체로 겉보기에는 다른 사람의 우선권이나 요구에 양보하면서 속으로는 원망하는 사람들처럼 불안할 수 있다. 요컨대 그것은 권위나 지배의 문제이다. 늦게 나타나는 것은 그들 나름대로 거역하는 방식이다. 이는 관계를 깨뜨리고 우정을 잃게 하고 사업 기회를 날려버리며, 자신이 원치 않는 결과를 초래한다. 그들은 이것이 부적절한 행동이며, 그 때문에 받게 되는 처벌은 거의 무의식적으로 자신의 무능함을 입증한다는 사실을 깊이 알게 된다.

한편으로, 대부분의 단골 지각자들은 생활을 꾸려가느라 힘들어하는 그저 무심한 성격일 수도 있다. 계산서나 주차티켓을 '잊어버리는' 사람들도 마찬가지다. 그들은 심지어 다음 약속까지 무엇을 해야할지 결론도 못 내리고, 그냥 있지도 못하는 완벽주의자들일 수도 있다. 그러한 사람들은 일부러 늦었다고 '야단맞지'는 않는다. 부주의한 탓에 평생 나쁜 신용등급을 받고, 사소한 실수로 집에 전기가 끊기는 것처럼 크나큰 대가를 치르는 일도 잦다. 불행하게도 많은 사람들은 그러한 사람들이 그것을 비난하는 대신 선택한 완벽주의로 인해 생긴 욕구나 망각 때문이라고 생각하고 있다는 점을 깨닫지 못한다.

물건을 빌려와서 잘 돌려주지 않는 것도 지배나 권위와 관련되는 행동들이다. 이것은 종종 문제가 되는데, 특히 좋아하는 야구 배트나 브로치같이 빌려준 사람에게 아주 중요한 물건일 때 그렇다. 그 결과 우정에 금이 가고 관계는 껄끄러워진다. 역시 어떤 사람들에게는 단순한 망각 자체가 문제다.

불안감에 시달리는 사람은 그럴 리가 전혀 없는데도 자신이 공격당할 수 있다고 착각한다. 그런 경우에는 피해망상증 약을 적당량 먹으면 도움이 된다. 어떤 사람이 당신에 대해 험담을 하고 있다는 생각에 사로잡히면, 다른 사람들이 그들이 말한 내용을 받아들이지 않게 하려고 당신은 그 개인에 대한 이야기를 꾸며서 말한다. 반대로 다른 사람들 또한 당신이 자신들에 대해 이야기하는 것을 듣고 똑같이 보복을 하려들고 당신에게 심각한 해를 입힐 수 있는 적이 되고 만다.

사람들에게 개인적 공간이나 구역은 매우 중요하다. 이것은 있을 수 있는 공격에 맞서 자신을 보호하는 한 방식이다. 당신이 안전하면 할수록, 어떤 사람이 침입하더라도 침범당하는 느낌은 덜하다. 버스나 지하철에서 생기는 일을 지켜보라. 어떤 사람은 다른 사람이 자기에게 가까이 다가앉으면 극도로 긴장한다. 또 어떤 사람들은 별로 신경 쓰지 않는다. 때때로 공간에 따라 예의가 달라진다. 미셸 오바마가 엘리자베스 여왕을 만졌을 때 뒤따랐던 논란을 기억해보라. 그 사례에서 이것은 한 사람의 지위를 지키기 위해 사회적 이슈를 설정하는 문제였다. 확실히 영국인들은 그런 문제를 보는 방식이 미국인들과는 다르다.

한 사람이 어떤 사람에게 자기 집 앞에 세운 차를 치워달라고 요청한다. 말을 듣지 않자 주먹이 나간다. 이런 태도로 대응하는 사람들은 개인적으로 자신이 위협을 당하고 있으며 불안하다고 느꼈기에 그렇게 한다. 그들은 그 행위를 자신의 안전은 물론 성실성에 대한 공격으로 본다.

인정에 대한 집착

마운트 홀리오키대학 교수인 조셉 엘리스는 학생들에게 자신의 베트남 전쟁 무용담을 들려줘 즐겁게 했다. 문제는 그가 전쟁 영웅이 아니었다는 사실이다. 그는 전쟁 동안 베트남에 있었던 적도 없다. 그의 '전쟁 복무'는 웨스트포인트에서 3년간 역사를 가르친 게 전부였다. 그건 예비역 근무가 전부였던 리처드 블루멘털의 복무와 똑같았다. 군사적 무공을 과장하거나 날조하는 사례가 흔한 것은 수많은 불안한 사람들이 자기가 얼마나 강하고 용기 있는 사람인지 다른 사람들에게 보이고 싶어 하는 욕구를 갖고 있기 때문이다.

엘리스는 학계에서 유명한 인물이다. 그는 1997년에 내셔널 북어워드를 받았고 2001년에는 퓰리처상을 받은 미국에서 가장 유명한 역사학자였으며 현재도 그렇다. 엘리스는 상당히 구체적으로 거짓말을 지어냈는데, 자기가 사이공에 있었던 윌리엄 웨스트모얼랜드 장군의 보좌관으로 일했고, 제101 공수부대 사단에서 낙하산병으로 근무하는 동안 악명 높은 미라이 사건에서 적의 진지를 초토화시켰다고 말하기도 했다. 학생들은 그가 장황하게 늘어놓는 이야기를 주문에 홀린 듯 들었다. 그들이 생각하기에 그는 진정한 전쟁 영웅이며 훌륭한 교수였다.

어쩔 수 없이 들어야 하는 제한된 그 청중에게만 말했더라면 그는 들키지 않았을 것이다. 그러나 게리 하트가 언론에 반발했던 것과 비슷한 자기파괴적인 태도로, 그는 보스턴 〈글로브〉 지에서 이 이야기를 거듭했다. 상황은 더욱 심해져 자기가 평화운동에 참여했던 경험 때문에 너무나 혼란스러웠다고 기자들에게 말하는 등 새로운 거짓말을 더하면서 영역을 확장해갔다. 설상가상으로 그는 〈글로브〉에 자기가 고등학교 때 마지막 게임에서 승리의 터치다운을 기록했다는 거짓말까지 했다. 그것이 만약 사실이었더라면! 그러나 그는 풋볼 팀 원조차 아니었다.

그는 왜 그랬을까? 그의 불안감의 원천은 무엇이었을까? 대부분의 사람들이 때때로 과장을 하지만 한계를 넘지는 않는다. 엘리스는 전국적으로 인정받는 학자로서 확실히 충분한 권위를 가졌다. 자신의 이력을 뽐낼 필요도 없었다. 그처럼 노골적인 거짓말은 들키거나 벌을 받고 싶다는 강력한 욕망을 암시한다. 그런 방식으로 그는 다른 사람들을 속여왔던 행위에 대해 자신이 느꼈던 죄책감을 덜 수 있었고, 또한 우상화되고 싶은 욕망도 있었기에 그렇게 할 수밖에 없었던 것이다.

그의 이상한 행동을 캐물었을 때, 엘리스는 처음에는 대답을 거절했다. 결국 반응을 보였고 아버지가 알코올 중독자였다고 고백했다. 또한 자기 가족을 장애가정으로 규정했다. 재미있게도 학자로서 그의 직업적 성실성은 결코 도전이나 의심을 받지 않았다. 동료 역사학자들인 스티븐 암브로즈와 도리스 컨스 굿윈과 달리 아무도 그를 비난하거나 그가 표절했음을 암시하는 일조차 없었다. 그의 작업은 여전히 대부분의 역사학자들에게 최고로 받아들여진다.

엘리스는 월터 미티 같은 인생 유형을 창조했다고 할 수 있는데, 그것은 자신의 학자 유형과는 완전히 다르다. 전투나 반전시위, 풋볼구

장에서 의협심, 용기와 결단력을 과시하는 성격이다. 재미있게도 이들 특질은 정확히 조지 워싱턴, 토마스 제퍼슨 등 그가 책을 쓴 사람들이 지닌 것이다. 어쩌면 그들의 인생에 대한 연구 자체가 자신도 그들처럼 되거나 숭배받는 입장이 될 수 있다는 욕망을 만들어냈는지도 모른다.

인정에 집착하는 개인의 욕망이 평범한 한계를 넘어서는 분명한 신호는 불필요한 거짓말을 하는 것이다. 허풍, 과장, 가식은 부분적으로는 명백하고 때로는 그저 그런 정상적인 행위들이다. 새빨간 거짓말을 해서는 뚜렷한 이득이 없다. 헤드헌팅은 내가 부업으로 하는 일 중 하나이다. 나는 로널드 콜리어의 경우를 절대 잊을 수 없다. 그는 마이애미에 있는 사립고등학교 교장으로 어떤 사람의 추천을 받았다. 콜리어는 자리를 얻었고 무리 없이 잘해나갔다. 계약 갱신 시기가 가까워졌을 때, 나는 객관적인 외부인으로서 그의 업적을 평가해달라는 요청을 받았다.

진행 과정에서 그의 이력서를 다시 살폈다. 그러는 가운데 그가 목록에 올린 몇 개의 논문 제목이 사회학 성격이었기 때문에 궁금해졌다. 나는 인터넷에서 그 학술지를 찾았다. 첫 번째 논문을 찾으려고 하니 그게 나오지 않았다. 두 번째, 세 번째, 그리고 네 번째도 마찬가지였다. 사실상 그가 제출한 목록의 논문은 하나도 없었기에 난 그저 놀랄 수밖에 없었다.

학자로서 나는 그의 이력서 변조에는 충격을 받지 않았다. 그보다는 거짓이 예사롭지 않은 그 정도에 놀랐다. 사람들은 출판물을 '중복

게재'할 수 있다. 예를 들어 논문을 목록에 올릴 때, 다른 제목에 말만 약간씩 바꿔서 허위 논문을 만들어내는 것이다. 학술지의 편집장에게 보낸 편지를 출판물로 포함시킬 수 있고, 서평을 논문으로 제목 붙여 목록에 올릴 수도 있다. 자기들이 은행가 연합모임에서 했던 재미있는 이야기를 학술 발표로 가장할 수도 있다. 그러나 논문 목록 전체를 허위로 기재한 사람을 본 적은 이번이 처음이었다. 심지어 그는 뻔뻔스럽게도 논문 중 하나에 괄호를 넣고 '프랑스어'라고 적어 넣기도 했는데, 아마도 그가 외국어도 능통하다는 인상을 심어주고 싶었던 것 같다.

나는 스티븐 암브로즈의 경우처럼, 한 분야에서 거짓말을 한 사람은 다른 분야에서도 역시 그러기 쉽다는 전제에서 작업을 진행한다. 그것을 염두해 콜리어가 박사학위를 받았다고 주장한 아이비리그 연구소에 전화를 했다. 자, 맞춰보시라. 그는 과연 그곳의 졸업생이 맞을까? 그는 그 학교를 다닌 적이 있었지만 단 한 학기뿐이었다. 그들은 특별히 밝혀지지 않은 이유로 그를 내보냈다. 그게 무엇이었는지 그냥 상상할 뿐이다. 나는 국가 휴머니티 기금에서 받았다고 주장한 연구비도 역시 그의 풍부한 상상력에서 나온 것으로 드러났을 때 놀라지 않았다.

이 모든 거짓말 중에서 가장 당황스러운 것은 거짓 논문들이었다. 학위가 없을 때 학위가 있다고 주장하는 것은 이해할 수 있다. 전혀 들어보지 못한 이야기가 아니기 때문이다. 웨스트버지니아 주지사의 딸 히더 브레쉬도 역시 그랬다. 그리고 당연히 콜리어가 목록에 올린

것은 교육에 관한 내용이었다. 학위와 연구기금을 받은 적이 있으면 더 많은 돈을 요구할 수 있다. 그런 거짓말은 이해가 간다. 그러나 논문들은? 대학 교수와 달리 고등학교 교장에게는 논문 목록을 제출하라는 요구도 없다. 그런 경력은 필수 사항이 아니다.

나는 내가 찾아낸 것, 아니 오히려 찾아내지 못했던 것을 그에게 제시했다. 그는 처음에는 부인했다. 그러나 내가 확실한 증거를 가지고 있는 것을 알자 자백했다. "왜 그랬어요?" 그에게 물었다.

"나는 우울증이었어요." 콜리어가 대답했다. "나는 치료를 받고 있어요. 내 아버지는 한국전에서 고문을 당했고 거기서 회복되지 못했어요. 정신과 의사는 내가 어렸을 때 사람들이 나에게 가진 기대에 부응하지 못했기 때문에 이런 일을 한다고 말했어요. 나는 일종의 천재 아동이었어요. 아주 일찍부터 글을 읽었고 초등학교에서는 졸업생 대표였어요."

나는 이 이야기를 친구인 정신과 의사에게 말한 뒤 어떻게 생각하느냐고 물었다. "나는 그 사람을 모르니까 단지 추측만 할 수 있지만 이것은 매우 익숙한 유형이야." 그녀는 말했다. "거기에는 수많은 가능성이 있어. 그는 자기를 위해 준비된 위대한 일을 어떻게 완수했는지 증명해보일 훌륭한 논문을 써야 한다고 생각했을 거야. 본질적으로 그는 자신의 이미지에 부합되지 못하거나 사람들이 생각하는 만큼 능력 있는 사람이 아니라는 것을 견딜 수 없어. 그래서 스스로가 만족할 만한 이미지를 창조한거지. 그 하나가 아주 존경받는 논문들의 저자로 외국어에도 능통한 콜리어 박사였던 거야. 이런 방식으로 자기가 필사적으로 갈망하는 커리어를 인정받을 수 있었던 거지. 그리고 치료법이 정말 효과가 없었다면 스스로 달라지려고 노력해야 하는데, 그들은 또 다시 그런 짓을 하게 될 거야. 그런 사람들은 어쩔 수가 없어. 아무리 칭찬을 많이 받아도 결코 충분하지가 않거든."

그녀가 옳았다. 세월이 흘러 그가 사임한 지 오랜 뒤에 나는 내가 아는 헤드헌팅 업체의 사람을 통해 그가 다시 지원을 했다는 말을 들었는데, 박사학위는 여전히 목록에 있었다. 조금 진전이 있었다고 하면 적어도 논문들은 더 이상 목록에 없었다는 것이다. 나는 또한 그의 아버지가 한국 어디에서도 근무한 적이 없었다는 사실도 알게 되었다. 이 슬픈 이야기는 불안감이 어떻게 사람을 해치는지를 잘 보여 준다.

쓸모없다는 느낌

사람들은 성공을 지킬 수 없을 때 자기파괴적인 경향을 보인다. 바로 조셉 엘리스에게 일어난 일이다. 또 빌 클린턴에게서도 일어났는데, 우리가 그 일들을 곰곰이 생각해보면 인정받는 것에 대한 욕구는 일부에 불과하다. 그 바닥에 있는 것은 쓸모없다는 느낌으로, 인생에서 자신의 행운, 즉 미국 대통령에 오르는 행운을 누릴 자격이 없다는 믿음이다. 클린턴이 자서전에서 모니카 르윈스키 사건을 전개하는 부분이 있다. 아니 모니카와 그의 사건에 거의 10페이지를 할애하고 있는데, 이것은 그 책의 대략 1%에 해당한다. 분명 그에게는 불쾌한 내용이다. 그러나 그는 〈내 인생*My Life*〉이라는 제목을 가진 작품에서 스캔들을 회피하지 않았다. "내가 모니카 르윈스키와 저지른 일은 비도덕적이고 바보 같은 짓이었다. 나는 마음 깊이 부끄러워하고 있다…."

그 책의 어디에도 그가 무엇을 했고 왜 했는지 직접 설명하는 부분은 없다. 비록 간접적이기는 한 대목이 있다. 클린턴은 자신의 군 복무에 대해 애증이 엇갈리는 입장이었다. ROTC 지원은 베트남에 가지 않아도 되는 좋은 기회라는 것을 알았다. 그러나 그가 언급한 대로 "어떤 사람은 10일 내에 그 버스를 타게 될 것이고, 그리고 나도 역시 타야만 할 수도 있다." 대부분의 고백은 다음의 기록에 나와 있다.

군대 징집과 관련된 나의 투쟁은 내가 정말 자격이 있는 사람이었고, 그럴 수 있는지에 대한 내 오랜 의문에 다시 불을 붙였다. 생각해보면 어려운 환경에서 자란 많은 사람들은 잠재적으로 자신을 비하하고, 더 나은 운명을 가질 가치가 없다고 느낀다. 나는 자연스럽게 진행되는 외적인 삶과 비밀이 숨겨져 있는 내적인 삶이 조화를 이루는 것이 매우 중요하다고 생각한다. 내가 어렸을 때 외적인 삶은 친구들과 놀이, 배움과 행동으로 채워졌다. 내적인 삶은 불확실성, 분노, 잠재된 폭력의 공포로 가득했다……그러나 조지타운에서 아버지의 폭력에 대한 위협이 소멸되면서 공포는 사라졌다. 그 다음부터 나는 좀 더 일관성 있는 삶을 살 수 있었다. 이제는 징집 딜레마가 다시 보복하듯이 나를 내적인 삶으로 돌려놨다. 나의 새롭고 흥분된 외적인 삶의 이면에는 자기 의심과 파괴를 부르는 오래된 악마들이 사악한 머리를 들고 다시 내 뒤에 따라붙고 있었다.

클린턴의 설명은 자기파괴적인 경향이 생기는 경우에 딱 들어맞는데, 그는 자기의 환경에 책임을 돌리고 있으며, 효과적으로 자신이 한쪽은 좋게 나타나는 두 개의 분열된 개인이라는 것을 보여주고 있다. 나쁜 개인은 모니카와 놀아난 쪽이다. 이는 자기파괴적이었고, 클린턴은 어쩌면 들통날 수도 있음을 알고 있었을 것이다. 들통이 나면 그처벌과 공개적인 수모는 스스로 그렇게 잘 표현했던 쓸모없다는 감정을 제대로 보여주게 된다. 어떤 의미에서 그가 성공하면 할수록, 성취하면 할수록 두 자아의 격차는 더 커진다. 그 갭은 클린턴이 그 둘을 화해시키기 더욱 힘들게 한다.

잭 내스 박사는 창조적인 사고력을 갖춘 지극히 사려 깊은 정신과 의사다. 나는 미국 대중의 지극한 사랑을 받다가 추락한 클린턴에 대해 곰곰이 생각하다가 그의 도움을 받기로 했다. 그의 부드러운 목소리는 클린턴에 대한 감정을 숨기고 있었다. 그는 클린턴을 대단하게 생각하지 않았음이 곧 드러났다.

클린턴은 우리 정신과 의사들이 '자기패배적인 인격'이라고 부르는 유형이다. 공식적인 진단 교본에는 나오지 않는 말이지만 하나의 유형으로 존재한다. 그는 알코올 중독자인 아버지와 응석부리는 대로 다 받아준 어머니가 있다. 그런 사람들의 환경이 그렇다. 자기가 대통령직을 영광스럽게 마치고, 노벨상을 받고, 지미 카터처럼 세계적인 정치인이 되는 것을 어떻게 느꼈을지 상상해보라. 마음 한구석에서 그는 자신이 세계에서 뛰어난 사람이라는 것을 안다. 그는 최고의 지위를 획득했고, 교활하거나 속임수를 쓰지도 않았다. 그는 외적으로 경이로운 삶을 살았으나 내면적으로는 그러지 못했다.

내스는 분명히 클린턴이 스스로 인격을 두 부분으로 나눠 자기평가한 것에 동의했다. 나는 이것이 르윈스키에게는 어떻게 적용되는지 물었다. "그는 들통날까봐 갈등을 겪었지만 예전에도 여러 번 그랬듯 잘 피할 수 있을 거라 생각했어요. 르윈스키는 버려집니다. 당연한 결과이지요. 그는 과거에도 여성들을 돈으로 샀어요. 사실 대통령으로 있는 바람에 어느 정도 피할 수 있었지요. 비록 탄핵을 받을 처지가 되었더라도…"

이 빈틈없는 해석에서 클린턴은 우디 앨런이 창조한 젤리그처럼 카멜레온과 상당히 비슷해보인다. 그의 복잡성은 근본적인 불안감과 자신은 일종의 위선자이며, 다른 위대한 세계 지도자들 반열에 속하지 않는다는 생각에 근거하고 있었다. 이는 그 자신의 글에서도 드러나는 감정인데 결국 자신을 다치게 하고 말았다.

죄책감이 세상을 움직인다

어느 정도 죄책감을 갖는 것은 나쁘지 않다. 이것은 우리가 욕망이나 충동을 함부로 내버려두어 거칠게 굴지 못하게 하는 감정인데, 우리 모두 어느 정도는 가지고 있다. 당신이 가질 자격이 없는 어떤 것을 갖는 데 대한 죄의식은 모든 수준에서 작동한다.

나보다 열 살 어린 테니스 동료가 있다. 내가 그와 정면 승부를 벌이면 나는 예외 없이 지고 마는데, 이유는 그의 샷이 나보다 더욱 세고 좋기 때문이다. 내가 그를 이기는 유일한 방법은 경기 속도를 천천히 하다가 그의 팔이 미치지 않는 곳으로 갑자기 공을 보내는 것이다. 그러면 그는 내 작전에 말려들어 보통 내가 이긴다. 그렇지만 때때로 나는 그런 경기 운영으로 얻어낸 승리는 공정하지 못하다고 생각된다. 그런 생각에서 정면 승부를 벌이면 또 다시 지고 만다. 그게 내가 받는 벌이다.

때때로 이것은 다행이라기보다 사람이 죄의식을 갖게 하고 자격이 없게 느끼도록 하는 불운이다. 심리학자 윌 컵칙은 보통 때는 정직한 사람들이 왜 좀도둑질을 하는지에 대해 쓴 책에서 사회생활을 막 시작했을 때 아내를 설득해 유산시킨 데 대한 죄책감으로 좀도둑질을 하는 한 남자를 설명하고 있다. 그는 아기가 자기 인생의 성공 단계에서 장애물이 될 것이라고 생각했다. 그러나 불행히도 몇 년 뒤 그들이 다시 시도했을 때 그의 아내는 임신이 불가능했다. 그 사실을 알게 된 남편은 자신을 용서할 수 없었다.

죄의식은 어떤 사람이 우리에게 부탁을 할 때도 작동한다. 학급 친구가 한 아이에게 장난감을 준다. 그 다음 날 장남감을 받은 아이에게 시험 볼 때 답을 보여달라고 부탁한다. 아이는 친구에게 답을 보여주다가 적발돼 영점을 받는다. 한 친구가 당신에게 자신의 딸을 놀이공원에 데리고 가달라고 부탁한다. 당신은 두통 때문에 정말 가기 싫지만 지난주에 친구가 내 아이들을 돌봐준 사실을 기억해낸다. 당신은 머리 위에서 해가 쨍쨍 내리쬐는데다가 오랜 시간 여러 줄에 서 있은 탓에 지독한 편두통에 시달린다. 지독한 고통에 시달리면서 부탁을 들어준 자신에게 저주를 퍼붓는다. 당신이 쓰러지기 전에 마지막으로 생각했던 기억은 다음과 같은 익숙한 경구다. "착한 일하고도 고생하는구나."

죄의식은 당신에게 몰래 다가간다. 제약회사에서 특혜를 받았던 닥터 Y의 경우를 들어보자. 당시에 그는 어떤 요청도 받지 않았다. 나중에 알츠하이머 질환과 유효한 처치법에 관한 논문을 쓸 때 그는 자신이 받은 특혜를 의식했던 탓에 제약회사 치료법의 사소한 일부 부작용을 축소했다. 이유는 탐욕에서가 아니라 마음 한구석에 그들이 베풀어준 하와이에서의 즐거웠던 휴가에 대해 빚을 갚고 싶었기 때문이었다. 그러나 훗날 그 부정한 하와이에서의 휴가가 들통나 사람들은 그의 논문의 진실성을 의심하게 되었다.

선물은 그리 크지 않아도 효과를 거둘 수 있다. 사실 의사들에게는 조그만 선물이 큰 것보다 훨씬 효과적이다. 선물의 크기 자체, 바로 크지 않다는 것이 별로 문제가 되지 않는다고 보게 만들기 때문이다. 그리고 그 사람도 사심없이 선물한 것이라고 설명하기도 쉽다. 문진이나 좋은 필기구, 또는 공짜 저녁이 어떻게 사람의 위상을 손상시킬 수 있겠는가? 그럼에도 불구하고 심리학적으로 선물을 주고받는 그 행위만으로도 충분한 영향력을 발휘한다는 것을 알 수 있다. 이런 값싼 물건이 효과적이라는 것은 제약회사가 그들에게 나눠준 선물을 보면 알 수 있다. 당연히 거의 모든 것에는 그 나름의 대가가 있듯이 더 큰 선물은 명백한 뇌물로 보이기 때문에 거부당하기가 쉽다.

죄의식과 결합된 불안감은 실제로 사람들이 잘못된 일을 되풀이하도록 만든다. 우리가 자신이 저지른 어떤 행동이 잘못됐다고 속으로 깊이 느끼고 있다고 하자. 그러나 우리는 어쨌든 그것을 하고 싶다. 그 행동을 거듭하는 것은 새로 시도할 때마다 우리의 행동을 정당화하게 하고, 따라서 우리가 그 일을 하는 것이 잘못된 것이 아니라고 느끼게끔 한다. 불행히도 이런 식으로 자기 잘못을 합리화하는 사람들은 잘못이 거듭되면 더욱 불안해진다.

예를 들어 당신이 좀도둑이라고 하자. 당신은 백화점 측에 '자신이 그 백화점에서 도둑질을 한 유일한 사람은 아니며, 그들보다 훔친 물건을 더 필요로 했고, 더 중요한 것은 그것들이 결코 비싼 물건은 아니'라는 내용의 편지를 써보내 자신의 행동을 정당화시키려 한다. 그러나 당신은 자신의 것이 아니면 가져선 안 된다는 진리를 확실히 알고 있다. 부조화를 다루는 한 가지 방법은 그것을 당신 안에 잘 가둬두는 것이다. 그 다음, 아무런 일도 일어나지 않고 또 그런 결과를 확실하게 예측할 수 있는 상황에서만 행동하는 것이다.

기회 갖기를 꺼린다

왜 사람들이 자기한테 좋고 본인도 그것을 알면서도 새로운 시도를 하지 않으려는지 궁금해한 적이 있는가? 처음 개인용 컴퓨터가 인기를 끌었을 때, 중년 이상은 대체로 사용하려 들지 않았다. "나는 구식이야"라고 말하거나 "옛날 방식이 더 좋아"라면서 구명기구나 되는 듯이 셀렉트릭(IBM에서 개발된 타이프라이터)을 껴안았다. 어떤 일을 할 때 스마트폰으로 당신의 방식을 누군가가 채택하도록 하거나 더 나은 의료계획에 등록하고, 일정을 관리하려고 시도했다가 좌절을 겪은 적이 있는가?

당연한 현상이다. 심리학자들에 따르면, 대부분의 사람들이 '위험 반대' 성향을 가지고 있다. 우리는 어떤 일을 하는 데 익숙한 자신만의 방식이 있다. 그래서 바꾸고 싶어 하지 않는다. 때때로 그것은 옳지만, 대개는 그렇지 않다. 거기에 왜 대부분의 사람들이 어떤 일을 다르게 시작하고, 보다 나은 방식으로 하는지에 대한 이유가 있다.

사람들이 비논리적으로 개혁에 저항할 때, 그들이 변화를 생각하는 개념에는 어느 정도 불안감 내지는 공포가 반영되고 있다. 이것은 생각보다 훨씬 더 뿌리가 깊다. 한 가지 실험에서 두 학급의 대학생들에게 질문지를 나눠주고 답을 쓰게 했다. 각 학급에는 참여하는 대가가 주어졌다. 한 쪽은 장식된 머그컵을 받았고, 다른 쪽은 커다란 스위스 초콜릿바였다. 교실을 떠나기 전 학생들에게 자기가 받은 것과 다른 것을 바꿀 수 있는 기회를 줬다. 그러나 바꾼 사람은 몇 명 뿐이었고, 90% 정도는 원래의 것을 가졌다.

심리학자들은 이런 형태의 행위를 '현상유지 선입견'이라는 용어로 설명하고 있다. 일종의 '알고 있는 어려움이 낫다'는 태도다. 좋은 예로 사람들은 책임감이 더욱 늘어난 새로운 지위로 승진하면서 그 직책을 맡아야 할지 걱정한다. 현재에 머문다면 승급, 전망 좋은 사무실, 비서, 긴 휴가는 얻을 수 없다. 사람들은 기꺼이 거기에 뛰어든다. 물론 아닐 수도 있다.

메이저리그 전직 야구선수였던 도그 글랜빌은 〈뉴욕타임스〉 의견란에 스테로이드제 복용 스캔들에 대해 다음과 같이 쓰고 있다.

> 그래요. 야구 선수들은 겁이 많아요. 개막일이나 400쪽에 이르는 미첼 보고서나 야구계의 능력 향상 약물 복용에 대한 하원의 청문회 때문이 아니라……그들 자신이 항상 겁을 먹고 있기 때문입니다. 한 선수의 경력은 항상 다 드러나 있습니다. 나는 34세의 고령으로 야구 시즌을 보낸 다음 162타석 만에 은퇴를 했습니다. 나는 그 전 해에 선발 출전 선수였어요. 경기에서 변화는 너무 빨랐어요. 인간의 본성은 그 빠른 변화에 제동을 걸고 싶어 합니다.

이 논평이 암시하는 것은 변화가 더욱 나쁠 수도 있다는 생각이다. 이것은 대체로 그 변화가 이득이 있고 없고에는 관계 없이 아는 것과 익숙한 것을 지키려는 욕망으로 해석된다.

쓸모없다는 느낌과 고립감

글랜빌은 불안감을 낳는 또 다른 문제를 들었다. 우리가 무능력해 지리라는 공포와, 나이든 구기선수들의 경우 쓸모없다는 두려움이 있다. 이 주제에 대한 그의 논평은 그 많은 선수들이 왜 자신이 결백 한데도 동료들에게 알려지기를 꺼려하는지 감정에 호소하고 있다. 그는 가슴이 아플 만큼 정직하게 써나간다. "그리고 이런 두려움을 극복하려고 모색하는 과정에서 우리는 어려움을 극복하는 데 필요하 다면 무엇이든 하는 사람들에게서 영감을 받는다." 동시에 그는 더 높은 이타적인 가치관은 별로 인정하지 않는다. 그는 다음과 같이 말 한다. "우리는 그것을 '동기' 또는 '야망'이라고 부르는데, 그러나 '무 엇이든 택하는' 것은 우리를 잘못된 길로 이끌 수 있고 인간성을 깎아 먹을 수도 있다. 그 경기는 우리를 농락하는 것으로 끝난다."

고립감에 대한 공포는 특히 속수무책이 되기 쉬운 환자와 노인들에 게 널리 퍼져 있다. 그런 공포감은 개인 생활에 영향을 미치고 판단력 에 심각한 손상을 끼친다. 의사는 환자의 상태를 만족스럽게 설명하 지 못한다. 의사가 너무 바빠 인간적으로 충분히 감정이입이 되지 않 을 수도 있다. 결과는 비슷하다. 가장 나쁜 공포, 상식적으로 충분히 예측 가능한 결과는 환자가 우울증에 빠지는 것이다. 그들은 심지어 죽음이 목전에 있다고 믿고 견딜 수 없는 고통을 걱정해 자살을 시도 하기도 한다.

정신과 의사 필립 레빈 박사는 장애를 가진 성인을 담당하는 민감 하고 조심스러운 성격의 사람이다. 그래서 나는 버려졌다는 감정의 영향을 이해하기 위해 도움을 얻으려 했다. 그는 다음과 같은 매력적인 사례를 들려주어 나를 놀라게 했다.

　분석가가 되려는 정신과 의사는 훈련의 일환으로 자신도 분석 과정을 거쳐야 한다. 레빈은 당시 담당 분석가를 만나기 위해 그의 집 앞에 갔을 때 '판매(FOR SALE)' 표지가 붙어 있는 것을 보고 약간 불안했다고 이야기했다. 그 분석가는 직접적인 반응을 보이지 않았다. 그러다 그에게 나가는 길에 다시 한 번 살펴보라고 말했다. 레빈이 그 표지를 다시 봤을 때, 놀랍게도 '젖은 페인트(WET PAINT)'라고 쓰여 있는 것을 발견했다.

　"믿기 어려운 이야긴데요?" 나는 말했다. "그건 무슨 의미인가요?"

　"몇 가지 가능성이 떠올랐어요." 그는 대답했다. "가장 분명한 것은 나는 아직 훈련을 마치지 못했는데, 분석 도중에 담당자가 떠날 수도 있다는 것을 알고 두려워했다는 사실이었어요. 다른 생각은 그가 뭘 판다는 것을 뜻한다고 할 수 있는데, 그가 분석가 허가증을 나에게 주는 것을 의미했어요. 그리고 아마도 WET PAINT는 내가 그를 일시적으로 잃었다는 것이고, FOR SALE은 그를 영원히 활용할 수 없다는 것을 의미했어요."

　올바른 대답이 무엇이든, 버려짐의 공포와 연결된 감정들은 잘 훈련된 직업인일지라도 그 의미에 눌려 실수를 저지를 만큼 깊다.

　젊은이들은 똑같이 상처받기 쉽다. 어린아이들처럼 보호받으려고 서로에게 의지한다. 다른 사람들의 분노나 폭력, 비판, 모욕 등에 맞서서 자신을 방어하기에 무능하다고 불안해한다. 어른으로서 비슷한 위협을 당하고 있다고 느낄 때, 사람들은 그날을 기억하게 된다. 그대의 기억을 떠올릴 때, 상처받지 않게 해주리라 믿고는 멍청하고 위험한 일들을 저지르게 된다.

나는 한때 2차 대전이 일어나기 전에 독일에서 자란 한 교수를 알았다. 카를과 부인 조안은 우리 부부와 친했다. 우리는 함께 콘서트장도 가고 종종 서로를 집으로 초대해 저녁도 함께 했다. 나는 전쟁 전 그의 경험에 대해 잘 알지 못했으나 나치 정권에서 지낸 유대인 어린이로서 1938년 미국으로 오기 전에 상당히 고통을 겪었으리라고 상상했다.

우리가 다른 지역으로 이사를 가면서 그들과 연락이 끊어졌다. 그러던 어느 날, 어떤 계기가 있었는지 기억은 나지 않지만 나는 그들의 안부를 묻기 위해 전화를 걸었다. 조안이 전화를 받았다.

"아, 잘 지냈어요? 오랫동안 소식을 못 들었네요?"

"그래요." 나는 미안해하며 말했다. "더 빨리 전화했어야 했는데…. 어쨌든, 요즘 카를과 당신은 별일 없어요?"

"소식 못 들었나요?" 그녀가 말했다.

"무슨 일이 있었나요?" 나는 걱정스런 목소리로 대답했다.

"카를은 3년 전에 자살했어요."

"뭐라고요!" 나는 아연실색했다. 그는 항상 세상에서 가장 냉정하고, 열심히 일하고, 자기 연구에 헌신적인 사람처럼 보였다. 그렇다고 일 중독자는 아니었다. 그는 약간 비틀린 유머 감각을 가지고 있었으며, 낙관적이었고 아내와 아이들에게 헌신적이었다. "어떻게 그런 일이 있을 수 있어요?" 나는 물었다.

"글쎄요." 그녀는 거의 있는 그대로 이야기했다. "간단하게 말하면 카를은 여기서 물리학과 학과장이었어요. 그는 9년 동안이나 그 자리에 있었는데, 모두들 그를 좋아했고 그도 열심히 일했어요. 그래서 그는 계속 재임명 되었었죠. 그런데 일부에서 좀 더 젊은 사람들이 그 일을 해야 한다고 생각하는 교수들이 있었어요. 결국 그들은 다른 사람을 뽑았어요. 당신은 아마 안됐구나 하고 생각하겠죠. 그러나 그 사건은 카를에게는 재앙이었어요."

"왜요?" 나는 물었다.

"그 선거가 그를 어린 시절로 돌려보냈던 거예요. 카를은 유대인이 거의 없는 바바리아의 작은 마을에서 자랐어요. 어느 날 나치가 지역 정부를 점령했고 그들은 마을사람들에게 유대인들은 더 이상 지역공립학교에 다닐 수 없다고 말했어요. 카를은 어떤 일이 벌어졌는지 알 수가 없었어요. 그는 아침이면 항상 그랬듯이 학교엘 갔어요. 그가 걸어 들어가면 선생님은 그의 귀를 잡고 몸으로 밀어 문밖으로 내쫓았어요. 그는 믿을 수 없을 정도로 충격을 받았고, 아이들이 그를 보고 웃으며 '더러운 유대인'이라고 불렀을 때 특히 더 그랬어요. 당시 여덟 살이었던 그는 집으로 가서 부모님에게 말했어요. 그들은 겁에 질렸지만 할 수 있는 일은 아무것도 없었어요. 그 뒤 오래지 않아 미국으로 온 거예요."

"카를은 결코 잊지 못했어요. '내 모든 세계가 한순간에 사라졌어.'

그는 우리가 그에 대해 이야기할 때마다 나에게 말했고 꽤 자주 그랬어요. 선거는 매우 고통스럽고 기운을 빼는 일이었기 때문에 그를 다시 그 시절로 데려갔어요. 자신이 동료들에 의해 거부당했다고 생각했죠. 그는 우울증에 빠져들었고, 다시는 헤어 나오지 못했어요. 의사의 도움을 받으려고 했지만 그는 거절했어요. 어느 날 집에 오니 그가 침대에 누워 있었어요. 약을 먹고 그렇게 떠나갔어요."

그 이야기는 나와 아내를 몹시 비통하게 했다. 지금도 몇 십 년이 흘렀는데도 이 이야기를 쓰면서 매우 속이 상한다. 분명히 예외적인 경우다. 그러나 우리 모두가 지닌 공포와 불안감의 끝자락을 보여주고 있는 이런 이야기들에 비춰볼 때, 정상상태를 그렇게 자주 강조하는 것은 예사롭지 않다는 것이 분명하다. 이와 같은 사례들은 내면의 고민스런 감정들과 우리의 안전에 대한 감각이나 안전이 침해받을 때 솟아나는 감정을 이해할 수 있게 해준다.

| 벼랑 끝에서 |

어떤 게 '정상'이고 어떤 게 아닌지는 정상이라는 단어가 대단히 일반적인 용어이므로 구분하기가 쉽지 않다. 대부분의 사람들은 정상인과 정신질환자 사이에 각자의 행동 영역이 있다는 데 동의한다. 예를 들어 당신이 10년 만에 처음으로 속도위반 딱지를 떼고 화를 낸다면 그것은 정상이다. 그 때문에 여러 날 잠을 못 잔다면, 당신은 내가 '벼랑 끝에' 있다고 부르는 상태다. 당신이 최근 사망한 여동생의 죽음을 단기간 슬퍼한다면 정상이다. 그러나 2년이 지나도 여전히 슬픔이 당신의 인생에 얽혀 있다면 문제가 된다. 만약 당신이 어떤 사람에게 화를 내고 더 이상 친구가 아니라고 결심했다면 그것은 정상이다. 그러나 새벽 2시에 전화를 걸어 그들을 깨우고 전화기에 대고 깊은 숨을 내쉬고 있다면 정말로 벼랑 끝에 서 있는 것이다. 그러나 당신이 '그 위기를 넘는다면', 극복해낸다면 아마 정신질환자는 아닐 것이다.

만약 어떤 문제가 당신의 정상적인 기능이나 행위에 지장을 준다면, 어쩌면 심각한 다른 일이 진행되는 것일 수도 있다. 그 범주 내에서도 범위는 넓다. 불안을 느끼는 사람은 발륨 같은 의료 처방을 받을 수 있다. 그러나 그들이 처방받은 것보다 더 자주 먹고 다른 약도 함께 복용할 때는 약물남용 사례가 된다. 더욱 심각한 위기 상태를 일컫는 임상 용어로는 우울증, 편집증, 강박신경증 등이 있는데, 거기에도 이들 질환을 앓고 있는 사람들이 얼마나 심각하게 영향을 받고 있는지에 따라 다양하게 분류된다. 그들은 직장에서 별다른 문제 없이 일을 하고 친구들과 영화도 보러 가는 등, 상대적으로 정상생활을 하고 대체로 잘 해나간다.

그럼에도 불구하고 그들이 겪는 공포와 불안, 걱정, 질병들은 때때로 그들을 비논리적으로 행동하게 만들고, 그들은 자기파괴적이거나 어리석은 일을 해서 파멸로 치닫는다. 그렇기 때문에 그런 행동의 감춰진 원인을 이해하려는 노력은 매우 중요하다. 우리들은 망상형 정신분열증처럼 사람들이 현실과 유리되는 상태에 대해 논하고 있는 것이 아니다. 그보다는 불행하게도 사람들을 가끔씩 정상에서 벗어나도록 만드는 수많은 문제들에 대해 이야기하고 있다.

무엇이 '벼랑'으로 내모는가?

참을 수 있는 종류와 정도의 차이는 개개인마다 다르다. 사람들에게는 저마다 아주 싫어하는 것과 우리를 괴롭히는 다양한 것들이 있다. 다양한 환경은 우리를 혼란스럽게 만든다. 우리가 봐왔듯이 인간 행동의 깊이를 측량하는 것은 매우 어려운 도전이다. 그럼에도 불구하고 대부분의 사람들에게 '벼랑 끝' 행동을 일으키는 몇 가지 일반적인 이유가 있다. 나는 대략 다음의 범주로 나누었다.

1. 임상심리학적 문제들
2. 약물 남용
3. 일반적인 스트레스
4. 자극 찾기

임상심리학적 문제들

–감정 제어가 안 될 때–

우주비행사를 생각할 때 우리는 안정성의 전형이라고 떠올린다. 그들의 자신감 넘치는 신선한 얼굴들을 신문이나 TV에서 보면 자연스럽게 그들을 믿게 된다. 그들은 최고의 동기부여를 갖고 고도의 훈련을 받은 애국적인 개인으로 미국이 준비한 최고의 프로젝트를 대표하고 있다. 또한 그들이 숱한 경쟁 과정을 거쳐 선택된 사실을 안다.

즉, 그들은 시민 영웅들로 구성된 엘리트 집단이다.

그래서 미국인들은 바로 눈앞에서 자신을 무너뜨려버린 우주비행사 리사 마리 노워크의 기묘한 사례를 듣고 경악했다. 그녀는 2007년 2월 5일 첫 번째 우주비행을 마치고 돌아온 지 7개월 뒤, 플로리다 주 올란도에서 새벽 4시에 동료 우주비행사 살인미수 혐의로 체포됐다. 그것은 매우 섬뜩한 일이었는데 내용이 매우 기묘해 수백만 미국인들의 시선이 관련 뉴스에 몰렸다.

콜린 시프먼 대위와 윌리엄 오펠라인이 사랑하는 관계라는 데 분노한 노워크 대위는 참을 수가 없었다. 노워크(기혼자)는 오펠라인과 2년을 사귀었는데, 오펠라인은 그녀에게 헤어지자고 통보했다. 그녀는 시프먼을 만나기 위해 텍사스 휴스턴에서 올란도까지 950마일을 잠시도 쉬지 않고 내달렸다. 그녀의 계획은 액션영화에서 봐왔던 장면 그대로였다. 금발머리를 감추려고 검은 가발로 변장을 했다. 경찰은 그녀의 차에서 강철 망치, 칼, 후추 스프레이, 4피트 길이의 고무관, 고무장갑, 쓰레기봉투, 그리고 압축 공기총 등을 발견했다. 보도에 따르면 노워크는 이동 시간을 단축하기 위해 기저귀를 착용하고 있었는데, 그래서 휘발유를 넣을 때를 빼고는 어디서도 차를 세울 필요가 없었다.

노워크는 경찰에 "시프먼과 대화를 하기 위해 유인할 때 쓰려고" 공기총을 준비했다고 말했다. 후추 스프레이는 이미 사용을 했는데, 시프먼은 트렌치코트를 입은 노워크와 공항 주차장에서 만났을 때 그것으로 공격을 당했다. 노워크 대위는 사건 당시 24시간 이상 자지 못한 상태였다. 헝클어지고 갈피를 못 잡는 듯이 보였기에 그녀는 전자감시장치를 부착한 뒤에 보석으로 풀려나 휴스턴으로 돌아갔다. 그녀의 처지를 동정하는 여론은 있었지만 NASA는 한 달 뒤 그녀를 해고했다. 그러나 그녀는 현재 비행훈련을 맡는 교육과정 개발자로 해군에 고용돼 계속 일하고 있다.

리사 노워크는 심야 TV쇼의 농담 주제가 됐고, 그녀의 탈선행위는 TV드라마 '범죄 전담반(Law & Order)'의 소재로 등장하기도 했다. 또 커먼(Common)이라는 괴짜 래퍼도 그녀를 묘사했는데, 그는 '난폭 운전'이라는 곡에서 "남자와 아이를 위해 그녀가 할 수 있는 모든 것은 여성 우주비행사처럼 미친 듯이 운전하는 것이었다"라고 노래한다. 패러디에는 그것이 무엇이든 어느 정도 진실성이 묻어난다. 그것은 사랑이나 복수, 권력에 대한 갈증 또는 명성에 대한 욕망이며, 정제되지 않은 감정들이 넘쳐 오르고, 사람들에게 극심한 피해를 입히는 그러한 사례를 보면 알 수 있다. 리사 노워크의 사건은 아주 전형적인 예이다.

그녀의 배경은 그러한 탈선행위에 대해 일말의 단서를 제공한다. 그녀는 겨우 여섯 살이었을 때부터 우주여행에 매료됐다. 성공에 대한 불타는 욕망이 더해져, 노워크는 약 1,500시간의 비행기록을 달성했다. 그녀는 우주비행사가 되려고 지독한 훈련과정을 거쳤으며, 여성이기에 더욱 처절하게 해냈다. 그녀와 같은 유형의 사람들은 실패를 받아들이는 것을 굉장히 힘들어 한다.

그러나 NASA에서 그 누구도 그녀가 재앙을 향해 질주해나가는 기미를 알아채지 못했다. 그 일이 있기 바로 몇 주 전 노워크와 남편이 헤어지지만 않았어도 그런 일이 일어나지 않았을 수도 있다. 그러나 사람이 감정적으로 분별력을 잃게 되는 경우가 종종 있다. 거기에는 그들을 거의 돌아버리게 만드는 사건이 존재한다. 특히 그녀가 자신의 애인을 되찾기 위해 전화를 통해서나 직접 만나서 벌이는 노력 중 하나가 그 사건과 결합된 경우였다. 게다가 이미 화가 난 사람에게 장거리 운전은 더욱 강력한 기폭제가 되었던 것이다.

특히 거부당한 사랑은 믿기 어려울 정도로 사람을 격노하게 만들곤 한다. 아마 사람을 소유하고자 하는 욕망이 물건을 가지려는 욕구보다 훨씬 더 크기 때문이다. 우리는 사람 없이 살아갈 수 없고 그보다 더 강력한 것은 없다고 확신한다.

리사의 텍사스 동료로 불륜을 저지른 남편을 죽이려고 차로 달려들었던 클라라 해리스의 경우를 보자. 그리고 자기 남자친구와 관계가 있다고 의심되는 여성이 1만 3,000피트 아래로 떨어져 죽는 것을 기쁘게 바라봤던 벨기에 여자는 어떤가? 그녀는 사랑의 라이벌에게 고장 난 낙하산을 줬다. 엘스 클로테맨스라는 이름의 그 여성은 보도에 따르면, 엘스 반 도렌이라는 가명을 사용했다. 결국 그녀는 살인혐의로 기소됐고 경찰의 심문을 받기 전에 자살을 시도했다.

많은 사람들은 그런 행동의 원천은 인간 두뇌의 심리학적 구성에도 있다고 주장했다. 신경심리학자 허먼 다비도비츠 박사에게 이에 대해 물었을 때, 그는 "뇌의 좌측 전두엽은 감정을 조절하고, 우측 전두엽은 그 감정들을 표현하는 곳입니다. 좌측 전두엽이 올바르게 작동하지 않으면 쉽게 좌절하게 되고 무분별한 행동을 저지르게 됩니다"라고 설명했다. 나는 이것이 우리가 내부의 배선을 통제할 수 없다는 것을 의미하느냐고 물었다. 그의 대답은 깨우침을 주었다. "어떤 사람은 태어날 때부터의 감정적 배선이 잘못돼 있습니다. 일부는 환경과 관련이 있어요. 배선은 불변이 아니라는 사실을 항상 기억해야 합니다. 그것은 종종 환경적 요소에 반응해 달라집니다."

−조울증−

조울증은 적절한 치료를 받지 않으면 자신은 물론 주변 사람들에게도 심각한 해를 끼치고 불안하게 만드는 반작용을 낳는다. 근본적으로 조절이 되지 않는 행복감에서 우울함까지 극단적인 기분을 특징으로 하는 장애다. 조증인 상태가 특히 위험하다. 이 분야 전문의인 정신과 의사 잭 내스 박사는 자기 진료 분석자료에서 한 가지 사례를 건네 줬다.

"조증 상태에서 차를 몰다가 대형 트레일러와 정면으로 충돌했으나 살아난 환자가 있었어요. 상당히 자기파괴적이지요? 그러나 그는 자신이 죽을 것이라고 생각하지 않았답니다. 그에게는 그런 짓이 자기파괴적이지 않아요. 마침 그때 판단력이 너무 나빠져 자신이 살 수 있다고 생각하는 겁니다. 말하자면 아무도 그가 무너지리라고 생각 못한 빌 클린턴과는 다른 거예요."

"그 남자는 살았나요?" 나는 물었다.

"그래요. 괜찮았다고 생각해요. 심각하긴 했지만. 그는 낮은 속도로 몰았고 트럭을 정면으로 들이받지는 않았던 것 같아요. 그는 병원에 실려갔어요. 그에게 말했지요. '다시는 그러지 말아요. 그렇게 몰면 안 돼요.' 치료 과정에서 다시는 그러지 않았어요." 그는 싱긋 웃으며 말했다.

"치료를 받지 않은 조울증 환자들에게는 어떤 일이 일어나나요?" 나는 물었다.

"그들은 예언자가 돼요. 예수나 아브라함이 되지요. 실제로 옛날 지도자들은 대개 조울증을 앓았어요."

내스는 조증 상태를 다음과 같이 비교했다. "내부로부터 당신의 체제에 흥분제인 암페타민을 주입시키는 겁니다. 당신은 행복하고 그 감정이 사라지지 않아요. 사실 이것은 진행될수록 더욱 심각해지고 정말로 고통스런 상태에 놓이게 됩니다."

7천만 장 이상의 앨범을 판 브리트니 스피어스는 다소 엉뚱한 소동에 휘말렸다. 명성에 대한 압박감, 추잡한 이혼, 자녀양육권 싸움에 더해, 그녀의 터무니없는 행동에 대한 임상 설명은 다중인격장애에서 산후우울증, 조울증에까지 걸쳐 있다. 확실히 그녀는 조증 이론을 뒷받침하는 신호들을 다양하게 선보였다. 끊임없는 클럽순회, 공개 삭발, 신체 노출, 수송용 들것에 가죽끈으로 묶여 운반되기도 하고 우산으로 차를 때리는 등 목록은 계속 이어진다.

2008년 1월에 나는 전직 뉴욕 주 대법원장이었던 솔 와틀러를 인터뷰했다. 그에게 일어났던 일과, 15년이 지난 뒤 그 모든 것을 어떻게 느끼고 있는지 알고 싶었다. 그는 아직도 롱아일랜드에서 살고 있는

데, 그곳은 그의 고향이다. 회색 스웨터와 깨끗하게 다려진 초콜릿색 바지를 입고 와틀러는 따뜻하게 나를 맞아줬다. 나는 그의 눈을 들여다보고 세월이 흐른 탓에 약간 흐려졌지만 여전히 상당한 매력과 인생이 담겨 있음을 즉시 알았다. 77세의 나이에도 그는 여전히 정력적이고 정신도 맑았다.

전직 대법원장은 아직도 못견뎌했다. 그는 성공적인 범죄소설 〈블러드 브라더스Blood Brother〉를 썼고, 형사사법제도에 대해 정기적으로 강연도 하고 있다. 와틀러는 최근 법률 면허증을 다시 얻었고, 투로 로스쿨에서 강의도 하고 있다. 분명히 그는 재기에 성공했다. 그러나 시련의 상처를 가지고 있다. "나는 이제 다시는 사람들을 실망시키지 않도록 해야 한다는 것을 압니다." 그는 거의 수심에 잠겨 말한다. "그러나 고맙게도 오랫동안 내 곁을 지켜준 함께 일했던 판사들을 포함해 가족과 친구들이 있습니다." 그는 정신적 질환을 가진 죄수를 다루는 방식을 바꾸려는 열정을 가지고 있다. 와틀러는 자신이 저지른 일 때문에 직접적인 경험을 했다.

"나처럼 정신적 질환을 가진 죄수들이 잘못을 저지르면 독방에 가두는데, 그것은 사태를 더욱 나쁘게 만듭니다. 그래서 나는 그것을 바꾸는 법률을 도입하는 일을 돕고 있어요. 조만간 성공하리라고 확신해요. 그러나 주된 목적은 정신적으로 장애가 있는 사람들을 전체적으로 감옥 밖에서 보살피도록 하는 것입니다. 또한 정신질환을 유발하는 원인에 대해 대중의 경각심을 높일 필요가 있어요. 예를 들면, 우리 가족 일부에도 정신질환이 있었습니다. 그러나 수치심 때문에 애길하지 않아 나는 내가 정신질환을 앓고 있다는 사실을 깨닫지 못했고, 내가 체포됐을 당시에도 몰랐어요."

판사 와틀러는 자신의 잘못된 행동에 대해 스스로 조울증이었다고 변호했다. 그러나 그는 자신의 범죄행위는 변명할 여지가 없다고 인정했다. 그는 판사로서 알아야만 했다. 제정신이란 옳고 그름을 아는 것이고 사람의 행동 결과를 이해하는 것이다. 와틀러는 자기가 정상이었음을 인정했고, 자신의 병이 사건을 기각하는 근거는 될 수 없다고 말했다. 그러나 자신의 견해로는 그 정신질환에 근거해 자신의 행동을 설명했고, 그럴 수 있었다. 따라서 그는 자신이 아픈 사람으로 간주돼야 하며, 평범한 범죄자가 아니라 신속한 처치가 필요한 사람으로 취급받아야 한다고 주장했다.

이미 통제가 되지 않는 브리트니 스피어스와 같은 상황에서는 정신질환은 아무 근거가 되지 않는다. 와틀러의 경우에는 가능성이 있다. 그가 미리 알고서 자신이 체포된 사건에서 정신질환을 이용했다면 어쩌나? 그는 간단히 다음과 같이 말할 것이다. "내가 누군지 생각해 봐. 대법원장, 유망한 주지사 후보에 모범이 되는 삶을 살았던 사람이야. 말 그대로 내가 정신이 없었기 때문에 이런 짓을 했던 거라고. 그러니 내가 말한 게 사실이야." 만약 그의 범죄행각이 초기에 밝혀지지 않았더라면, 조이 실버먼의 스토커를 창조해 그로부터 그녀를 구해낸 영웅이 되고자 했던 그의 영악한 행동이 실제로 그녀를 되찾게 할 가능성은 항상 있다고 봐야 한다.

일부에서 주장하듯이 와틀러가 변호를 위해 미리 정신질환을 계획했던 것 같지는 않다. 왜냐고? 그로 인해 초래될 부정적인 결과 때문이다. 만약 들통나면 너무나 큰 문제였다. 그의 화려한 경력은 끝나고 대중의 모욕은 물론 감옥에 가는 등 최악의 상황이 기다리고 있다. 특히 그가 정신질환을 숨겨진 어떤 것으로 보는 세대라는 사실을 고려할 때 더욱 그가 병자라고 주장하는 것은 거기서 벗어나는 방법으로는 적절하지 않다.

또한 사람들은 그가 과거에 조울증이 있다고 주장한 적도 결코 없었고, 그에 관련된 어떤 징후도 없었다고 지적한다. 사실 질환이란 언제든지 덮칠 수도 있다. 조증인 사람들은 일반적으로 그렇게 극단으로 흐를 수 없다고 말하는 사람들의 주장은 정신적 무능 상태에 대해 사람들의 반응이 다양하고 폭이 넓다는 점을 우리가 알고 있기에 이치에 맞지 않는다. 우리는 모두 그런 점에서 다르다.

−강박행동−

파괴적인 행동을 부추길 수 있는 다른 질병은 강박행동인데, 어떤 점에서 사람이 원하지도 않고 통제도 못하는 강박관념이다. 심해지면 대개 강박신경증으로 분류된다. 때때로 상당히 폭력적이고 두려운 것이 될 수 있는 강박관념은 대체로 사람들 사이에서 문제를 일으킨다. 흔히 그런 징후의 등장은 다가올 더 큰 문제에 대한 경고인데, 사람들은 자주 그 신호를 무시한다.

예를 들어, 전화 기록은 리사 노워크가 헤어진 연인 윌리엄 오펠라인에게 단 하루 동안 적어도 12번의 전화와 7개의 문자 메시지를 보냈다는 사실을 알려주고 있다. 그것이 바로 강박행동이다. 이는 2003년에 아동 음란물을 소유하고, 미성년자와 섹스를 하고 해외여행을 한 혐의로 체포된 전직 뉴저지 주 대법원 판사인 스티븐 톰슨의 경우도 마찬가지다. 그 강박관념의 본질은 경찰이 그가 수천 장에 이르는 아동 포르노 사진이 담긴 57장의 CD를 가지고 있는 것을 발견했다는 사실에서 명백해졌다.

제프리 투빈은 모니카 르윈스키 사건에 대한 책을 썼는데, 빌 클린턴을 그의 오랜 성 정복의 역사 속에서 강제적인 방식에 집착하고 죄의식에 지배된 사람으로 묘사했다. 타이거 우즈도 역시 섹스에 강박을 느꼈고, 분명히 자랑스러워했다. "나는 널 지치게 할 거야……지난번에 너를 녹다운 시킨 게 언제였더라?" 〈US위클리〉에 따르면 그는 2009년 9월 27일 정부인 제이미 그룹스에게 그렇게 자랑했다고 한다. 섹스 중독으로 표현해도 무방하다. 그 문제를 해결하려고 우즈는 미시시피 주 해티스버그에 있는 파인 그로브 재활센터에서 운영하는 '젠틀 패스'라는 프로그램에 들어갔다. 그곳은 섹스 중독을 치료하는 전문기관이다.

강박관념은 애정이나 지저분한 화제에만 국한되지 않고, 다른 분야에도 똑같이 피해를 입힐 수 있다. 잉글하드 회사의 프랜시스 비탈레 주니어의 이상한 강박관념은 어떤가? 시간이라는 개념 자체에 매혹된 비탈레는 골동품 시계들을 너무나 사랑했다. 그래서 컬렉션 자금을 충당하려고 회사에서 1,200만 달러의 자금을 유용했다. 얼마나 값비싼 취미인가! 그의 변호사는 비탈레가 판단력을 해칠 정도로 수집에 사로잡혀 있었다고 말했다. 그의 혐의가 밝혀진 후, 비탈레는 재활센터에 들어갔다. 상황을 고려할 때 가장 훌륭한 생각이었다. 전 미스 아메리카 베스 미어슨은 좀도둑질이라는 무모한 행위를 저지르기 훨씬 전인 1980년에 이미 강박행동의 증거를 뚜렷하게 내보였다. 그 당시 경찰 보고서는 그녀가 자신과 개인적으로 관련 있다고 생각했던 사람들에게 '수십 통'의 협박편지를 보냈다고 주장했다.

강박행동은 많은 사람들을 상대로 할 수도 있고, 또는 솔 와틀러가 조이 실버먼에게 한 것처럼 한 사람에 집중될 수도 있다. 아마도 한때 브롱크스의 유명한 변호사이자, 사람을 고용해 여자 친구 린다 리스의 얼굴에 잿물을 뿌리도록 시켰던 버트 푸가치의 사건만큼 얼빠진 사례는 없을 것이다. 그는 이 무시무시하고 집착적인 범죄로 감옥에 갔다. 더욱 이해할 수 없는 일은 그가 풀려났을 때 린다는 그와 결혼식을 올렸다. 이 놀라운 이야기는 '크레이지 러브'라는 다큐 영화로 만들어졌다.

노워크와 미어슨의 경우처럼 이 사건도 일찍이 위험스런 징후가 있었다. 여자 친구와 헤어졌을 때 푸가치는 그녀에게 계속해서 전화를 해댔고, 심지어 사람을 고용해 그녀의 창문에 돌을 던지게 했다. 그 다음 전화를 걸어 그녀에게 예언하듯 말했다. "만약 당신을 갖지 못한다면 아무도 당신을 가질 수 없게 할 거야. 내가 당신을 해치우면 아무도 당신을 원할 수 없게 될 거니까." 실제로 푸가치는 그 위협대로 실행했다. 이 사건은 정신질환으로 정확한 진단을 받은 적이 없어도 정신에 문제가 있는 사람은 주위 사람들에게 엄청난 피해를 가할 수 있음을 증명하고 있다.

린다는 왜 그와 결혼했을까? 그녀는 '기독교도의 용서'라는 신념과 점쟁이의 충고, 다른 사람이 그와 결혼할 수도 있다는 생각, 그리고 그가 저지른 일에 자신도 책임이 있다는 생각 때문이었다고 했다. 푸가치 부인은 보아하니 우스꽝스러운 유머감각을 가진 것 같다. 사람들이 그녀의 피부가 얼마나 아름답게 보이는지 평을 했는데, 그녀는 "잿물이 피부에는 좋은데 시력에는 좋지 않아요"라고 대답한다. 그녀의 남편도 마찬가지다. 아내가 그에게 원한을 품고 있으면 어쩌느냐고 묻자, 그는 험악한 농담을 던진다. "그녀는 나에게 그것을 뿌리지는 않을 것이다"라고.

이 이상한 사람들은 내가 설명하고자 하는 '멍청한 일들'을 실제로 저지른 사람들이기에 흥미를 끈다. 조금 덜 강박적인 행동은 상당히 흔하다. 우표 수집가, 조니 뎁이나 브래드 피트와 '사랑에 빠진' 여성들, 양키스나 에인절 야구팀들의 팬들 등이 해당된다. 상당한 마조히즘도 있겠지만, 뉴욕 네츠나 마이애미 히트(적어도 르브론 제임스가 그들에게 합류하기 전까지), 미네소타 팀버울브스 등 프로 스포츠 팀을 끔찍하게 따르는 사람들 중에는 강박관념을 가진 사람이 많을 것이다. 강박신경증을 치료하는 정신과 의사 내스조차 가끔 강박적인 생각을 한다. 그는 눈을 반짝이면서 자신이 '꿈속의 도서관'이라고 부르는 것에 대해 이야기했다.

꿈속에 서가에서 책을 한 권 집어서 빼보니 도서관에서 빌린

책이다. 만기일을 보니 10일 전이다. 걱정이 되어 반납하려고 도서관으로 달려간다. 만약 그러지 않으면 일어날 어떤 끔찍한 일을 두렵기 때문이다. 도서관에 도착했을 때, 주말이어서 문이 닫혀 있다.

나는 의과를 다닌 뒤 이런 종류의 꿈들을 꾸곤 했다. 꿈속에서 나는 한 시간 뒤에 시험을 봐야 했는데, 시험은 말할 것도 없고 그런 과정이 있다는 것도 알지 못했다. 나는 다른 사람에게서 노트를 빌려서 미친 듯이 읽기 시작한다. 그러나 시간 안에 결코 준비를 할 수 없다. 시험이 연기되기를 바라면서 학교로 달려가는데 시험을 치는 장소를 아무도 모른다.

사람들은 종종 걱정거리를 유발하는 내용의 꿈을 꾼다. 그들은 정기적으로 버스나 기차를 놓치거나 대중 앞에서 옷을 벗고 있고, 맹수나 거대한 곤충들이 자신을 쫓아오는 악몽을 꾼다. 그러나 이것들은 우리의 억눌린 공포를 표출하는 정상 범위에 있는 현상이니 크게 신경쓸 것은 없다.

'정상'과 '진짜'의 편집증

사람이 인지된 위협에 대해 과도한 공포나 걱정을 가질 때, 일반적으로 편집증(피해망상)이라고 말한다. 이것은 하늘에서 내려오는 목소리를 듣거나, 자기가 사는 아파트 천장에 카메라가 설치돼 있다고 생각하는 등, 개인이 현실감을 잃었을 때 기인하는 망상형 정신분열증과 같은 정신병에 대한 이야기가 아니다. 편집증은 지극히 정상인 사람이 다른 사람들이 자기를 어떻게 인식하는지에 지나친 관심을 갖는 것을 의미한다. 어떤 사람이 친구에게 "프랭크, 너는 편집증에 걸렸어"라고 할 때, 이것은 "너는 걱정을 너무 많이 하는 거야. 조는 너를 미워하지 않아. 그는 널 해칠 생각이 전혀 없다고. 절대로 네가 잘못 생각하는 거야"라는 것을 뜻한다.

보통 그런 경우에 프랭크는 전부 잘못됐다고 받아들이지 않는다. 그는 아마도 그렇게 생각하는 어떤 근거를 가지고 있다. 그래서 "피해망상에게도 적이 있다"란 농담이 상식적인 문구로 통용되고 있다. 이것은 그가 조의 논평이나 행동에 너무 많은 의미를 두고 있기 때문일 수도 있다. 그리고 이러한 편집증은 일부 사람들에게 종종 그들이 나중에 후회하거나 어리석은 짓이었다고 느끼는 일을 하게끔 할 수 있다.

실제로 편집증은 연속적으로 나타날 때 가장 잘 알 수 있다. 조와 프랭크의 경우와 논의됐던 사례들은 정상 범위에 잘 맞아 떨어진다. 그것들은 정신질환으로 여겨지지는 않으나 어리석은 행동을 초래할 수 있다. 여기서 논의된 것들은 종종 신경병이나 더 나쁘게 진단되는 일종의 편집증 행동과 비슷하기 때문이다.

다음의 시나리오를 그려보자. 내 친구 부부가 사촌의 결혼식에 초대를 받았는데, 가족석 대신 일반 하객들과 함께 앉게 됐다. 그러나 그 사촌은 예를 갖춰 결혼식을 치렀다고 생각했다.

"왜 우리가 일반 하객들과 앉아야 하지?" 친구 부부는 궁금했다. 다른 사람들에게 정보를 얻어 알아낸 결과 아마도 값비싼 결혼 선물을 하지 않았기 때문에 신부의 부모(자기 쪽 가족들)가 가족석에 앉지 못하도록 배치했다고 생각했다. 그들은 결혼식이 끝나고도 얼마간 자신들을 그런 식으로 취급한 사촌과 그녀의 부모에게 적의를 느꼈고, 앞으로 가능한 한 접촉을 삼가기로 했다. 그러던 어느 날, 결혼한 사촌의 부모에게서 전화를 받았는데 넉넉한 결혼선물에 감사한다고 했다. 내 친구는 정중했지만 대화가 우호적이지는 않았다. 그리고 전화를 막 끊으려고 하는데, 사촌의 어머니가 말했다. "그건 그렇고, 두 사람이 우리 이웃들에게 친절하게 대해줘서 정말 고마워요. 그들은 당신들과 앉은 좌석에서 너무 좋은 시간을 보냈대요. 사실 나는 누구와 함께 앉힐까 걱정했는데, 당신들이 워낙 다정하고 항상 부드러우니 괜찮겠다고 생각했어요. 다시 한 번 감사드려요." 이야기의 전말이다.

내 학과 동료 한 명이 그녀가 살고 있는 지역사회에 대해 나와 함께 토론을 했다. 그녀의 견해는 자기가 이웃에 이사온 사람을 저녁 식사에 초대했다면 그들은 반드시 자신을 다시 초대해야 한다는 것이었다. 나는 왜 그게 의무가 돼야 하느냐고 물었더니 그녀는 말했다. "첫째로 그들이 이사를 왔기 때문에 우리 집으로 초대한 것은 아니에요. 그들을 위해 내가 식사를 준비하고 즐겁게 해주느라고 힘들었으니 그들은 거기에 대한 보답을 해야지요."

"그래요. 주장하는 바를 알겠어요. 그곳에선 다른 사람들도 그렇게 하나요?" 나는 물었다.

"그래요." 아네트는 말했다. "그러나 정직하게 말하면 비슷한 일로 오해를 했다가 나중에 후회하게 된 경우가 한 번 있었어요." 나는 호기심이 생겨 무슨 일이었는지 물었다.

"내가 길 아래 막 이사온 사람들을 초대한 적이 있었는데, 그들은 집으로 와서 즐겁게 지냈어요. 적어도 나는 그렇게 생각했어요. 그들은 최소한 우리보다 20세는 많았고, 스티브와 나는 그들과 공통점이 별로 없었지만, 지금도 그날 밤은 그런대로 좋았다고 생각해요. 그러나 그들은 거의 1년이 지나도록 우리를 초대하지 않았어요. 나는 화가 났어요. 그들은 우리보다 상당히 부자였기 때문에 아마도 우리를 깔보는 것이라고도 생각했어요. 스티브는 동의하지 않았어요. 그러나 그도 이렇게 되리라고 생각하진 않았겠지요. '당신은 그냥 피해망상이야'라고 그가 말했어요."

"그런데 이번에 그가 옳았다는 게 판명났어요. 어느 날 슈퍼마켓에서 그 남편을 만났는데 그는 나에게 말했어요. '정말 미안해요. 아직 당신들을 부르지 않아서. 아내가 정맥염에 걸려 침대에 누워 있고 병원에 다니고 있어 정신이 없답니다. 이제 회복되고 있으니 곧 당신들을 초대할 게요.' 내가 얼마나 겸연쩍었는지 상상이 되시죠."

아네트는 자기 말대로 '겸연쩍게' 느낄 수 있다. 그러나 그녀는 이런 식의 사태 접근법이나 자신의 견해를 바꿀 가능성은 없다. 상상이든 실제든, 무시에 대한 이런 정도의 예민함은 사람들의 기본 특성을 이루는 한 부분이기 때문이다. 이런 식으로 생각하는 사람들은 특별한 경우 사실과 다르다는 것을 발견하면, 그 상황은 예외로 보고 시간이 어느 정도 지난 뒤에 몸에 밴 사고방식으로 돌아가곤 한다. 이것은 보통 그런 경우에 대한 개인의 태도에서 패러다임 변화를 가져오는 대격변의 사건이 되기도 한다. 아네트가 자기 남편에 대해 언급하고 관찰한 바를 살펴보자. "자, 이번에는 그가 옳았던 것으로 판명됐어요."

이런 상황들을 모욕과 혼동해서는 안 된다. 여기서 모욕이란, 그 사람이 편집증 환자인지 그렇지 않은지에 관한 개인적 해석에 따른 것이기 쉽다. 나는 우리가 겪은 다소 우스운 사건을 기억하는데, 재밌는 사실은 아내가 너무 예민하게 반응했었다는 점이다. 우리는 아들의 결혼식에 동네 사람들을 초대했다. 1년이 지난 뒤, 그 중의 어떤 이의 딸이 결혼을 하게 되었다. 우리는 그들이 우리를 초대하지 않았다는 사실에 잘 알고 지냈던 이웃으로서 조금 놀랐다. 나중에 지인을 통해 그들이 우리보다 훨씬 적은 수의 손님을 초대했다는 사실을 전해 들었기 때문에 적어도 우리 부부가 따돌림을 당한 것은 아니라고 생각할 수 있었다.

그런데 우리가 미처 모르는 사실이 또 있었다. 우리가 속마음을 털어놓았던 그 친구가 착한 사마리아인 역할을 맡아 독자적으로 일을 처리해버렸던 것이다. 그는 결혼 준비를 하고 있던 부부에게 우리와 나눈 이야기를 전했다. 내가 생각하기에 그들이 해야할 일은 지극히 간단했다. 그저 우리에게 전화를 한 통 걸어 다음과 같이 말하면 된다. "대단히 미안해요. 당신들을 깜빡했지 뭐예요. 초대가 너무 늦었지만 우리 결혼식에 참석해주길 바라요. 와주시면 정말 기쁠 거예요."

그러나 그들은 그렇게 하지 않았다. 대신에 동네 슈퍼마켓에서 그 부인이 아내를 만나 말했다. "우리는 아직 당신의 회신을 못 받았어요." 그로써 책임이 우리에게로 넘어왔다. 그러나 내 아내도 그냥 넘어갈 사람이 아니다. 그녀는 상황 판단이 빨랐고 즉각적으로 되받아쳤다. "오, 정말이요? 그런데 우리는 보냈어요." 그 여성은 물론 자기가 초대장을 보내지 않았기 때문에 할 말을 잃고 말았다. 그녀가 평정을 되찾기 전에 내 아내가 덧붙였다. "우리는 정말 결혼식을 고대하고 있었어요."

이런 종류의 해프닝은 인간이 사는 세상에서 얼마나 많이 일어나고 있는지, 그리고 때때로 일이 얼마나 복잡하게 얽히는지 알려준다. 사회적 환경에 적응을 잘 하는 사람들은 어떤 일이든지 매우 자연스럽게 해낸다. 그런 기술이 결여된 사람들은 온 천지에 실수를 저지르며, 상처를 입거나 다른 사람에게 상처를 입히고, 아니면 둘 다를 저지르곤 한다.

앞에서 기술한 사건들에 관계된 사람들은 무거운 감정적 비용을 치를 수 있다. 그러나 그 영향력이 막대하지는 않다. 국가 간 지도자들 사이에서 그런 일이 일어난다면 그 파문은 엄청나다. 이것을 이해하려면 다름 아닌 워터게이트 사건을 살펴볼 필요가 있다. 사람들은 워터게이트 사건을 생각할 때, '삼류 도둑질', '스캔들', '정치적 야바위'와 같은 단어들을 떠올린다.

1972년 6월 17일, 백악관에서 고용한 다섯 명의 사내들이 민주당 본부에 침입했다가 현행범으로 붙잡혔다. 그들의 체포로 그 이전의 도둑질과 불법 도청사례가 밝혀졌다. 그 스캔들이 공화당에게는 재앙으로 다가왔고 당시 대통령이었던 리처드 닉슨의 사임으로 이어졌던 것은 섣불리 후속 조사를 덮으려고 했기 때문이었다. 대통령 자신도 직접 그런 행동에 연결이 됐고 보좌관들과 고문들 여럿은 불명예스럽게 퇴진했으며 몇 명은 감옥으로 갔다.

　닉슨은 편집증으로 간주됐는데, 자기의 적들을 훔쳐보려는 강박관념에 빠져 있었다. 사람들은 그의 생각과 행동을 노이로제로 묘사했다. 다른 모든 지도자들처럼 적을 가졌을 때, 그는 그들을 물리치기 위해 단호한 조치를 취했다. 이런 이미지는 그의 초기 경력에서 찾아볼 수 있는데, 캘리포니아에서 상원의원에 입후보해 지저분한 선거운동으로 성공한 뒤에 그는 '교활한 사람'이라는 별명을 얻었다. 워터게이트 사건은 모두에게 그의 정치 경력에서 가장 그다운 윤리적 행동의 전형으로 보여준 것이다.

　편집증 환자들은 지극히 의심이 많고 쉽게 감정을 상한다. 그들은 완고하고 화해하는 능력이 없다. 항상 편집증 상태인 지도자를 꼽자면 사담 후세인을 예로 들 수 있다. 그는 자국민을 대량 학살하는 만행을 저질렀고, 침략전쟁을 시작했으며, 자기 자녀들을 포함해 모두에게 무자비하고 기만적이었다. 1995년에 그는 요르단으로 피신한 딸들에게 가족들을 전원 용서하겠다고 약속하면서 이라크로 돌아오라고 설득했다. 그러나 그들이 돌아온 3일 뒤 냉혹하게 그녀들의 남편을 살해하고 말았다.

사람들은 사담이 만약 대량살상무기를 가지고 있다는 오해를 불러일으키지 않도록 주변 국가와 미국, UN 등을 진솔하게 설득할 수 있었더라면 미국이 침범하는 일은 없었을 것이다. 그의 실패는 궁극적으로 자기 자신을 포함해 수천 명의 사망자를 낳는 사태로 확대됐다. 권력자가 내린 잘못된 판단은 한 국가의 운명을 좌우한다는 것을 여실히 보여주고 있다. 그런 어리석음을 이해하기 위해 그가 어떤 결함을 가졌는지 면밀히 살펴볼 필요가 있다.

〈위험한 세계의 지도자들과 추종자들 *Leaders and Their Followers in a Dangerous World*〉의 저자인 제롤드 포스트는 이 의문을 밝혀내고, 고향에서 유대인과 사담과의 관계에 대해 거의 알려지지 않은 상당히 주목할 만한 사실을 제공하고 있다. 사담의 아버지는 병으로 죽었는데 암이었던 것 같다. 어머니는 임신 중이었고, 형은 어머니가 임신 8개월이었을 때 암으로 죽었다. 그녀는 자살을 시도했으나 얄궂게도 유대인 가족이 그녀를 살렸다. 그리고 그녀는 임신 중인 사담을 유산시키려고 했으나 이번에도 또 유대인 가족이 개입해 그러지 못했다. 우리는 사담이 태어나지 않았다면 최근의 역사가 어떤 방향으로 달라졌을지 추측해볼 수밖에 없다.

그의 어머니는 사담을 낳은 뒤 우울증에 걸려 그를 버렸다. 그는 세 살이 되어서야 비로소 그녀를 다시 만났다. 당시 의붓아버지는 그를 학대했고, 그래서 그는 다른 사람에게 진정으로 마음을 베푸는 능력을 갖추지 못했다. 어떤 사람들은 이런 일을 겪으면 우울해지거나 절망에 빠진다. 그러나 사담과 같은 사람들은 자신들을 공격한 사람에게 결코 굴복하지 않겠다는 반응을 보인다. 따라서 그의 폭력과 사악함은 어린 시절 정신적 충격의 직접적인 결과로 볼 수 있다. 외관상 비논리적인 그의 행동들은 그가 적으로 인식하는 누구에게든지 치명적인 폭력성으로 대응하려는 거의 원초적인 반응에서 나온다고 이해할 수 있다.

2008년 1월 22일, 〈뉴욕타임스〉 1면에 등장한 기사는 '크든 작든, 줄리아니에 맞서면 대가를 치른다'라는 제목이었다. 기사에서 전직 뉴욕 시장이자 대권주자였던 루디 줄리아니는 자기에게 저항한 사람들에게 보복하기 위해 무엇이든 하려드는 무자비하고 앙심 깊은 지도자로 묘사되고 있었다. 희생자 중에는 '브롱크스에서 빨간불 함정수사'에 대해 불만을 제기한 운전사, AIDS 운동가들, 그를 비판한 뒤 시청의 블루룸에서 공식사진이 철거당한 전직 시장인 데이비드 딘킨스와 에드 코치 등이 있다.

〈뉴욕타임스〉는 줄리아니의 편은 아니지만, 협박조의 논평은 현실적이고 진실이었다. 그 기사 때문에 인터뷰한 한 변호사는 당시를 회상했다. "복수의 문화는 매우 관심을 끈다." 또한 사소한 계기로 적이 되어버린 경우도 흔했다. 그는 심지어 맨해튼대학 시절 과 선거에서 패배한뒤 함께 경합을 벌였던 당선자에게 원한을 품었다고 알려졌다. 이 모든 것이 임상에서 말하는 편집증일까? 확실히 그렇다고 말하기는 어렵다. 전문가들은 그 의문에 동의하지 않을 것이다. 그러나 논쟁거리는 된다.

그러나 한편 줄리아니는 엄청난 업적으로 시민들의 신임을 얻고 있기도 하다. 똑같은 한 개인이 9·11 이후 가장 필요한 시기에 카리스마와 강력한 지도력을 발휘하여 큰 충격으로 패닉에 빠진 도시를 진정시키고 한데 뭉치게 했다. 더욱이 그의 행정부에서는 범죄도 줄어들고 가끔 특별한 이익집단의 과도한 영향력도 줄었으며, 도시의 경제가 되살아났다.

거기에는 거대한 자아를 가진 사람의 이중성이 빈번하게 드러난다. 외부 위협에 대해 방어하는 그의 거친 반작용들은 자주 언급됐지만, 아마도 그는 자주 인용되는 다음과 같은 말에 가장 크게 동의하는 부류에 속할 것이다. "계란을 깨지 않고 오믈렛을 만들 순 없다." 현실에서나 상상 속에서나 적들에게 강박관념을 갖는 특징을 보이는 성격은 종종 일에 있어 집중력을 발휘하거나 긍정적인 에너지를 발산하고, 그런 집중력과 에너지는 도시 전체를 위대하게 만들 대단한 비전을 창조하는 데 필요한 프로젝트와 프로그램을 완성시켰다. 뉴욕주지사 엘리엇 스피처, 더글러스 맥아더 장군, 그리고 다른 지도자들을 생각해보면 집중과 긍정적인 에너지 중 어느 하나가 결여됐을 때 겪는 어려움이 드러난다.

자아를 드러내다

"자아(id)를 드러내다"는 지금부터 살펴볼 상식에서 벗어난 인간형을 묘사하는 가장 적당한 말이다. 윌리엄과 조앤 맥코드는 유명한 저서 〈사이코패스*The Psychopath*〉에서 그러한 인간 유형을 잘 묘사하고 있다. 사실 오늘날에는 소시오패스(sociopath, 반사회적 인격장애자)가 더욱 보편적인 용어다. 소시오패스들은 매우 공격적이고 충동적인 사람으로서 쾌락과 권력을 갈망하며, 자신들의 행동에 조그만 죄의 식도 갖지 않는다.

예를 들어 소시오패스가 전철에서 어떤 사람과 부딪친다. "뭐하는 짓이야?" 다른 사람이 그에게 말한다. "지옥에나 가라!" 이게 그의 대답이다. 그보다 두 배나 되는 체격의 상대방은 소시오패스를 늘씬 하게 두들겨 패준다. 그 소시오패스는 왜 그토록 무모하게 대들었을 까? 그에게는 걱정이나 주의력, 가장 뚜렷하게는 잘못된 일을 저지를 지 모른다는 정상적인 감각의 경계가 없기 때문이다.

이러한 유형들의 자아형성은 상당히 일찍 시작된다. 메뚜기의 다리 를 잡아떼거나 그것을 불에 집어넣는 아이들을 주의해서 살펴보라. 그러한 중상의 원인은 무엇인가? 현 시점에서는 모른다. 지독한 감정 적 박탈감이나 두뇌 손상을 겪었을 수도 있다. 고인이 된 윌리엄 '버 드' 맥코드는 나와 오랫동안 가까운 친구였는데, 한 번은 나를 시립대 학에 데려가 다음과 같이 말했다. "나는 수백 명의 사이코패스를 봐 왔는데, 이것은 주변을 가장 혼란스럽게 만드는 증상이야. 징말 알려 진 치료방법이 없어. 그들의 행동을 바꿀 수 있는 유일한 시기는 그들 의 자아가 형성되는 어린 시절뿐이야. 그때조차도 성공할 수 있는 기 회는 아주 적어." 그들이 입히는 손해는 엄청나서, 친구들이나 동료 들에게 거짓말을 하고, 비즈니스에서 사기를 치고, 불필요한 수술을 추천하거나 시행하는 등, 전과자이든 자유로운 시민이든 관계 없이 수많은 비난받을 일을 저지르곤 한다.

그런 일을 저지른 인간형으로 버니 매도프만큼 더 좋은 최근의 유명 사례는 없다. 그의 행동과 발언들을 보면 그는 완벽하게 조건을 만족시킨다. 매도프는 자기와 아주 가까운 사람들을 속였다. 여동생은 물론, 어릴 때부터 친구였던 사람들, 금융계 경력에서 가장 중요하고 가까웠던 사람들이었다. 심지어 그의 금융제국이 파멸로 치달을 때, 최대의 조언자였던 칼 샤피로에게 평생 갚을 수 없는 엄청난 금액인 2억 5,000만 달러를 지불하도록 책임을 지웠다.

그의 희생자들 가운데는 불행히도 형편이 어려운 사람들도 많았다. 어떤 여성은 자기가 가진 돈을 다 잃고 나서 쓰레기통을 뒤져 음식을 찾는 궁핍한 생활을 하고 있다. 그는 다가올 금융위기에 대해 어느 누구에게도 경고하지 않았고, 그가 저지른 일에 대해 선고를 하는 판사에게 간단한 사과형식의 문서를 제출하는 것 이상으로 후회의 기색도 보이지 않았다. 그의 개인사를 생각할 때, 이것은 전혀 납득할 수가 없다. 당연한 결과로 그는 150년 형을 선고받았다.

사이코패스들은 특질상 특권의식을 가진 자기밖에 모르는 인간들이다. 그래서 맥코드가 주장했듯이 사이코패스의 전형적인 특성이라고 말할 수는 없지만 자신들의 육체적 외모에 많은 관심을 갖는다. 매도프는 그 범주에도 들어맞는다. 앤드류 커츠먼은 매도프의 전기에서 그는 "외모에 관심이 대단했으며 자신을 금융계의 거물처럼 보이도록 꾸미고 다녔고, 머리를 이마로부터 뒤로 빗어넘겨 길고 숱 많은 머리를 흠잡을 데 없이 단정하게 만졌다"고 언급하고 있다. 자신의 아파트를 떠나는 화면에서 그가 어리벙벙하고 능글맞은 웃음을 반쯤 얼굴에 흘리고 있는 모습과 보석으로 풀려났다가 다시 법정에 돌아왔을 때 거의 의도적으로 무관심한 척하거나 냉소적인 표정을 짓는 듯한 그의 모습은 사람들의 뇌리에서 쉽게 지워지지 않을 것이다.

그러나 매도프의 소시오패스적인 본성을 암시하는 다른 증거는 감옥에서 형을 살기 시작했을 때 그가 한 발언에서 찾을 수 있다. 〈뉴욕 매거진〉의 기사에 따르면, 그는 잘 살고 탐욕 많은 사람들을 속였다고 말했다. 마치 자기는 아닌 것처럼. 그가 피해를 입힌 사람들에 대해 어떻게 생각하느냐고 묻자, 매도프는 쏘아붙였다. "빌어먹을, 희생자라고? 20년 동안 나는 그들을 위해 희생했고, 이제 150년을 더 그렇게 살아야 한다고!" 그의 일그러진 세상에 정의란 없다.

온실 속 사람들

사람들이 자신의 인생에 대해 죄책감에 시달리면 파괴적인 일을 할 수 있다. 동부 메릴랜드 보수구역에서 선출된 전직 하원의원 로버트 바우먼은 동성애를 내놓고 반대했다. 네 아이를 둔 아버지인 바우먼은 1980년 모든 언론의 헤드라인을 장식했는데, 남창과 섹스를 한 것이 들통났기 때문이었다. 그 한 번이 아니었다. 그는 추락 후에 자신의 책에서 다음과 같이 자기 잘못을 반성하고 있다. "나는 커다란 죄책감을 느끼고, 매주 토요일 캐피털 힐에 있는 성 피터스 교회나 세인트 조셉에 고해성사를 하러갈 때마다…다시는 그런 짓을 하지 않겠다고 신과 나 자신에게 맹세한다."

바우먼은 자기 문제를 다섯 살 무렵 자기를 꼬였던 이웃의 열두 살짜리 소년에게로 추적해갔다. 그는 내부적으로 겪던 그 갈등과 자기혐오에 대한 분노로 자신 속의 악마를 쫓아내려고 노력했다. "나는 내가 '게이'가 아니라고 선언했다. 군사학교 동료들에게서 호모와 관련된 모든 비난을 들었을 때, 나는 단호하게 그런 비열한 종자의 하나가 되는 일은 없을 것이라 결심했다."

이중생활을 끌어가는 압박감을 견딜 수 없어지면, 그런 일이 일어났을 때 사람들은 그 결과에 상관없이 차라리 들통난 것을 거의 반긴다. 어떤 점에서 바우먼은 더 이상 자기의 동성애 취향을 감추지 않아도 되니 안도했을 수도 있다. 이런 일은 사람들의 행동이 이런 식으로 압박에서 해방될 때 일어날 수 있다는 적절한 암시가 된다.

실각한 엘리엇 스피처의 경우에도 확실히 이런 주장이 가능하다. 창녀를 사는 것은 분명히 그의 엄격한 성장 배경과 매춘부를 기소하는 역할과 배치된다. 이것은 반작용 형성 증후군으로 불린다. 그는 그런 행동이 위선적이라는 것을 깨달았어야 했다. 그가 끝내고 싶어 했던 징후는 있었다. 그렇지 않다면 왜 가명으로 자신의 친한 친구이며 중요한 지원자였던 조지 폭스의 이름을 사용했을까? 왜 매춘부를 메이플라워 같은 유명한 호텔에서 만났을까? 왜 지불형식으로 현금을 이체했을까? 금액을 감안할 때 IRS에 보고되리라는 것을 그는 확실히 알고 있었을 것이다. 이것은 그가 법무장관이었을 때 다른 사람을 기소할 때 증거로 제시한 바로 그 이체 양식이었다.

스피처에게 들통나길 원했느냐고 묻는다면 그는 거의 펄쩍 뛰며 부인할 것이다. 그러나 그런 바람은 잠재의식이나 거의 의식하지 않는 수준에서 작동한다. 이 사실과 그의 행동에 대한 앞의 토론 사이에 모순되는 점은 없다. 사람은 한 가지 이상의 이유로 멍청한 일에 얽힐 수 있다. 스피처의 경우는 그가 느낀 죄책감이 십자군으로 변하게 했다. 또한 똑같이 다른 사람을 지배하려는 강력한 욕구를 수반하고 있었다.

무의식은 결코 거짓말하지 않는다

'무의식'이란 지그문트 프로이트가 창안한 말로 역시 감정의 도가니에서 중추적인 역할을 수행한다. 그의 책 〈일상의 정신병리학〉에서 프로이트는 유명한 말을 한다. "무의식은 결코 거짓말을 하지 않는다." 무의식이란 우리들이 원하는 바를 나타내고, 그에 대한 죄책감을 불러일으키는 두뇌의 한 부분이다. 여기에는 걱정과 억압된 생각, 성적 욕망 등 전부가 포함된다. 때때로 우리는 그것들을 통제할 수 없다. 그리고 이것이 자기답지 않게 행동하는 원인으로 작용할 때, 리사 노워크가 그랬던 것처럼, 우리는 그 행동을 설명하고 합리화하려고 애쓴다. 이른바 무의식이 우리를 행동하게끔 했기에 실제로 그런 일이 일어났다는 것이다. 우리는 무의식이 저지른 행동을 설명할 수는 없다. 의미대로 그것을 의식하지 않기 때문이다.

이레네 와인먼 마르쿠스는 흠잡을 데 없는 자격을 갖춘 영국 출신의 정신분석가다. 침대맡 공포와 격리에 대한 어린이 책들을 집필해온 그녀는 지그문트의 명석한 딸, 안나 프로이트의 마지막 제자 중 한 명이었다. 나는 그녀에게 리사 노워크의 사례를 설명하고 무의식이 어떻게 작동하는지 문의했다. 멋있고 두뇌가 명석한 이레네는 애교있는 웃음을 지으며 대답을 했다.

"그래요. 그런 방식으로 나타날 수 있어요. 그러나 그녀의 경우는 아니에요. 알다시피 이것은 행동 그 자체가 아니라 무의식적인 동기예요. 행동은 우리가 의식해요. 내 고객이었던 어떤 사람의 이야기를 해줄 게요. 그는 자기 아버지의 인정을 받으려고 여전히 인상을 남길 수 있는 일을 하고 싶어 해요. 그는 50세나 됐는데도 아버지에게 자기의 성공에 대해 이야기해요. 그는 자신이 아버지보다 더 성공하려고 애쓰는 사실을 의식하지 못해요. 무의식에서 자기가 아이였을 때 아버지가 충분히 칭찬해주지 않았기에 항상 망설이고 아직도 그를 미워하고 있어요."

좀도둑질은 주변에서 일어나는 가장 보편적인 범죄다. 많은 사람들이 해마다 그런 일을 저지른다. 이것은 순간적인 충동으로 저지르는 기회의 범죄인데, 절도를 통해 저속한 쾌감을 찾는 사람들은 기회가 왔을 때 행동한다. 그들은 특히 크리스마스 시즌 무렵 절실히 갖고 싶지만 여유가 없어서 사지 못한 물건들을 훔치기 위해 위험을 무릅쓴다. 대체로 지역사회 봉사 등 노역 봉사의 판결로 결론이 나는 명예회손, 벌금, 경범죄 등의 처벌을 받는다. 때로는 원인들이 더욱 복합적이다. 그렇게 되면 사람들은 대체로 그 뒤에 무엇이 있는지 알아보려고 노력한다.

그런 사례를 심각하게 연구한 사람들은 별로 없다. 심리학자인 윌 컵칙이 진행한 좀도둑에 관한 연구는 감정들이 간접적으로 작용하는 원인을 다루고 있다는 견지에서 매력적이다. 컵칙과 동료들은 캐나다에서 수많은 좀도둑 사례를 평가한 뒤 스트레스, 분노, 결핍, 그리고 어떤 것을 조종하거나 복수하려는 욕망에서 저지른다고 결론지었다. 전형적으로 좀도둑은 하찮은 것들을 훔치는데, 그들은 그 물건 값을 지불할 여유도 있다. 좀도둑질은 근본적인 해결책은 아니지만 공허감을 채우는 한 가지 방법이 된다. 그것이 어떻게 작용하는지를 알려주는 몇 가지 사례가 있다.

재산이 200만 달러나 되는 유명한 변호사가 약국에서 치약 하나를 훔친 혐의로 체포됐다. 매니저는 그의 업적을 칭찬하는 신문 기사의 사진에서 본 그를 알아봤다. 그는 자신이 무슨 짓을 했는지 모르겠다고 주장했다. 놀랍게도 도둑질을 한 그날은 그의 네 살짜리 아들이 항암치료를 받기로 예약돼 있었다.

빌은 회사에서 여직원 샐리와 부적절한 관계를 맺고 있는 결혼한 43세의 상임 부사장이었다. 그의 아내 도로시는 무슨 일이 일어나고 있는지 아무 낌새도 알아채지 못했다. 샐리는 2년 동안 도로시와 이혼하라고 졸라대고 있었다. 빌은 그러겠다고 약속했다. 그러나 계속 미루기만 했다. 샐리는 끝내 지쳐서 그와 회사를 뒤로 하고 다른 도시로 떠났다. 그는 그 사실을 아내와의 결혼 24주년 기념일이 되기 며칠 전에야 알게 되었다. 그는 그다지 축하할 기분은 들지 않았지만 그래야만 하는 건 안다. 그래서 가까운 상점에서 카드와 선물을 포장할 종이를 골라 값을 치르지 않고 그냥 나와버렸다. 경비원이 그를 막아 세웠고 주머니에 무엇이 들었는지 물었다. 그의 주머니에서 선물 포장지와 기념일 카드, 장식 리본 뭉치, 타이프라이터 리본 등이 나왔다. 재미있게도 빌은 타이프라이터를 사용하지도 않았다. 그가 훔친 물건은 전부 다해서 30달러도 채 되지 않았다.

그가 자기 변호사를 불렀을 때, 그 남자의 첫 반응은 "빌, 무슨 짓이에요? 당신의 신용과 직장에 어떤 영향을 주는지 알고 있는 거예요?" 빌은 치료를 받았을 때, 자기가 왜 그런 일을 저질렀는지 곧바로 이해했다. 그는 단순히 불행한 결혼 생활에서 자신을 해방시킬 능력이 없는 데 대한 원망을 나타냈던 것이다. 물건을 훔친다는 것은 그 사건을 기억하는 것이었고, 발각이 나서 벌을 받는 것은 그 전체 상황에 대해 자신이 느끼는 갈등과 죄책감을 표현하는 완벽한 방식이 될 수 있었다.

베스 미어슨의 경우도 상당수의 죄의식이 자리잡고 있었을 것이다. 펜실베이니아 백화점에서 도둑질을 하다 붙잡혔을 때 그녀는 이미 사기와 음모죄로 기소된 상태였다. 훔친 물건은 하찮은 것들이었다. 매니큐어 몇 병, 값싼 귀걸이 몇 개, 비싸지 않은 신발 한 켤레, 손전등 전지 몇 개 등. 얄궂게도 미어슨은 한때 뉴욕 시 소비자문제 위원이었는데, 그것은 소비자의 민원을 해결해주는 기관이다! 그런 사실은 심리학자들에게 확실히 좀도둑질이 그 사람을 상징하는 것이라며 신나게 떠벌릴 수 있도록 빌미를 제공했다.

미어슨은 젊지 않았다. 미국의 좀도둑 중 절반 이상이 25세 미만인데, 미어슨은 체포 당시 63세였다. 무엇보다 그녀가 그 당시에 펜실베이니아에 있었다는 것은 그녀의 좀도둑질에 어느 정도 근거를 제시한다. 그녀는 당시 펜실베이니아에 있는 자신이 직면한 사기 혐의의 공동피고이자 동료인 칼 카푸소를 방문했다. 자신이 존경받고 축하받던 그날들로부터 얼마나 멀리 와 있는지 마음이 괴로웠을 것이고, 카루소를 보는 것은 겉보기에 충동적인 행동을 일으키는 충분한 계기가 되고도 남는다.

다음으로 정규 교육을 거의 받지 않은 유모인 마사의 가슴 아픈 이야기가 있다. 그녀는 커다란 쇼핑백에 드레스 두 벌을 집어넣다가 쇼핑몰 경비원에게 현행범으로 붙잡혔다. 그녀의 집에서 경찰은 놀라운 사실을 발견했다. 대형 장롱에 150벌이 넘는 드레스가 모두 입지도 않은 채 가격표도 붙은 그대로 걸려 있었다! 대체 무슨 일인가?

마사에게는 왜 이 모든 드레스를 훔쳤는지 단서가 될 만한 게 없었다. 그녀는 분명히 입거나 팔 의도도 없었고, 그럴 생각도 하지 않았다. 이웃들은 그녀와 남편이 지역사회에서 자원봉사도 하고, 정기적으로 교회에 나가는 조용하고 열심히 일하는 사람들이라고 말했다. 마사는 경찰에게 자신이 가진 매우 흥미로운 습관 하나를 이야기했다. 그녀는 종종 오랜 시간 장롱 속 드레스들 사이에 앉아 있었다. 그러면 편안했다고 말했다.

"왜 그랬을까요?" 그녀를 치료한 컵칙 박사는 자문했다.

몇 차례 공판을 거친 뒤 마사는 자기가 도둑질을 집중적으로 했던 무렵에 기르던 강아지 요델이 죽었다고 말했다. 반려동물을 잃는 것은 종종 트라우마(외상성 신경증)를 남기는데, 특히 마사는 자기가 그 죽음에 책임이 있다고 생각했기에 견디기 힘들었다. 그녀는 부엌에서 저녁을 준비하다가 끓는 기름을 개에게 엎질렀다. 그들은 고통스러워하는 개를 죽일 수밖에 없었다. 게다가 요델은 자식이 없는 부부에게 아이 대신이었다.

그러나 여전히 컵칙은 자문했다. 왜 드레스인가? 왜 개 목걸이나 비스킷이 아닌가? 그리고 왜 그토록 많은 양을? 해답은 치료를 계속하면서 찾았는데 상당히 충격적이었다. 그러나 이해할 수 있게 되었다. 마사는 2차 대전 중 유럽에서 자랐다. 아버지는 전장에 나갔다. 어느 날 한 군인이 선혈이 낭자한 군복 차림으로 그녀가 일하고 있던 들판에서 자신을 향해 비틀거리면서 다가왔다. 그는 바로 그녀의 아버지였고, 그녀가 인사하려고 달려가자 푹 고꾸라지더니 그야말로 그녀의 팔에 안겨 죽었다.

그리고 이 부분이 정말 관심을 끄는 대목이다. 재봉사였던 마사의 어머니는 이 비극이 일어났을 때, 상당 기간 병석에 있었기에 그들에게는 남아있는 돈이 거의 없었다. 좋았던 시절 어머니는 마을의 잘사는 부인들을 위해 아름다운 드레스를 만들었는데, 그때 딸아이의 것도 함께 만들었다. 이제 그 드레스가 생존을 위한 물품이 됐다. 그녀는 마사에게 그녀의 드레스들을 포기하라고 했다. 그녀는 돈을 받고 팔거나 음식과 바꾸기 위해 읍내로 드레스를 가지고 갔다. 그 결과 드레스들은 생존과 동의어가 됐다. 아버지가 그녀 앞에서 무너졌을 때 모든 것이 시작됐다. 그리고 개의 죽음은 그 모든 것을 40년 전으로 돌려놓았다. 참혹하게 죽은 개의 죽음과 아버지의 군복에 흘렀던 피와 기름의 상징적 유사성이 그 비교를 한층 생생하게 만든다. 그것은 그녀의 내부에서 고통받아왔던 그 결핍을 보상해주고 싶은 욕구를 갖게 했고, 그토록 오래 억눌러왔던 훨씬 더 큰 결핍의 엄청난 기억을 되살렸다. 그녀의 세계에서 드레스를 훔치는 것보다 그녀의 생명을 구할 수 있는 더 나은 방법이 있겠는가? 더욱이 이 드레스들은 이제 그녀가 한때 살기 위해 팔아야 했던 소중한 가치를 지닌 그것들을 대체하는 것이었다.

뉴욕시립대학에 있는 내 사회학과 교실에는 상당수의 기계, 컴퓨터, 과학 전공자들이 들어온다. 학기 초에 나는 보통 물리학과 사회과학 사이의 중요한 차이 중 하나를 그들에게 설명한다. "화학에서는 만약 학생들이 해결책 A와 B를 올바른 상황에서 섞는다면 항상 합성체 C로 끝난다. 왜? 이것은 정확한 과학이기 때문이다. 수학도 마찬가지다. 2+2는 항상 4이다. 그러나 사회과학은 다르다. 당신은 25년 동안 어떤 사람을 알 수 있으나, 여전히 그들이 다음에 무슨 행동을 할지 정확하게 예측할 수 없다. 그래서 인간의 행동은 매우 흥미롭다. 만약 당신이 그 불확실성을 좋아하지 않는다면, 그 대답을 정확하게 꼭 알아야만 한다면, 이것은 당신에게 맞는 전공이 아니다."

좀도둑들에 대해 읽었을 때 마음에 떠오른 생각이었다. 인간은 끊임없이 놀랄 정도로 복잡하다. 그리고 사회과학자들이 그들 행위의 신비를 이해하기 위해 만드는 연결고리는 '독창적으로' 창조돼야만 한다. 그들은 결코 자신들이 옳은지 확신할 수 없다. 이것은 어떤 것이 일치할 때 무릎을 치게 만드는 느낌처럼 옳게 들리는 사실이다. 당신은 결정적으로 증명하지는 못해도 본능적으로는 알 것이다. 그래서 그게 아주 재미있고, 적어도 나와 많은 내 동료들에게는 그렇다.

약물 남용

이 문제는 깊게 생각할 것도 없이 너무나 명백하다. 세상에서 일어나는 수많은 이해할 수 없는 멍청하고 궁극적으로 파괴적인 행동에는 약물 남용의 흔적이 드러난다. 멜 깁슨이 자기를 체포한 유대인 경찰관에 대해 퍼부은 반유대주의 비난은 그가 술에 취하지 않았다면 입밖에 내지 않았을 것이다. 제이슨 블레어는 〈뉴리퍼블릭〉과 〈뉴욕타임스〉에서의 작업을 포함해 표절혐의가 인정돼 직업을 잃었고, 자기 문제의 주요 원인으로 약물과 알코올을 내세워 재활치료센터에 들어갔다. 유명하든 유명하지 않든, 부자든 가난하든, 셀 수 없이 많은 사람들이 마찬가지로 재활센터에 들어갔다. 약물 남용자들의 진단과 치료는 한 해 수십억 달러에 이르는 비용을 지출한다.

약물 남용을 실패와 동일하게 여기는 경향이 있는데 그건 결코 그렇지 않다. 2008년 1월 26일, 〈뉴욕타임스〉의 기사에 '곤경에 처한 코네티컷 주 외과의사 사망, 연루된 피고용자 한명 피소'라는 제목이 등장했다. 그 외과의사의 경력은 보아하니 자신의 약물 중독 탓에 끝이 났다. 도입 문장을 읽어보자.

　　이안 M. 루빈스는 모든 것을 다 가졌다. 그는 재건수술이 필
　요한 유방암 환자를 상대로 하는 기술 좋은 성형외과 의사였
　다. 그의 성형수술 재능은 이곳(코네티컷 주 멋진 그리니치)에
　200만 달러짜리 주택과, 버몬트에 10에이커의 스키 하우스, 39
　피트 보트, 비행기 등 그의 만족스런 삶을 이룰 수 있게 해줬
　다.

"그런데 그는 왜 그랬을까요?" 우리는 당황스러워하며 서로 물었
다. 그것은 그렇게 간단하게 설명할 수 있는 문제가 아니다.

　폴 마르쿠스 박사는 모든 종류의 문제를 가진 사람들을 다루는 우
수한 심리분석가이며 치료요법사다. 그의 전공 중 하나는 양육권 분
쟁이다. 뉴욕 주 사법제도에서 일하는 법의학 심리학자로서 그는 모
든 것을 봐왔고, 약물 남용이 가족 싸움에서부터 청부살인을 일으키
는 여러 병리학의 주된 요소라고 주장한다. 나는 그에게 사람들이 약
물과 알코올을 남용하게 만드는 이유가 무엇인지 물었다.

　마르쿠스는 의사로서만이 아니라 지성인으로서 매우 호감이 가는
동료다. 그는 10권의 책과 60편 가량의 논문을 썼다. 숱이 많은 곱슬
머리와 사물을 꿰뚫어보는 파란 눈동자를 가진 그는 재미있거나 요
점을 벗어나는 것을 생각할 때 종종 갑자기 웃음을 터뜨리곤 하는데,
나를 쳐다보더니 완전히 폭소를 터뜨린다. "자네가 알고 싶은 게 그

거야? 왜 사람들이 약물을 남용하고 술판을 벌일까? 다 들으려면 한 달 이상 걸릴 텐데?" 나는 그가 그들을 어떻게 보는지 요점만 알려 달라고 말한다.

유전적 요인을 제외하고 설명할 것은 우울증과 걱정이 주된 원인일 수 있어. 덧붙여 약물 남용자들은 자부심이 약하고 어리석게도 충동적이야. 그들은 만족감을 늦출 수 없어. 약물 상담자들은 종종 이 점을 이해하지 못해. 그들은 이 모두가 자기 통제가 본질이라고 생각하는데 절대로 그렇지 않아. 만약 밑바닥에 있는 원인, 그 증상을 다루지 않으면 절대로 그 문제는 풀 수 없어. 내 환자 중 한 명은 지하철 회전식 문을 뛰어넘다가 붙잡혔어. 그는 직원에게 뇌물로 500달러를 주려고 했는데 그 때문에 진짜 곤경에 처했지. 그에게는 코카인 남용 전과가 있었는데, 그것을 미처 생각하지 못한 거야, 글쎄. 약물은 판단력을 손상시키고, 그것을 취하려는 욕구는 과거에 깊이 뿌리를 내리고 있어. 그는 어렸을 때부터 약물 남용을 했고, 격정성 우울증을 가지고 있어.

음주가 사회생활 기본 구조의 한 부분이라는 생각을 부추기는 우리 문화도 크게 기여한다. 어떤 사람이 "나는 술이 필요해"라고 말한다. 우리 모두 동정적으로 끄덕인다. "누구 마실 사람?" 당신의 호스트는 파티에서 권한다. 오늘날에는 와인, 가급적 레드와인은 적절히 마시면 실제로 몸에 좋다고 하는 과학적인 연구까지 있다. 문제는 당신이 지나치게 과음을 하거나 약물을 복용할 때이다. 말할 것도 없이 부모와 문화적 태도, 동료 간의 경쟁, 미디어, 유용성 등 이 모든 부분이 전체 그림을 이루고 있다.

스트레스와 고통

또 다른 주된 원인은 스트레스다. 사람들은 '스트레스가 쌓일 때', 쉽게 자기답지 않은 행동을 저지른다. 그런 행동을 할 것인지 아닌지는 환경에 좌우되고 얼마나 스트레스를 잘 받아들이는지에 달려있다. 종종 이런 행동을 촉발시키는 요소들이 결합되기도 한다. 빌과 힐러리 클린턴은 르윈스키 스캔들 이후 상담 프로그램에 들어갔다. 거기서 빌이 얻었다고 보고한 통찰은 모든 사람에게 적용된다. 그의 말이다. 그는 "내가 지쳤고, 화나고, 외롭고 혼자라고 느꼈을 때, 더욱 이기적이 되기 쉽고, 나중에 후회하게 되는 자기파괴적인 실수를 저지르기 쉽다는 사실을 이해하게 됐다."

일반적으로 지도자들은 평범한 사람들보다 더 큰 압박감에 노출돼 있기 때문에 이런 증후군에 시달릴 가능성이 더 많다. 감당 못할 일정을 소화하며, 당연히 잠도 조금만 자야 하고, 수많은 위기를 극복한다. 물론 그래서 그들이 더 나은 것이지만. 그들이 스트레스를 다른 사람들보다 더 잘 극복하거나 거기 해당되지 않는다고 가정하더라도 그 압박감은 견디기 힘들다. 지미 카터가 이란 대사관 인질 위기 동안 얼마나 나이 들어보였는지를 보라. 워터게이트 사건에 대한 리처드 닉슨의 고압적인 반응은 어떤가? 존 F. 케네디 역시 1961년 보좌관들이 그에게 쿠바 침공을 설득하려고 했을 때, 몇 가지 중요한 실수를 저질렀다.

2006년 3월, 조지 W. 부시 대통령의 전직 국내정책 보좌관인 클로드 알렌은 대형 할인몰과 백화점에서 수천 달러어치의 상품을 훔친 혐의를 받았다. 그는 훔친 물건을 돈으로 바꾸기 위해 도둑질을 했다. 알렌은 상당히 엄격한 성격의 소유자로 술을 마시지 않는 복음주의 아프리카 미국인이며, 개인의 책임을 주장하는 당론을 강조하는 공화당원이었다.

외형상 그의 행동은 설명이 안 되는데, 그가 저지른 행동 그 자체뿐 아니라 그는 자기 사무실이 있는 백악관에서 대통령과 함께 정기적인 미팅을 가질 정도로 성공한 사람이었기 때문이다. 그러나 표면 아래에는 여러 문제가 있었다. 그는 연방 판사에 지명되지 않아 실망했고 또 남동생과 법적 소송을 벌이고 있었다.

무엇보다 그는 흑인 공화당원이라는 데 스트레스를 느꼈다. 알렌의 멘토들에는 골수 보수주의자인 제시 헬름스 상원의원과 대법원 판사인 클라렌스 토마스가 포함된다. 그는 마틴 루터 킹 주니어의 기념일 제정에 반대함으로써 동료 흑인들의 격렬한 비난을 받기도 했다. 한편, 백악관에서 그의 위치는 거의 권력이 없는 쪽이었다. 그저 '상징'으로 여겨지는 데 대한 압박감은 자신이 속한 사람들을 대변하는 본보기가 되는 생활로 감정을 이끌어야 했다. 그것은 그냥 자신을 갉아

먹는 일이었다.

가끔은 한 가지 사건만으로 스트레스를 일으켜 비이성적인 행동으로 치닫는 경우도 있다. 한 심리학자의 환자 중에 술에 취해 핼러윈 가면을 쓰고 세븐 일레븐 편의점에서 도둑질을 한 75세의 가장이 있었다. 경찰에 따르면 그 남자는 초범이었고 매우 공손했다. 그는 무엇 때문에 그랬는가? 아내가 말기 암 진단을 받았다는 소식을 들은 직후 일을 저질렀던 것이다.

배우 마이클 리처즈의 급격한 몰락은 스트레스가 한 사람의 인생에 얼마나 큰 영향을 끼치는지를 보여주는 완벽한 사례다. 리처즈는 코스모 크레이머로 알려진 사인펠드에서 괴짜 역할로 활약해 유명해졌다. 쇼가 끝나 다른 분야로 이동해서 변신을 해야 했다. 리처즈는 스탠드업 코미디로 나섰는데, 썩 인기를 끌지 못했다. 어느 날 밤 그는 웨스트 할리우드에 있는 라프 팩토리에서 가진 공연에서 일부 흑인 관객에게 야유를 받았을 때 갑자기 폭발해버렸다. 그것은 평소의 모습이 아니었고, 그의 발언이 인종주의적이었다는 사실은 대중의 마음에 지워지지 않는 흔적을 남겼다. 그것은 그가 보여준 생생한 장면이었고, 불행히도 관객들이 녹화를 해서 유튜브에 올리고 말았다. "50년 전엔 너 같은 놈은 똥구멍에 포크를 꽂아서 거꾸로 매달아버리곤 했었지. 시대가 달라졌으니 이제는 말할 자유가 있다 이거지. 그래, 너 용감하다 X새끼야. 엉덩이를 날려버리자, 깜둥이 놈이라네, 깜둥이 놈이라네……" 그건 시작에 불과했다. 독설의 장광설은 3분에 이르렀다. 그게 끝났을 때 리처즈의 경력도 끝이 났다.

자신을 제어하지 못하고 마구 악을 쓰는 데는 단순히 스트레스만이 아닌 그 이상의 무엇이 있다. 확실히 리처즈는 코미디언으로서 잘 나가지 못해 스트레스가 쌓여 있었다. 앞선 사인펠드에서의 거대한 성공은 갈수록 줄어드는 기회에 비교하면 더욱 크게 보였다. 그러나 그의 발언은 뿌리 깊은 문화적 편견과 분노, 적의를 드러내고 있다. 리처즈는 여기서 그치지 않고 재기를 위한 필사적인 노력으로 제시 잭슨 목사에게 "나의 가장 친한 친구 중 일부는 아프리카 미국인이다"라고 말했는데, 그 발언 또한 어리석었다.

사람들이 그의 농담에 웃지 않았고, 그런 탓에 그가 그런 견해를 갖게 된 것이 아니다. 원래 지니고 있던 감정이 표면에 떠올랐을 뿐이다. 그의 분노는 자기 문제들의 증상이었다. 그 아래에 있는 모든 것은 자기가 누구인지에 대한 강한 불안감이었다. 이것은 심한 편견을 갖는 근본 원인 중 하나다. 분노 관리 훈련이 필요했고, 리처즈는 몇 번의 상담을 받았다. 그러나 그건 시작일 뿐이다.

개인적으로 말하면 나는 사인펠드의 대단한 팬이다. 이제 나는 그 오래된 드라마 속에서 크레이머를 볼 때, 그가 말한 것을 생각하지 않고 보기가 힘들고, 편하게 그 프로그램을 즐길 수도 없다. 그래서 나는 늘 영화배우들의 정치적·사회적 견해를 알려고 하지 않았다. 몇 년 전 극장에서 스크린에 내걸어 유명해졌던 슬로건이 있었다. "도망가라, 영화에게로 가라." 이들 주인공 배우들이 실생활에서 어떤 사람인지를 덜 알수록 현실에서 도망치는 것이 더 쉽고 더 좋은 시간을 가질 수 있다.

대부분의 좀도둑들은 항상 들어왔던 대로 너무나 평범한 사람들이다. 그러나 이따금 여배우 위노나 라이더처럼 특별한 사람이 갑자기 불쑥 등장한다. 2001년 베벌리힐스에 있는 삭스 5번가 상점에서 물건을 훔친 혐의로 체포됐을 때 그녀는 세계적인 관심을 끌었다. 유명하고 영향력 있는 사람에게 가벼운 형량이 선고되는 것은 '올바른 정의를 행하라'는 압력과 판사의 자질에 따라 엄한 조치를 받을 수도 있다. 때문에 라이더는 그다지 쉽게 빠져나가지 못했다. 480시간의 지역 사회봉사활동과 벌금에 더해 상점에 배상을 했으며, 그녀의 연기 생활도 마찬가지로 잘 풀리지 않았다. 2002년 '미스터 디즈(Mr. Deeds)'의 공동 주역을 제외하고는 그녀를 자주 볼 수 없었다.

오스카상 후보에 두 번이나 올랐고 골든 글로브상까지 수상한 배우가 쉽게 돈을 낼 수 있는 물건을 왜 그냥 들고 걸어 나왔는지 이유가 무엇일까? 라이더는 몇 년 뒤 가진 인터뷰에서, 그 사건이 있기 두 달 전에 팔이 부러져 강력한 진통제를 먹고 있었고, 약을 끊어도 되는데도 계속 복용했다고 밝혔다. 사실 재판에서 그녀가 적절한 처방전 없이 약을 복용했다는 사실도 혐의에 포함됐다.

이것은 변명이 되는가? 확실히 알 수는 없지만 그런 행위를 한 전과가 없고 진통제를 남용하면 환각제와 같은 혼란스런 결과를 낳을 수 있으므로 합당한 이유가 되기도 한다. 육체적 고통과 질환은 사람들이 자기답지 않은 행동을 저지르는 중요한 요인이 될 수 있다. 당신이 아프거나 기분이 좋지 않을 때, 마음은 정상적인 상태가 아니다. 당신은 더욱 쉽게 화내게 되고, 더 빨리 공격하려 들고, 모든 상황을 나쁘게 해석하는 경향이 생긴다. 이것은 너무나 널리 받아들여지고 있어서 사람들이 망설이지도 않고 변명으로 자주 이용한다. "제가 한 말에 사과드립니다. 그러나 수술이 필요하다는 이야기를 의사에게 막 들었어요." "등에 이상이 있어서 몇 주 동안 비참한 기분이 들었어요. 그래서 그녀가 나에게 말했을 때, 그냥 화가 나서 때렸어요." 이것이 가벼운 반응일 때, 우리는 이해한다. 그러나 그렇지 않을 땐 어떻게 하나?

자극 찾기

몇 년 전, 어느 날 아내가 집에 오더니 나에게 말했다. "당신, 신호등에 단속 카메라를 설치한 네거리 알죠?"

"알지. 근데 그게 왜?" 나는 물었다.

"글쎄, 내가 달리는데 카메라의 플래시가 번쩍였어요. 아마 75달러 딱지를 떼인 것 같아요."

"정말?" 나는 말하면서 진정으로 놀랐다. "당신이 잘못 생각했겠지."

"확실히 잘 모르겠어요." 그녀는 대답했다. "사실대로 말하면, 충분히 설 시간이 있었어요. 그런데 그냥 가속페달을 밟아 통과해버렸어요."

아내는 1976년 이래로 주행 중 교통위반에 걸린 적이 한 번도 없었다. 32년 전 그녀가 과속 위반으로 12마일을 간 것인데 그녀는 아직도 그들의 스피드 건이 잘못됐다고 주장한다. 내 말은 그녀가 지극히 주의 깊은 운전자라는 뜻이다. 그것이 이제껏 그녀가 받은 유일한 위반 딱지였다.

"그건 당신답지가 않네. 말해 봐요. 왜 그냥 달렸어?"

그녀는 나를 잠시 보더니 야릇한 웃음과 함께 조용히 말했다. "나도 모르겠어요. 내 생각에 아마 악마가 그렇게 하라고 시킨 것 같아요."

그 대답이 마음에 와 닿았다. 왜 사람들은 자기답지 않은 일을 하는가? 나는 골똘히 생각했다. 거기에는 정말 충동적으로 내린 결단보다 더한 것이 있는가? 그건 그렇고 그녀는 여전히 내게 설명을 하지 못한다. 나는 심리학자인 스티븐 루엘 박사에게 그에 대해 물었다. 그의 대답은 이렇다.

정말로 무슨 일이 일어났는지 당신은 알 수 없어요. 그러나 그녀는 말할 수 있을 거예요. 아마 그 결정은 눈 깜빡할 사이에 일어났다고. "나는 지금껏 잘 살아왔어. 절대로 나쁜 짓은 하지 않았어. 말도 안 돼." 가끔은 나도 그런 일을 했어요. 나는 차를 노상에 주차해두고 사무실에 앉아 있어요. 미터기에 25센트를 집어넣어야 하는 시간이 됐지만 한창 일하고 있는 중이었기 때문에 방해받고 싶지 않았어요. 또는 전화를 하고 있는데 그럴 수 있지만 별로 끊고 싶지 않았을 수도 있고요. 그래서 나는 35달러를 물게 되고, 자신이 멍청하다고 생각해요. 그러나 내가 왜 그랬는지는 알아요. 나는 그 순간의 기분 좋고 편안한 감정적 욕구에 굴복했던 거예요.

내 아내의 행동에 대한 루엘의 설명은 일리가 있어 보인다. 내 아내의 행동은 그가 미터기에 한 것과는 다소 다르다. 우선 그는 뭔가를 하느라고 바빴다. 내 아내는 단순히 운전을 하고 있었고, 어디를 빨리 가야하는 압박감도 없었다. 둘째로 더 본질적인 부분인데, 거기에는 그것을 잘하려고 하는 자극이 있었다. 스티브가 말한 이유는 "나는 지금껏 잘 살아왔다"인데, 그것은 왜 많은 사람들이 별 이득도 없어 보이는 일을 하는지 설명해준다.

'지금껏 책임감 있는 사람으로서 살아왔지만 이제는 거기서 벗어나 탈출하고 싶다'는 개념은 '중년의 위기'라고 불리기도 한다. 이것은 빈번히 사용되는 바람에 다소 우스꽝스러워졌다. 만약 남편이 컨버터블을 사거나 아내가 그럴 수 없는 나이에 몸에 딱 붙는 옷을 입기 시작한다면, 다른 사람들이 첫째 이유로 '중년의 위기'를 꼽는다. 그러나 거기에는 어느 정도 타당한 이유가 있는데, 그것은 그 누구도 자신이 늙었다거나 힘이 줄어든다고 느끼고 싶어 하지 않기 때문이다. 그래서 우리는 할 수 있는 한 일을 느긋하게 하며 중년의 위기가 일어나지 않은 듯이 가장한다. 그러다 쓴 맛을 남기는 무책임한 행동이나 파국적으로 관계를 끝내는 싸움 등 나중에 후회할 일을 저지르게 된다.

우리들 대부분은 일상적으로 할 수 없는 어떤 일을 하고 싶어 하고,

그것을 잘해내려고 한다. 그것을 허용하려고 준비된 거나 마찬가지로 보이는 환경도 있다. 예를 들어 사무실의 연례 파티를 보자. 회사의 부사장은 다음과 같이 묘사하고 있다.

> 나는 상당히 보수적인 사람이다. 우리가 크리스마스 파티를 열 때, 사람들은 대부분 이해될 수 있는 선에서 즐기고 행동한다. 그래서 지난해 파티에서는 직원 일부가 나에게 즐기자며 술을 강권했다. "파티잖아요." 그들은 말했다. 모든 사람들이 가끔 그렇게 일상에서 탈출하고 싶어 한다는 것을 알기 때문에 나는 그들과 어울렸고 술도 조금 마셨다…그러자 그들은 말했다. "이것은 큰 파티예요. 우리는 취해야 해요."

그러나 여기 피해 위험이 더 큰 사례가 있다. 나는 아이비리그 스쿨에서 몇몇 친구들과 함께 술집에 갔던 한 학생의 이야기를 들었다. 그들은 그곳에 있는 동안 자신들이 패배했던 떠밀기 경기의 세부사항을 두고 논쟁을 벌였다. 그와 친구들은 집으로 가 술을 계속 마셨고, 두 번째 논쟁을 위해 다시 술집으로 가기로 했다. 그들은 다시 90마일로 운전해서 돌아갔는데 그땐 모두가 취해 있었다. 그러나 술집에 있던 다른 그룹은 모두 떠나고 없었다.

조금 지나 그 학생은 이 무모한 행동으로 어쩌면 자신들이 목숨을 잃을 수도 있었다는 것을 깨달았다. 만약 그들이 음주 단속에 걸려 체포됐다면? 만약 그들의 차가 충돌했다면? 설명이 절실하게 필요했다. 그의 대답이다. "내 인생은 너무나 진부하다. 재미가 없다. 가끔 밖으로 걸어 나가고 싶다. 그러려면 자극이 필요하다."

젊은이들 사이에는 분명히 그런 위험을 경험하려는 경향이 늘고 있다. 〈4분의 1 인생의 위기: 20대 인생의 특별한 도전들Quarterlife Crisis: The Unique Challenges of Life in Your Twenties〉이라는 책에서 알렉산드라 루빈스와 애비 윌너는 수많은 젊은이들이 행동에 나서는데, 자신들의 인생과 미래가 너무 불확실해보이기 때문이라고 지적하고 있다. 〈뉴욕타임스〉와의 인터뷰에서 27세의 예일대학 졸업생은 고등학교 때 만난 연인과 결혼하고, 대기업에서 슈퍼 세일즈맨이 된 과정에 대해 이야기한다. "그러나 나는 성취감을 느끼지 못했다." 그는 몹시 애석해했다. "처음은 눈송이처럼 시작됐다." 그는 아내와 이혼했고, 직업에 만족하지 못해 그만뒀으며, 결국 펜실베이니아에 있는 고향으로 돌아가야 했다.

권태는 분명히 한 요소로, 때로는 당신 자신과 다른 사람에게 무언가를 증명하기에 부족한 것과 결합된다. 청소년들은 롤러코스터 타기를 좋아한다. 그들은 '재미'라고 부른다. 그 '재미'는 그들에게 아드레날린을 솟구치게 한다. 폴 마르쿠스가 말했듯이 "청소년들은 지나치게 자극적인 신경 체제를 가지고 있다. 그들은 오토바이 타는 것을 즐긴다. 100마일 이상의 속도로 이동이 가능한 나이다." 그들은 다른 사람들이 "아, 나는 그러는 게 무서워"라고 말할 때 혼자만의 자부심을 가질 수 있다. 그들은 강력하고 전지전능하길 바라며 지배욕을 가지려 한다.

어른이 되면 이런 자극을 추구하는 성향이 점차 소멸되지만 전부 다는 아니다. 일상의 리듬은 그처럼 분명하게 구체화하지는 않더라도 '작은 자극들'을 추구하게 마련이다. 주된 징후는 무엇을 하는 그 마지막 순간까지 기다리고 있다. 당신은 일부러 걱정을 만들어내기도 하는데, 자신에게 거기서 벗어났다는 즐거움을 주기 위해서다. 하루를 좀 더 일찍 시작하기 위해 첫 차를 타고, 새벽 2시까지 리포트를 쓰는 것 등이 그 좋은 예다.

모든 사람이 그런 작은 집착을 즐거워하지는 않는다. 어떤 사람에게는 완전히 골칫거리일 뿐이다. 항상 약속 시간보다 일찍 도착하는 사업가가 있다. 그는 늦어서 설명하고 변명을 하는 게 싫고, 지각에 대한 압박감이 싫기 때문이라고 주장한다. 또한 다른 이유도 있는데, 합리적일 수도 있고 아닐 수도 있다. "내가 일찍 나타날 때" 그는 비꼬듯이 설명한다. "내가 미팅에서 좀 유리해진다. 그들은 늦으면 미안해 한다. 그들이 수세적인 입장이 되니까 사업상 내가 그들보다 유리해진다."

모험에 대해 지나친 열망을 가진 사람들은 선택의 여지가 있다. 그것을 인정받고 심지어 보상까지 얻는 직업을 가질 수 있다. 그래서 스파이들은 모험을 좋아하고 미션을 수행해내는 실력도 뛰어나다. 그러나 모두가 그렇지는 않다. 위험이 즐겁지 않을 뿐 아니라 어떤 식으로든 피하고 싶기만한 사람들도 있다. 그들은 문제될 것이 전혀 없는데도 공항 검색대에 다다르면 손바닥에 땀이 베어나오기 시작하는 그런 사람들이다. 이들은 분명히 스파이나 그런 종류의 경력을 쌓기에는 알맞지 않다.

에드가 알란 포는 단편 〈심술궂은 꼬마 악마*The Imp of the Perverse*〉에서 이렇게 쓰고 있다.

> 충동은 소망을 키우고
> 소망은 욕망이 되고
> 욕망은 통제할 수 없는 갈망이 되는데
> 그토록 악마같이 인내심 없는 본성에는 아무런 열정도 없다
> 벼랑 끝에서 몸서리치는 그 남자처럼
> 그리고 추락을 생각한다.

권위 있는 잡지 〈사이언스〉 2009년 6월호에서 하버드대학 심리학자 대니얼 웨그너는 사람들이 충동을 갖는 것은 완벽하게 정상이고, 상당히 많은 사람들이 직접적인 행동까지는 하지 않는다고 해도 그런 성향을 가지고 있음을 보여주는 연구 결과를 발표했다. 웨그너의 연구는 그런 행동을 하는 사람들의 동기를 밝혀내고 있다. 그는 상사에게 '멍청한 놈'이라고 말하는 것을 피하려면 속으로 그 행동을 해버리는 장면을 먼저 상상해봐야 한다는 사실을 알아냈다. 문제는 스스로를 제어하지 못해 상상으로 그치지 않고 실제 행동에 옮기는 것으로 끝이 날 때이다.

웨그너는 사람들이 '위기를 넘을 것'인지 아닌지 결정하는 데 스트레스가 큰 역할을 할 수도 있다고 말한다. 최근의 다른 연구는 유전적

측면까지 다루고 있다. 과학자들은 '무모하게 덤빈다'고 여겨지는 사람들에게는 NeuroD2라고 부르는 어떤 유전인자가 결핍돼 있다는 사실을 발견했다. 그게 부족하고 공포심도 결여되면 더욱 위험한 행동을 할 수 있다는 것이다.

'위기 행동'의 이유가 무엇이든, 다행인 것은 다른 문제들처럼 그것도 통제할 수 있고 예방도 가능하다는 것이다. 그러려면 전문가의 도움이 필요하다는 인식이 있어야 한다. 그다지 심각한 수준이 아니라면 그러한 행동을 일으키는 요인을 분석하고 스스로 통제해나가면 충분히 효과를 볼 것이다. 이들과 다른 해결책은 다음 마지막 장에서 다룰 주제다.

Chapter 08

| 올바른 결정 내리기 |

잘못된 결정은 어디에나 있다. 전 세계에서 하루에도 셀 수 없을 만큼 많이 생긴다. 사람들은 싸우고, 논쟁하고, 무시하고, 무엇보다 서로를 정확하게 알지 못하는 탓에 관계를 엉망으로 만든다. 경제계에서는 프랑스처럼 고용인들이 자신들이 속한 체제를 상대로 사보타지를 하는 은행에서부터 모기지 시장의 생존능력을 평가하는 과정에서의 거대한 실수에 이르기까지 온갖 결정들이 끊임없이 실패로 이어진다. '임대'라는 간판을 내건 모든 상점에 대해 궁금해한 적이 있는가? 그 대부분이 어떤 사람의 실패를 나타내는 셈이다. 그들은 성공을 꿈꾸며 음식점을 차리지만 결국 그렇게 되지 않았다. 비서들을 위한 훈련 강습을 마련했다. 실패했다.

이 책은 사람들이 왜 실수를 하고, 멍청한 일을 저지르는지 그 감정적 이유들을 다루고 있다. 실수를 바로잡는 첫 단계는 스스로 했던 일을 인정하는 것이다. 두 번째는 자신이 왜 그랬는지 이해해야 한다. 세 번째는 그 실수를 다시 하지 않도록 예방하는 방법을 찾는 것이다.

여기 나온 42개의 방안과 접근법, 그리고 제안들은 격언과 함께 제공하고 있다. 나는 이 장을 천천히 주의 깊게 읽기를 권한다. 그것들은 내용이 분명하고 믿기 어려울 정도로 간단하다. 그 중 일부는 상당히 많은 재원, 힘든 작업, 우리보다 더 월등한 영향력에 따른 책임이 뒤따라야 하기 때문에 지키기가 꽤 힘이 든다. 좀 쉬운 다른 방법들은 노력하려는 동기만 있으면 된다. 모든 경우에 대화요법, 인지요법, 치료 등은 언제든지 필요할 때 사용될 수 있다고 생각하면 된다. 그러나 당신이 어떤 간단한 규칙이나 제안에 기꺼이 따르려는 의지와 함께 통찰력과 이해력을 발달시키기까지는 오랜 시간이 걸릴 수도 있다. 그것이 이 장에서 다룰 내용들이다. 당연히 이들 조치는 모든 주문과 지침에 따라 상세하게 접근법을 제공하여 자립 노력을 다룬 다양한 책들을 읽으면 보완될 수도 있다.

우리는 모두 한통속이다–사회적 계약의 명예

1. 우리는 다양한 국가, 서로 다른 문화권에서 온 사람들은 끊임없이 서로 접하게 된다. 그런 견지에서 사람들은 서로 만나고 서로를 알려는 노력을 한다. 대부분의 사람들은 오전 9시에서 오후 5시까지 일을 하기 때문에 1년에 한 번 있는 휴가를 빼고는 편하게 쉴 기회가 없

다. 비공식 만남이나 별장 모임, 파티에서 만나는 기회가 많을수록, 다른 사람들을 더 많이 만날수록, 오해가 생길 가능성은 더욱 적어진다. 관계를 가지면 유지할 만한 어떤 감정도 생긴다. 당신이 그런 감정을 가지면 그것이 작동하는 확실한 이유도 있다.

2. 사람들이 저지르는 상당히 많은 실수들은 정직하지 않기 때문이다. 학생들은 주로 부정행위를 저지르고 들켜서 벌을 받는다. 탐욕스러운 기업들과 그 지도자들, 부패한 정치인들, 표절하는 학자들이나 기자들, 부정직한 주택 중개인들 등도 마찬가지다. 남에게 피해를 입히는 그런 행위들을 끝내거나 적어도 고치려면 우리의 문화적 가치관이 면목을 일신해야 한다.

우리는 윤리에 대해 이야기는 많이 하면서도 정작 그것에 대해 무엇을 할 것인지는 거의 말하지 않는다. 이것은 "모든 사람들이 날씨에 대해 이야기하지만 아무도 정작 신경은 쓰지 않는다"라는 속담과 같다. 도덕에 대한 훈련은 유치원 때부터 시작해야 한다. 어린이들에게 토론과 활동을 통해 그러한 가치관을 가르치면 윤리 의식을 발전시킬 수 있게 된다. 격언집은 말한다. "어린이들을 올바른 길로 훈련을 시키면 나이가 들었을 때도 거기서 벗어나지 않을 것이다." 이게 요점이다. 그러한 강의들을 모든 수준의 학교 교육에서 시행해야 한다. 가르치는 것이 다가 아니다. 우리는 스스로 아이들에게 본보기가 되어야 한다.

3. 루소가 말했던 것처럼 사회 기능들은 '사회 계약'이다. 만약 모든 사람이 상점이나 다른 사람 집에서 물건을 훔치려고 한다면, 그들을 막을 만큼 충분한 경찰력은 없다. 사회 체제는 대다수가 도둑질은 나쁘다고 동의하기 때문에 유지된다. 우리는 규칙과 법률을 필요로 하는데, 옳고 그름이 있다는 생각을 받아들이지 않는 소수자들이 있기 때문이다. 그들은 물건을 가지고 도망가는 다른 사람들을 볼 때, 자신이 도덕적으로 제지할 이유가 없다고도 생각한다. 선생님들이 계속 같은 시험을 내지 못하게 금지하고 시험 감독관을 붙이는 등, 모든 유혹을 제거해야 오래 지속된다.

4. 무엇보다도 부정행위는 잘못된 행동이고 경멸해야 하는 것이라는 동료들의 긍정적인 압력을 창출하는 것이 중요하다. 같은 학생들은 궁극적으로 자신의 인생에 직접적으로 영향을 주기 때문에 가장 좋은 대변인이 될 것이다. 경제계 지도자들은 비슷한 지침과 제재를 개발하려고 하고, 모든 정부 조직도 그렇다. 예를 들면 과학 공동체는 내부 평가 체제를 강화하고 위반자에게 심각한 처벌을 내림으로써 속임수를 상당히 줄였다. 선임 연구자들은 후배 연구자들의 작업에 보증을 서야만 한다. 이런 방식은 그들이 발각됐을 때 선임 연구자들이 후배 연구자들의 책임으로 돌리고 발뺌할 수 없게 된다. 모든 사람이 의사들과 제약회사가 부패를 초래할 만큼 친밀한 관계를 가지고 있음을 안다. 두 집단 사이에 거리를 두도록 압박할 필요가 있다. 그리고 그 압력은 그들이 선출한 입법가들이 만든 법률을 통해 개혁을

요구하는 사람들에게서 나와야 한다.

5. 모든 사회에는 구성원들 모두가 숭배하는 우상이나 재능 있는 사람들이 있다. 그런 사람들이 잘못된 행동으로 추락하게 될 때, 그들은 매우 가혹한 대접을 받을 수밖에 없다. 왜냐고? 모든 사람이 보고 배우고 있기 때문이다. 그러므로 타이거 우즈든, 멜 깁슨이든, 엘리엇 스피처든 그들이 내팽개친 도덕책이 필요한 것이다. 우리는 열심히 따르려던 사람으로 역할 모델에 대해 이야기한다. 만약 우리가 처벌을 피하려는 나쁜 모델을 허용한다면, 못난 인간들이 그들을 따라 일을 저지를 때, 우리 자신을 비난할 수밖에 없게 된다.

6. 가장 중요한 것은 아마도 로버트 퍼트넘이 강조한 것처럼 우리는 다시 이어져야 한다는 점이다. 기술은 유익한 만큼 우리의 욕망과 서로를 연결하는 능력에서 많은 부분을 잃게 한다. 그러한 일이 일어나면 우리는 다른 사람의 감정이나 욕구에 무감각해져 쉽게 계산착오에 빠진다. 공동체에 대한 의무를 새로이 하는 것은 경제적 · 문화적 · 교육적 · 정치적 기관의 지도자들이 하나의 사회로서 우리의 응집력을 유지하는 일이 얼마나 중요한지를 인식할 때만 가능해진다. 그를 위한 추진력은 —사람들 스스로에게서 나오는— 공적인 압력을 통해 이뤄질 것이다.

절제가 최고-스스로의 권력욕을 억제하라

1. 지나친 자신감은 오만함의 주요 원인이다. 그러한 사람들은 보통 친구들이나 연인들에게만 귀를 기울인다. 한국 지사에 파견온 피터 정이 문제의 이메일을 보냈다가 자신의 그 안락한 직장을 잃는 대가를 치렀던 상황을 보자. 당신이 집에서 멀리 떨어져 있을 때, 물정 모르는 바보같이 행동한다고 말해줄 사람은 아무도 없다. 만약 당신이 도를 넘고 있는 게 아닌가 하는 의문이 든다면, 빌 클린턴처럼 유명한 사람이나 당신이 개인적으로 아는 다른 사람들에게 어떤 일이 있을 수 있고 일어났는지를 기억하라.

2. 질투는 증오로 가는 첫걸음이다. 당신이 오만함을 보일 때, 그에 대해 질문을 받는다. 왜 모니카 르윈스키와 관계를 가졌느냐는 물음에 클린턴은 빈정대듯이 말했다. "내가 할 수 있었기 때문에"라고. 글쎄, 당신은 그럴 수 없다. 적어도 대부분은 아니다. 스튜 레오나드는 목장사업에서 상당한 돈을 벌었다가 몰락했다. 거기서 배우는 교훈은 당신이 더 높이 올라갈수록 당신을 시기하는 사람이 많아진다는 것이다. 힘과 명성을 가진 사람들은 그 교훈을 잘 이해해야 한다.

3. 만약 당신이 약간의 오만함을 가지고 있지만 성공하고 싶다면, 당신이 할 수 있는 최선은 그것을 감추는 것이다. 당신은 설득력 있게 행동해야 하며 권력에 대해 은밀한 야망을 가지고 있지 않은 체 해야 한다. 그리고 만약 권한을 가지면 시행할 예정인 것도 드러내놓고 말

해선 안 된다. 그런 선언들은 불가피하게 듣는 사람들에게 공포와 불안을 불어넣는다. 덧붙여 사람들은 그럴 자격이 있어 보이는 사람들의 콧대를 꺾어놓으려 하는 장난스러운 욕망도 가진다. 그 무기가 당신의 손안에 완전히 들어올 때까지 참아라.

4. 게리 하트는 감히 언론에 자기를 따라오라고 말하는 최고의 실수를 저질렀다. 그들은 그렇게 했고, 쏠쏠한 수확을 거뒀다. 만약 당신이 어떤 것에 죄책감을 가졌다면 너무 내세우지 마라. 허세는 그다지 먹혀들지 않는다. 당신이 사람들에게 도전할 때 그들은 당신이 잘못됐음을 증명해보이려는 욕망을 가지고 있음을 늘 깨우치고 있어야 한다. 항상 당신의 행동이 자신에게 손실을 입힐 수 있는 위험도 염두에 둬야 한다.

5. 만약 당신이 지배적인 사람으로서 자신의 권위에 너무 애착을 갖고 있다면, 우위를 추구하지 않고 관계를 맺기란 거의 불가능하다. 그러나 한번 다른 방식으로 해보면, 그것은 자유롭고 심지어 놀라울 수도 있다. 비결은 다른 사람이 당신에게 감동을 주는 관계를 키우는 것이다. 스승이나 당신이 존경하는 전문가를 찾아라. 수업을 들어라. 주택 건설 같은 팀 프로젝트에 관여하거나 당신의 기여가 다른 사람들보다 더 크게 여겨지지 않는 곳의 구성원으로 참여하라. 우리 대부분은 거센 비판을 추구한다. 거세면 거셀수록 더 좋다. 물론 당신이 그것을 원해야 한다.

6. 당신의 출신을 기억하라. 한 가지 실용적인 방법은 당신이 출세한 과정을 아는 사람들과 우정을 유지하는 것이다. 이들 개인은 당신에게 관심을 갖고, 당신이 들어야 할 진실을 쉽게 말해준다. 당신의 직업과 직접 연결되지 않는 친한 친구들이나 사람들과 많은 시간을 보내라. 당신을 위험에 빠뜨리지 않는 친구들도 포함시켜라. 그들은 당신이 필요할 때, 매우 중요하고 건전한 커뮤니티가 될 것이다. 당신이 듣고 싶어하는 말만 해주는 아첨꾼은 피하라.

적을수록 더 낫다 −자기가 누리는 좋은 것들에 감사하라

1. 흔히 사람들은 자신이 원하는 내용과 객관적인 사실을 혼동한다. 자신이 무슨 일을 하는지 의식하라. 갈망이 크다고 해서 당신의 목표에 가까이 가게 해주지는 않는다. 당신에게 실제로 상처를 입힐 수 있는 청소년들이나 청년들과 농구장에서 뛰는 멍청한 짓을 하기 전에, 그들과 함께 경기를 하는 것이 하루 더 젊어지기는커녕 더 바보스럽게 비친다는 사실을 깨달아야 한다. 당신이 찢어진 인대나 어깨 탈구로 인해 느끼게 될 고통을 마음에 그려보라. 바라건대 밖으로 나가서 벤치에 앉아 건강을 지켜라.

2. 탐욕은 치유하기 어려우나, 그에 따르는 위험을 생각하면 결단코 노력은 해볼 만하다. 우선 그런 생각을 갖는 것이 중요하다. 사람들이 겪게 되는 곤경의 대부분은 도가 지나친 데서 온다. 그 근본 원

인이 심리적인 것일 때, 치료법을 선택할 수 있다. 일부 사람에게는 버니 매도프처럼 극단으로 치달은 사람들의 운명을 돌아보게 하면 도움이 될 수 있다.

3. 만약 당신이 칭찬 또는 인정을 받으려는 욕구가 크고, 단기적 성과 확인 등에 대한 집착이 있다는 것이 확인되면 그것 없이 살아갈 공포에 휘둘리게 된다. 이것들을 추구할 때마다 그 두려움은 강화된다. 반대로 당신이 스스로 절제할 때마다 그 욕구는 가라앉는다. 그것이 요점이다. 즉각적인 대가라는 완충물 없이 살 수 있도록 노력하라. 어떤 사람에게 당신의 작업이나 성과에 대해 어떻게 생각하는지 묻고 싶어지면 잠깐 멈추어 자신을 시험해보라. 칭찬이나 성과 확인을 받지 않고 얼마나 오래 버틸 수 있는지를 보라. 마찬가지로 당신이 다른 사람들을 감동시키려는 노력 없이 얼마나 오래 그들과 이야기할 수 있는지 보라. 처음에는 상당히 어려울 것이다. 그러나 결국 편안해지고 보람도 느끼게 되며 사람들이 당신을 더 좋아하게 된다. 뿐만 아니라 궁극적으로 당신은 깊이 없고 인위적인 과도한 자기평가 대신, 전보다 더 강한 자부심을 느끼게 될 것이다.

4. 학자이자 심리분석가인 폴 마르쿠스 박사는 사람들이 다른 사람에 대한 배려를 중요시하고 스스로를 초월하게 함으로써 치료를 돕는다. 그는 자신의 특정한 이미지를 추구하느라 엄청나게 치명적인 실수를 저지른 여러 사람들을 치료한다. 그는 그 치료가 당신이 사람들을 망친 행동에 대한 것이 아니라고 말한다. 이것은 사람들에 대한

것이다. 만약 자신이 누구인지에 대해 걱정을 덜 한다면, 더 좋은 사람, 더 똑똑하고 더 많은 업적을 쌓는 사람이 될 필요도 없다. 우리는 특별한 일에 특별해질 수 없다. 우리가 기어이 특별해지라는 부추김에 저항할 수 있다면, 어리석은 행동을 덜 하게 될 것이다.

5. 자선기관들이 기부금을 어떻게 확보했는지 다른 방향에서 한번 살펴보면 부정직을 방조하고 있는 것을 알 수 있다. 이는 돈을 주는 사람들이 흔히 그 기부로 받게 될 표창과 칭송, 그에 대한 만족할 줄 모르는 욕심에서 동기부여가 되고 있기 때문이다. 빈민가의 악덕 집주인, 비윤리적인 사업가, 그리고 도박이나 매춘 등의 비합법적인 활동으로 돈을 번 사람들이 그 실례다. 사회는 그런 행위를 차단함으로써 주어진 역할을 다해야 한다.

6. 〈USA투데이〉의 잭 켈리 같은 기자들은 자신이 명사 대접을 받을 때, 특종에 대한 탐욕을 키운다. 이는 의료계, 법조계, 다수의 다른 직업들에서도 비슷하다. 권력을 가진 모든 사람들은 반드시 자기절제를 발휘해야 하고, 떳떳치 못한 행위들이 궁극적으로 자신의 명성을 누더기로 만들 수 있음을 자각해야 한다.

7. 또 다른 중요한 고려사항으로 공과 사를 절대로 혼동하지 말아야 한다. 정치인들은 대단히 유혹에 취약한 위치에 있다. 그들은 뇌물과 '투자 기회'를 제공받는다. 그들과 비슷한 지위에 있는 사람들은

설령 구속은 되지 않더라도 지위의 상실은 그것을 충분히 가치 없게 만들 만큼 크다는 것을 기억해야 한다.

보고 듣고 배워라—존경은 양방향으로 이루어진다

1. 명예는 우리가 정말로 중요하게 생각하는 것이기 때문에 다루기가 어렵다. 누구나 마조히스트가 아닌 이상, 아무도 '경멸'당하는 것을 좋아하지 않는다. 우리가 자주 겪는 일은 지극히 개인적이다. 우리는 그것을 자신의 존엄에 대한 개인적인 공격으로 받아들인다. 비결은 당신의 명예가 영원히 훼손되지는 않는다고 생각하는 것이다. 어떤 사람이 당신을 파티에서 모욕할 수도 있다. 그러나 얼마나 많은 사람이 그것을 들었고, 또 관심을 기울였겠는가? 중요한 것은 당신을 제외한 어느 누구도 그것을 오랫동안 기억하지 않는다는 점이다. 대부분의 사람들은 자기 일에 깊이 빠져있어서 그것들이 의미하는 바를 깊이 생각하지 않는다. 목표가 됐던 것은 그들이 아니라 바로 당신이기 때문에 당신에게만 큰 의미가 있지 다른 사람에게는 아니라는 사실을 깨달아라.

2. 명예에 대한 실수는 양쪽 방향으로 진행될 수 있다. 우리는 어떤 사람이 그에 대해 도전할 때 지나친 반응을 보인다. 그러나 우리는 또한 다른 사람들이 그것에 영향을 받을 수 있는 가능성에 대해서는 신경을 쓰지 않는다. 엉뚱한 사람을 공격하면 극심한 반발에 부딪칠 수

있다. 이런 점에서 역할극은 큰 도움이 되는데, 자신이 그들의 입장이라면 어떻게 느낄지 역할을 바꿔 생각해보는 것이다. 당신이 어떤 사람의 주거지에 걸어 들어갔을 때, 상대방은 그들의 재산을 문자 그대로 자신의 연장선으로 보는 사람일 수 있다. 당신은 항상 그럴 가능성과 그 잠재적인 폭발력을 경계해야 한다. 특히 당신이 다른 집단의 시각을 공유하지 않으면 그릇된 판단을 내릴 가능성이 더 크다는 사실을 의미한다.

3. 다른 위험지대는 당신이 이미 몰락해버린 사람을 상대하고 있을 때다. 왜냐하면 그들은 잃을 것이 많지 않고, 모욕에 대해 위험한 반응을 보일 수 있기 때문이다. 가난한 이웃의 젊은 청소년들로부터 젊은 중산층 여성이 당한 일을 예로 들 수 있다. "너희들이 나에게 어쩔 건데, 쏠 거야?" 그들은 자존심을 건드렸다고 여기고는 그녀에게 총을 쏴서 죽였다. 폭넓고 다양한 세계에서 온 사람들과 만날 가능성이 크게 열린 사회에서는 더욱 조심해야 한다. 가장 기본적인 신조는 서로가 존경하는 것이다. 특히 관습과 가치관이 낯선 외국을 여행할 때 그렇다.

4. 자신의 명예에만 신경 쓰느라 사람들이 무분별한 짓을 하게끔 몰아치지 말라. 어떤 사람이 파티에서 당신이 떠나길 요구했기 때문에 화가 났다고 치자. 그와 싸우려들면 안 된다. 상황을 대국적으로 보고, 그럴 만한 가치가 있는지 결정하라. 어떤 사람이 당신에게 생긴

어떤 문제를 도와달라는 부탁을 거절했다고 해서 다시는 그 사람과 애기하지 않겠다고 쉽게 결정하지 마라. 아마 그들은 다음에도 그럴 것이다. 행동의 대가와 이득을 계산하라. 특히 사소한 일로 고소를 생각할 때. 그런 경우 가장 큰 혜택을 입는 사람들은 대체로 변호사들이다. 뭔가를 하기 전에 충분히 생각하라.

5. 명예와 도발은 사회적 현상으로 판명이 났다. 그것들은 정체성이나 경계감각과 묶이기도 한다. 한 사람에게는 도발이 다른 사람에게는 우정 어린 자극이다. 이것은 모두 우선적인 관점에 달려 있다. 당신은 언제, 어떻게 그 경계를 설정하는가? 당신이 침범당한다고 생각하는 것은 무엇인가? 만약 당신이 '분출을 앞둔' 화산이라면, 적어도 부분적으로 당신 자신이 만드는 것이다. 자기 정체성이 자신을 폭발할 수 있는 부류의 사람으로 만드는지 스스로에게 물어보라. 만약 그렇다면 폭발을 막을 수 있도록 전문가에게 조언을 구하라.

6. 만약 우리가 자신들의 수많은 영역에 부당하고 공정하지 않은 수많은 침해를 피해갈 수 있는지 상상해보자. 또 우리가 바로 인간성에 대한 침해—일방적으로 전화 끊기, 무시, 경멸 등—로 간주되는 것을 피할 수 있는지도 생각해보자. 글쎄, 당장은 그럴 수 없다. 그러나 그런 '침해'에 대해 상당한 관용을 쌓을 수는 있다. 결국 우리는 어떤 방식으로 자신의 공간을 규정해야 한다. 예를 들면 불교도들은 한 개인과 그를 둘러싼 세계 사이에 차이가 있지 않다고 본다. 재산이나 경계

의 개념을 피하면서 그들은 그저 한줌의 흙, 물, 살과 바위로 된 하나의 세계, 하나의 우주를 본다. 보편적인 사람들은 그런 궁극에 도달하기 힘들다. 그러나 우리의 정당한 재산에 한 조각의 도로, 차로를 넣지 않도록 노력할 수는 있다. 이것은 우리의 직접적인 개인 공간에서 좀 더 자유롭게 시작한다. 사람들에게 당신의 것을 빌려주라. 어떤 사람이 당신에 맞서 실력을 쌓거나 잠깐 동안 당신의 것을 가져간다면 내버려두라. 처음에는 즐거울 수 없다. 그러나 이것은 걱정, 긴장, 경쟁적인 영역 다툼의 감정에서 자유로워지는 적절한 방법이다. 이를 '체계적인 무감각화'라고 부른다. 우리는 예전에는 수용할 수 없었던 일들, 즉 사소한 침해는 너그럽게 받아들인다. 사람들이 정해진 범위 내에서 당신의 물건—심지어 당신 자신도—을 다루게 하라. 결국에는 더 나은 전망을 얻는다. 우리는 스스로를 정해진 영역에 좀 더 자유스러운 존재로 훈련할 수 있다.

아무도 완벽하지 않다—그것을 이해하고 감사하라

1. 당신이 거짓말을 하고 그것이 막 발각되려 할 때, 모든 이로부터 그 비밀을 지킬 수 없다. 믿을 수 있는 사람을 선택해서 속마음을 털어놓아라. 당신은 압박감을 털어낼 것이며, 당신이 한 일을 이해하려고 애쓰는 보다 객관적인 사람으로부터 추가적인 지성을 얻게 된다. 그들이 당신을 폭로하리라는 걱정은 하지 마라. 대부분 어떤 사람을 신용하면 당신이 자기를 믿는 것을 명예롭게 느끼고, 그 신뢰를 가치

없게 만들면 극단적인 죄의식을 느낄 수 있기 때문에 침묵한다.

2. '한계를 초월'하지 않도록 노력하라. 만약 당신이 인생에서 적절하게 잘해왔다면 그것을 꾸미려고 애쓰지 마라. 이것은 드러나기 때문이 아니다. 대부분의 경우 그 이득이 위험을 정당화할 정도가 아니기 때문이다. 당신은 현재의 당신이 있기까지 열심히 일했다. 왜 당신에게 역효과를 가져오는 사소한 거짓말로 그것을 망치려드는가? 정직은 많은 상황에서 용기 있게 보이기 때문에 가치가 있다는 사실을 기억하라. 그리고 당신이 자신의 성과를 과장하는 데서 얻는 즐거움은 큰 가치가 없음을 기억하라.

3. 명백히 당신에게 자격이 없는 일이나 능력에 맞지 않는 행동을 추구하려는 스스로의 욕구에 저항하라. 그런 기회란 결국 당신을 거꾸로 넘어지게 한다. 전직 판사 솔 와틀러가 억지로 농구팀에 들어가서 공을 잡는 것조차 못했을 때 그에게 어떤 일이 일어났는지 보라. 일류 대학에 들어간 학생이 공부를 따라가지 못했을 때 일어난 일을 보라.

4. 오늘 할 수 있는 일을 내일까지 미루지 말라는 격언을 따르라. 비가 새는 지붕이 당신의 천장 전체를 망가뜨리기 전에 수리를 시작해야 한다. 생일선물은 너무 늦어서 문제가 되기 전에 보내라. 그리고 반드시 손 쓸 도리가 없는 지경에 이르기 전에 병원에 가라. 행동에

옮기지 않는 것이 더 손쉬운 탈출구로 보일 수 있다. 그러나 당신이 무시한 것이 무엇이든 그것은 예외 없이 부메랑처럼 돌아온다. 이제 독립적인 주체로서 일을 미루면 자신만 손해라는 것을 깨달아라.

5. 당신이 유명하고 권력 있고 엄청난 부자라고 할지라도 영원히 그럴 거라는 착각에 빠져서는 안 된다. 한 나라의 대통령도 이 책의 사례가 되었듯 당신도 추락할 수 있다. 당신의 권위가 위협받을 때 당신은 그 한계를 정확하게 기억해야 한다. 이것은 항상 당신을 재앙에서 구해줄 수 없다. 한번 그 현실을 이해하면 당신은 전술적 후퇴가 이기는 전략이라는 것을 알게 된다. 클린턴은 그가 아칸소 주 정치인일 때는 그렇게 했지만, 대통령이 된 뒤에는 그것을 잊었다. 부정과 회피는 간단한 해결책으로 보일 수 있다. 그러나 당신이 무슨 짓을 했고 왜 했는지 고백할 때를 모른다면 그것은 다시 당신에게 깊은 상처를 입힐 수 있고 또 결국 그럴 것이다.

6. 당신이 실수를 인정할 수 없을 때도 마찬가지다. 스스로 잘못됐다고 인정하기가 두려운 결정에 너무 많은 것을 투자하는 경우가 종종 있다. 일반적으로 체면을 잃는 것은 그런 경우와 관계가 깊다. 당신이 실수를 인정하지 않는 것은 당신이 그것을 했다는 사실과는 절대로 아무 관계가 없다는 점을 깨달아라. 사실 이것은 문제를 악화시키는 또 다른 실수일 뿐이다. 멍청한 짓을 고치거나 아니면 그러지 않고 그 결과와 함께 살 것인지 마음을 정하라. 만약 후자라면 다음으로

넘어가고 그것에 대해서는 잊어라.

충분한 죄의식- 당신 자신에게도 기회를 주라

1. 만약 당신이 불안을 느낀다면 당연한 것이다. 대부분의 사람들이 종종 불안을 느낀다. 그럴 경우 첫 번째로 할 일은 한걸음 뒤로 물러서서 당신을 정말로 괴롭히는 것이 무엇인지 찾아내는 것이다. 그것은 당신이 껑다리 청소년이었을 때 들었던 비난인가? 옛날 학교 친구가 연 파티에서 몇 마디 하라는 요청도 받지 못했다는 사실인가? 아니면 당신이 무도장에 걸어 나갔을 때 움직임을 보고 누가 놀리듯 건넨 촌평인가? 이런 종류들은 당신을 기분 나쁘게 만들 수 있다. 그리고 당신을 주변 사람들에게 거칠게 대하게끔 만든다. 항상 당신답지 않게 말하게 하고 행동하게 하는 것이 무엇인지 의식해야 한다. 불안의 뒤에 있는 것을 알아야 당신의 마음을 통제할 수 있다. 스트레스도 마찬가지다. 그것의 원인이 무엇인지를 찾아내라.

2. 사람들은 "다른 사람은 속일 수 있어도 나 자신은 속일 수 없다"고 말한다. 다른 사람들의 생각에 신경을 쓰고 있다는 사실을 스스로 인정하라. 거기에는 아무런 잘못이 없다. 스스로 그렇게 인정하기만 하면, 당신이 정말로 누군가를 꾸짖고 싶을 때 입을 닫고 있어도 기분이 나쁘지는 않을 것이다. 당신은 어떤 사람이 만든 요리를 맛보면서 대단하다고 선의의 거짓말을 하면서도 언짢아하지 않게 된다. 독립

심을 내세우면서 다른 사람이 어떻게 생각하든 상관하지 않는다고 선언하고는 심사숙고하지 않은 어떤 일을 함으로써 그 독립심을 입증해보이려고 애를 쓸 때, 우리는 종종 곤경에 처했다는 사실을 알 수 있다.

3. 자신의 성취를 떠벌리는 것은 스스로를 자랑스러워하기보다 반대로 불안감의 신호이다. 흔히 사람들은 그렇게 할 때 어떻게 보이는지 의식하지 않는다. 이것이 사람들에게 어떻게 이해되는지를 깨닫고 그것을 멈추는 가장 좋은 방법은, 다른 이들이 그렇게 할 때 그들의 생각에 귀를 기울이는 것이다. 그 방법은 사회적으로 당신이 도도한 사람이라는 낙인이 찍혀 거부당하는 고통을 겪는 대가를 치르지 않게 해준다.

4. 생활 속에서 죄의식이 갖는 역할을 이해하라. 이것은 중요하고 누구도 피해갈 수 없다. 당신이 무엇을 하든, 항상 그것이 충분한지 궁금해한다. 당신은 죄책감을 의식하기 위해 모든 노력을 다해야 한다. 만약 죄의식이 당신에게 동기를 부여할 수도 있다는 것을 안다면, 죄의식이 당신의 발목을 잡는 때가 언제인지도 잘 이해할 것이다.

5. 불안감은 당신이 변화를 두려워하게 할 수 있다. 우리는 새로 사는 것이 더 싸고 더 효율적인데도 불구하고 낡은 컴퓨터를 고치려고 고집한다. 낡은 차에 애착을 갖고 있기 때문에 브레이크가 말을 잘 안

들어도 계속 본다. 보기에 끔찍한데도 낡고 좀먹은 스웨터를 입는다……등등. 이 모든 일이 우리에게는 의미심장하기 때문에 일어난다. 만약 이것이 당신을 더 편하게 한다면 그건 좋다. 그러나 왜 그러는지는 인식해야 한다.

감정들이 당신을 망치지 않게 하라

1. 여기서 중요한 요소는 개인적 편견이 결정에 끼어들지 않도록 하는 것이다. 해리 프레이지가 레드 삭스에서 베이브 루스가 떠나도록 허락했을 때, 그 남자에 대한 개인적인 혐오가 그 문제를 다루는 데 크게 작용했다.

당신은 한 걸음 물러서서 왜 그 일에 반대하는지 스스로에게 물어야 한다. 그리고 그 혐오가 당신의 계획과 회사 또는 당신이 성취하려고 노력하는 그 무엇이든 그에 대한 성공보다 더 중요한지 자신에게 물어라.

2. 감정은 올바른 선택을 해치는 중요한 방해물이다. 우리는 미워하고 사랑하고 화내고 슬프고 우울해한다. 이런 강력한 감정들이 작동할 때, 이것은 의사 결정에 강한 영향을 미친다. 당신이 감정의 역할을 인식하면 문제는 쉽게 처리할 수 있다. 한 가지 해결책은 당신이 그런 마음일 때는 어떤 일에 대한 결정을 단순히 미루는 것이다. 당신의 감정적 고통을 경감하는 방식으로 당면한 쟁점을 이용하려는 충

동에 저항하라. 예외 없이 사태가 진정되면 당신은 자신이 했던 일을 깨닫고 후회하게 된다. 당신은 모든 사람에게 말할 것이다. "나는 그만 흥분해서 그렇게 행동했다." 그러나 그런 후회는 너무 늦다. 억지로라도 스스로에게 말하라. "나는 내가 진정될 때까지 아무런 일도 하지 않는다." 당신은 점차 그럴 수 있을 것이다. '열까지 세자'라는 오래된 구절은 꽤 효과가 있다. 왜 항상 통제할 수 없는 것일까? 왜냐하면 열까지 세는 것을 생각해내기도 전에 쉽게 흥분해버리고, 심지어 알면서도 하지 않는다. 오히려 자신들의 정당한 분노를 즐기곤 한다.

3. 바꿀 수 없는 것은 그대로 받아들여라. 우리의 통제 밖에 있는 것들도 있다. 정말로 문제가 되는 것은 사람들에게 일어난 일이 아니라 그 일을 처리하는 방법이 잘못되는 경우이다. 일을 처리하는 방법은 우리의 통제권 안에 있다. 당신이 어떤 일이나 어떤 사람을 마음대로 통제할 수 없다고 해서 분노를 터뜨린다면, 그런 행위는 새로운 문제들을 일으킬 뿐이라는 사실을 이해하라. 한 가지 해결책은 그 딜레마에 대해 당신이 할 수 있는 것과 그렇지 못한 것을 분류하는 것이다. 현실적 대안들을 모색하면서 그 딜레마에 대해 글을 쓰거나 다른 사람과 대화를 하는 것도 큰 도움이 될 수 있다.

4. 어떤 일이 당신을 괴롭힐 때, 가장 현명한 해결책은 근본 원인을 찾아 그것을 멈추도록 노력하는 것이다. 근본적인 원인이 해결되지

않는 한, 그것을 생각하는 일은 전반적으로 다시 당신의 분노에 불을 붙이는 것임을 알아라. 근본 문제를 해결하지 않고는 분노는 사라지지 않기 때문이다.

강해져라—당신이 필요할 때 도움을 얻어라

1. 만약 당신이 조울증이나 강박신경증 장애와 같은 임상의 심리 장애를 가지고 있다고 생각한다면 도움을 청하라. 약물 남용 문제도 마찬가지다. 당신이 너무나 외골수여서 그럴 가능성을 인정하지 않는다면 영웅은 될 수 없다. 도움을 청하러 가는 것은 나약함의 표시가 아니다. 오히려 가지 않는 것이 나약함의 신호다. 버지니아공과대학 살인사건이 발생한 뒤 나에게 찾아온 한 학생이 있었다. 그는 자신이나 다른 사람들을 해칠까봐 두렵다고 말했다. 태국 출신의 실천적인 불교도인 그는 그럼에도 불구하고 지하철에서 배낭을 메고 서 있을 때 사람들이 "내가 무슬림 테러리스트인 양 쏘아봤다"고 느꼈다. 나는 그가 대학 상담센터에 가도록 주선했고 그는 곧 좋아졌다.

2. 사람들은 때때로 가벼운 편집증을 갖는다. 그것은 보통 그들이 불안하다고 느끼고 있을 때 생긴다. 당신은 모든 사람이 당신에게 반대한다고 생각할 때의 느낌을 안다. 그러나 그것은 과장된 것임을 깨달아라. 이것은 보통 당신이 몇 명의 사람들과 잇따라 부정적인 경험을 가진 뒤에 외부로 드러난다. 우리 모두 그런 경험이 있고, 침대밖

으로 나가기 싫어지기도 한다. 비행사 예약담당 직원은 당신에게 무례하게 군다. 당신의 상사는 당신에게 고함친다. 음식점에서는 자리가 나기까지 한참이 걸린다. 이럴 때 당신이 할 수 있는 최선의 행동은 현실을 점검하는 것이다. 당신이 믿는 어떤 사람에게 당신이 편집증이 있다고 생각하는지, 아니면 이 모든 사건에 대해 합리적인 설명이 가능한지 물어보라. 이것은 특히 어떤 사람이 뭔가로 당신에게 반대하고 있다고 생각될 때 유용하다. 당신의 소울메이트나 주변 사람들에게 당신이 그렇게 생각하는 이유를 신중하게 설명하고, 당신이 그나 그녀에게 어떻게 보이는지 확인해보라. 당신이 무엇을 하든 내부에 억눌러서 꼭꼭 쌓아두면 안 된다.

몇 가지 마지막 생각들

우리가 저지르는 어리석은 일들은 삶의 질에 큰 영향을 미친다. 그것들은 우리에게 분노의 감정, 우울함, 좌절감을 남긴다. 우리는 어쩌다 이런 곤경에 얽혀들게 되었고, 사태는 왜 나아지지 않는지 궁금해한다. 우리는 문제들을 바로잡으려고 노력하고, 다른 사람들이 우리가 원하는 방향으로 움직이게끔 하는 데 너무 많은 시간을 쏟지만, 결국엔 자신의 행동과 다른 사람들이 우리에게 한 짓에 대해 좋지 않은 감정을 느끼게 된다.

이 책은 거칠고 어리석은 행동을 바로잡아 주는 만병통치약은 아니다. 이것으로 끝나지도 않는다. 그러나 아마도 통찰력, 전망, 구체적인 생각과 해결책을 제공함으로써 상당 수는 바로잡을 수 있을 것이다. 우리가 원하지 않는 일이 생겼을 때, 우리는 행동하기 전에 우선 멈춰서서 생각을 모아야 한다. 그렇게 효율적으로 하려면 올바른 마음의 상태를 지키고 있어야 하고, 만약 그렇지 않다면 그때까지 기다려야 한다. 또한 우리가 신뢰하는 주변 사람들과 함께 스스로의 선택들에 관해 논의해야만 한다. 우리가 행동할 때, 우리가 한 일에 대한 다른 사람들의 반응을 예민하게 받아들여야 한다. 이 모든 것을 시도해야만 적어도 최선의 노력을 다했다는 점에서 여전히 우리가 원하는 결과를 얻지 못해도 그럴 수 있다고 받아들이게 된다.

* * *

> "무한한 것은 두 가지밖에 없다.
> 하나는 우주이고, 나머지 하나는 인간의 어리석음.
> 그리고 나는 전자는 확실히 모르겠다."
>
> |
>
> 알버트 아인슈타인

나는 독자들에게 함께 결론을 내자고 부탁한다. 이 책에서 나온 이야기들은 어리석은 인간을 증명하는 수많은 사례 중 일부에 불과하다. 나는 당신들도 다른 사람들에게 얘기할 만한 사례를 한두 개 이상은 가지고 있다고 확신한다. 아마도 그런 식으로 주변에 털어놓는 것만으로도 비슷한 실수를 다시 저지르지 않는 데 큰 도움이 될 것이다.

당신이 저지른 멍청한 짓이나 그에 대해 아는 사실이 있다면 내 웹 사이트 what was I thinking?.com에 방문해서 자연스럽게 공유하기를 바란다. 만약 당신이 왜 그런 일이 일어나는지에 대해 좋은 생각을 가지고 있다면 그것 또한 알려주기를 기대한다.

내가 왜 그랬을까

1쇄 발행 2011년 7월 5일
2쇄 발행 2011년 7월 15일

지은이 윌리엄 헬름라이히 · **옮긴이** 남인복
펴낸곳 도서출판 **말글빛냄** · **인쇄** 삼화인쇄(주)
펴낸이 박승규 · **마케팅** 최윤석 · **디자인** 진미나
주소 서울시 마포구 서교동 463-3 성화빌딩 5층
전화 325-5051 · **팩스** 325-5771 · **홈페이지** www.wordsbook.co.kr
등록 2004년 3월 12일 제313-2004-000062호
ISBN 978-89-92114-70-7 03180
가격 13,000원

*잘못된 책은 바꾸어 드립니다.

당돌한 심리학

허버트 펜스터하임 · 진 배어 공저 | 이양희 옮김 | 15,000원 | 416쪽

미국심리학회에서 "최고의 걸작"으로 선정된 심리학의 고전

**당당한 자기주장을 통해 가정, 사랑, 직장, 사업에서
자신의 삶을 가치 있게 만들어주는 책!**

자신감이 없는 사람은 자기주장을 하지 못한다. 이러한 사람들은 의외로 많다. 직장에서뿐만 아니라 연인, 가정 내에서도 자기주장을 하지 못한다. 자기주장은 하루아침에 이루어지지 않는다. 외국어를 배우는 것과 같다. 기초적인 단어를 배우고 숙어를 배우고 문법을 배워가는 것이다. 어제까지 겁쟁이였던 사람이 오늘 아침 용감한 사람이 될 수는 없다. 그러나 꾸준한 훈련을 하면 당당하게 자신을 주장하는 사람이 될 수 있다..

이 책은 삶을 살면서 누구나 수없이 부딪치는 인간관계 즉, 회사, 조직, 가정, 연애 등 다양한 구조 속에서 일어나는 실제 사례를 바탕으로 어떤 사람들이 어떤 경우에 자신을 제대로 표출하지 못하는가를 보여주고, 그 해결책을 함께 보여준다.

학력을 속이고, 뇌물을 받고, 불륜을 저지르고,
물건을 훔치고, 논문을 표절하고….
사람들은 왜 잘못인 줄 알면서도 잘못을 저지르는가?

유명인이 물건을 훔칠 때, 만약 들통이 나서 얻어지는 불명예와 비교하면 블라우스 한 장 더 얻는 정도의 하찮은 이득은 무색해진다. 공개적이고 접근하기 쉬운 장소에서 추악한 짓을 저지르는 것은 매우 바보스럽다. 들킬 수도 있기 때문이 아니라 클린턴이 깨달아야만 했듯이 들킬 수밖에 없기 때문이다. 그런데도, 왜 똑똑한 사람들이 그런 일을, 그것도 그렇게 자주 저지르는가? 왜 그들은 긴 인생에서 놀랍게도 한순간에 실패의 나락으로 떨어지고 마는가?

잘못인 줄 알면서도 잘못을 저지르는 사람들의 행동과 그 원인을 파헤쳐가는 이 책은 빌 클린턴을 비롯해서 마사 스튜어트, 브리트니 스피어스, 돈 아이머스, 엘리엇 스피처, 타이거 우즈, 버니 매도프 등과 같은 유명인들이 왜 그런 어리석은 짓을 저질렀는지 그 원인을 집중 분석한다. 또한 노상 격분, 상사나 친구 험담하기, 부정행위, 상점 내 좀도둑질, 거짓말 등 신문에서 크게 다루지는 않지만 유명한 사람들만큼 행복과 성공을 좇는, 수많은 보통 사람들의 실수도 다루고 있다.

저자인 헬름라이히 박사는 수백 명과 가진 인터뷰와 철저한 연구를 바탕으로 이들 행동이 심리적 문제만의 결과가 아니라고 결론 내렸다. 그 이면에는 문화, 역사, 가치관 등 주어진 환경이 지대한 영향을 끼치고 있기 때문이다. 저자는 이들 원인을 이해해야만 우리의 행동을 설명하고 삶을 개선할 수 있게 된다고 강조한다. 그는 우리가 어떻게 하면 어리석은 행동을 자제하고 안정되고 정상적인 삶을 살아갈 수 있는지 구체적인 제안과 해결책을 제공하고 있다.

03180

9 788992 114707

ISBN 978-89-92114-70-7

값 13,000원